Von Ephraim Kishon erschienen bei BASTEI-LÜBBE:

Ephraim Kishon

Ein Apfel ist an allem schuld

Ins Deutsche übertragen von
Ephraim Kishon,
Ursula Abrahamy und Friedrich Torberg

Mit Zeichnungen von
Rudolf Angerer

BASTEI-LÜBBE-TASCHENBUCH
Band 12554

1.–2. Auflage 1996
3.–4. Auflage 1997
5. Auflage 1998

Die Bibelzitate stammen aus der Übersetzung
der »Heiligen Schrift« nach Dr. Martin Luther
© 1994 by Langen Müller in der
F. A. Herbig Verlagsbuchhandlung GmbH,
München-Berlin
Lizenzausgabe: Bastei Verlag Gustav H. Lübbe GmbH & Co.,
Bergisch Gladbach
Printed in Germany
Einbandgestaltung: Roland Winkler
unter Verwendung einer Zeichnung von Rudolf Angerer
Satz: hanseatenSatz-bremen, Bremen
Druck und Bindung: Elsnerdruck, Berlin
ISBN 3-404-12554-1

INHALT

X. Du sollst nicht begehren
deines Nächsten Weib, Knecht ...

GESTÄNDNIS DES APFELWURMS
AN DER POLIZEISTATION
HIMMELPFORTE
IM JAHRE 3013 V. CH.

Ich, der Unterzeichnende, gebe hiermit zu Protokoll, daß ich in jenem Apfel saß, den die Schlange Frau Adam angeblich empfohlen haben soll.

Ich plädiere auf Freispruch für den Apfel, der nach offizieller Anklage an der größten Katastrophe der Menschheit für schuldig befunden wurde.

In meiner Funktion als umweltfreundlicher Wurm residierte ich zur fraglichen Zeit in besagter Frucht. Ich versichere an Eides Statt, daß ich keinen bemerkenswerten Unterschied zwischen der sogenannten Frucht der Erkenntnis und allen vergleichbaren Obstsorten feststellen konnte, die ich während meines Aufenthaltes im Paradies gekostet habe. Es handelte sich zweifellos um einen Apfel wie jeder andere, vielleicht ein wenig glänzender, in jedem Fall aber aus gängigem biologisch-dynamischem Anbau.

Nach meiner Einschätzung diente die Frucht der höchsten Stelle lediglich als Alibi, um die beiden herumlungernden Nudisten aus dem Garten Eden legal ausweisen zu können. Festzuhalten bleibt, daß hingegen meine Aufenthaltsbewilligung für das Paradies verlängert wurde, obwohl auch ich von der Frucht der Erkenntnis gekostet hatte.

Gezeichnet:

AUF MOSES' SPUREN

Wie fast alles im Leben fußt auch mein neues Buch auf einem Mißverständnis. Es ist nämlich kein Jubiläumsbuch, sondern eine Alterserscheinung und wurde von der taktlosen Bemerkung einer jungen Journalistin inspiriert, die von meinem »biblischen« Alter berichtete. Als ob ich ein paar tausend Jahre auf dem Buckel hätte. Eine Frechheit, besser gesagt eine echte »Chuzpe«, wie sich der Autor der Bibel heute ausdrücken würde.

Ein Körnchen Wahrheit steckt jedoch darin. Als Schriftsteller, der die meisten seiner unzähligen Bücher von rechts nach links geschrieben hat, und als verlorener Sohn, der ins Land seiner Väter zurückgekehrt ist, bin ich mit der Bibel viel enger verbunden, als es auf den ersten Blick aussieht.

In meinem jungen Staat hat man manchmal den Eindruck, auf einer archäologischen Baustelle zu leben, wo man auf Schritt und Tritt über Funde aus biblischer Zeit stolpert. Der Kibbuz Kfar-Hachoresch zum Beispiel, in dem ich Mitglied war, liegt auf einem Hügel oberhalb von Nazareth. Jeden Montag bin ich dort mit meinen scheppernden Milchkannen den Spuren Jesu gefolgt, und mein steiler Weg zur hebräischen Sprache führte über Golgatha ins Jerusalemer Seminar. Auch das Haus, das ich heute bewohne, liegt nur einen Katzensprung von Jaffa entfernt, wo der Prophet Jonas den nächsten Walfisch nach Tharsus genommen hat.

So unwahrscheinlich es klingt, sogar mein Name stammt aus der Bibel. Kishon heißt der biblische Fluß, in dem Jahve die feindlichen Kampfwagen des Feldherrn Sisera versenkte. Und damit nicht genug, drückte doch die Prophetin Debora ausgerechnet auf dem Berg Ephraim den jüdischen Kämpfern die Daumen.

Ich habe also in der Bibel manche Spur hinterlassen und schreibe auch in der Sprache der Bibel, was manchmal zu Mißverständnissen führt. Ein junger »Stern«-Reporter, der vor einigen Jahren ein Interview mit mir machte, das dann nur 20 Seiten entfernt von Adolfs erster Tagebuchfortsetzung erschien, stellte mir damals die kuriose Frage: »Wie kommt es, Herr Kishon, daß Sie hebräisch schreiben und doch nicht annähernd die Auflage der Bibel erreichen?« Ich antwortete ihm ehrlich: »Der liebe Gott hat eben die bessere Presse.«

Ja, die Bibel ist ein Medienliebling, ein Publikumshit, obwohl das Alte und das Neue Testament trotz des Generationenunterschiedes ihrer Verfasser oft miteinander verwechselt werden. Unter uns gesagt, keiner kennt heutzutage die Heilige Schrift wirklich. Sie ist in unserer hektischen Konsumgesellschaft vor allem ein volkstümlicher Begriff zwischen Joseph Beuys und Asterix. Man weiß gerade noch, daß die Bibel etwas mit dem lieben Gott zu tun hat, aber das ist zumeist auch alles. Aber bis heute läßt sich jede Diskussion kinderleicht mit dem Hinweis abwürgen: »Verzeihung, meine Gnädigste, aber das steht bereits in der Bibel.«

Und was tut Gott? Es steht wirklich da.

*

Die Bibel ist ein einmaliges, ein wunderbares Werk, wenn sie auch ganz anders ist, als man sie sich gemeinhin vorstellt. Über ihr Entstehen wissen wir weniger als über die Geheimnisse der Pyramiden. Ihre Vielseitigkeit aber übersteigt das menschliche Fassungsvermögen. Vision, Geschichte, Poesie, Krimi, Moral, Ethik, Gesellschaftskolumne und Porno liegen hier dicht beieinander. Alles das ist die Bibel, nur heilig ist sie selten. Und dennoch sollte man sie nicht nur ungefähr kennen, sondern so genau wie eine Telefonnummer, Ziffer für Ziffer. Die kompakte hebräische Sprache erlaubt nämlich keine Ungenauigkeiten, und schon ein einziger Druckfehler in der Bibel kann einen Gläubigen völlig aus der Fassung bringen.

Kein Wunder also, daß in der jährlichen Jerusalemer Bibelkonkurrenz die Teilnehmer um die »längste Stecknadel« wetteifern. Ein perfekter Bibelkenner zeichnet sich nämlich durch die Fähigkeit aus, seine Nadel durch die Seiten der Heiligen Schrift zu stechen und zu erraten, auf welcher Seite welcher heilige Buchstabe getroffen wurde.

Diese Meisterschaft fand ich ein wenig lebensfremd und schlug vor, zusätzlich jährliche Telefonbuchwettbewerbe zu organisieren. Das Oberrabbinat rügte mich dafür heftig.

Wer aber hebräisch schreiben möchte, kommt um das Alte Testament nicht herum, da es, abgesehen von den aramäisch verfaßten Büchern Ezra und Daniel, die Urquelle des Hebräischen ist. Und ich bin stolz darauf, daß auch der himmlische Vater und sein Sohn miteinander in meiner Sprache sprechen.

Die Gegenläufigkeit der hebräischen Schrift wurde vom Rechtshänder Moses festgelegt. Er schrieb die Zehn Gebote nicht etwa mit einem Kugelschreiber nieder, sondern meißelte sie mit einem Hammer in Steintafeln. Wäre er Linkshänder gewesen, würde ich heute meine hebräischen Bücher vermutlich von links nach rechts meißeln.

Da Moses das von Gott geschriebene Original auf dem Boden zertrümmerte, mußte er die Kopie exakt nachmeißeln. Wie die erste Version aussah, können wir heute nur noch vermuten. Viele Theologen glauben der Bibel, in der es heißt, Gott hätte die Gebote tatsächlich mit seinem eigenen Finger eingeritzt. Zumindest hat Cecil B. DeMille es in der lächerlichen Hollywood-Dokumentation »Die Zehn Gebote« so dargestellt und dafür einen Oscar in der Kategorie Spezialeffekte erhalten.

Das Buch ist übrigens besser als der Film.

Wer aber hat das Buch der Bücher wirklich geschrieben?

Wer daran glaubt, daß die Bibel von Gott stammt, muß sich damit abfinden, daß Orthographie nicht gerade seine Stärke war. Sogar seinen eigenen Namen hat Jahve immer wieder anders geschrieben. Das Problem für uns Juden aber ist, daß jede, auch die geringste Korrektur der Heiligen Schrift als Blasphemie gilt. Wir dürfen zwar für die Fehler kunstvolle Ausreden erfinden, sie müssen aber unwiderruflich stehenbleiben.

Bibelübersetzer haben es da doch um einiges besser. Bereits im 3. Jahrhundert, als der ägyptische König Ptolemäus in Jerusalem die griechische Bibelübersetzung bei 72 Gelehrten in Auftrag gab, wurden taktvoll weitgehende Korrekturen durchgeführt. Der Hase zum Beispiel wurde von der nichtkoscheren Speisekarte gestrichen, da die Königsmutter einen ähnlichen Namen gehabt haben soll. Die 72 Septuaginta-Weisen hofften offensichtlich auf Moses' ökumenische Fortschrittlichkeit, oder zumindest auf seine kümmerlichen Griechischkenntnisse.

*

Der koschere Hase war aber nur ein bescheidener Versuch im Vergleich zu den Kreuzzügen einiger christlicher Übersetzer. Das Zweite Gebot eliminierten sie, ohne mit der Wimper zu zucken. »Du sollst dir kein Bildnis noch irgendein Gleichnis machen, weder von dem, was oben im Himmel noch von dem, was unten auf Erden«, so schrieb Moses auf die Tafel, aber die Kirche konnte dem Proteststurm der Bildhauer- und Galeristengewerkschaft offenbar nicht standhalten.

Und so waren es nur noch neun.

Um nicht aufzufallen, verlängerten die Kirchenväter die Liste dann wieder auf zehn. Sie halbierten ganz einfach Moses' Zehntes Gebot und trennten das Begehren des Nächsten Immobilien als Nummer 9 vom anderen begehrenswerten Mobiliar wie Knecht, Magd, Rind und Esel als Nummer 10. Auf Moses' Gesetzestafel war zwar noch vom Begehren des Nächsten Weib die Rede, aber dagegen hat sich die Männerlobby gerade noch erfolgreich gewehrt. So fehlt das Weib im Zehnten Gebot gelegentlich, aber der Esel niemals.

Ich selbst habe durchaus Verständnis für freie Übersetzungen und theologische Reformen, und sicherlich wissen auch die heutigen Religionsführer ganz genau, was den Gläubigen zuzumuten ist. Dennoch ist in Israel bis heute am Sabbat jede Tätigkeit strengstens untersagt. Ausgenommen sind nur die Fußballspiele, deren Verbot viel zu unpopulär wäre.

Wie geschildert ist also für uns Juden auch die kleinste Änderung in den biblischen Schriften verboten, jeder kann aber seine individuelle Auswahl treffen. Da ich heute das Alte Testament endlich im Original lesen kann, verstehe ich sehr viel besser, warum die Religionslehrer in meinem Budapester Gymnasium so viele pikante Kapitel übersprungen haben, als ständen sie unter Jugendverbot. So etwa das 20. Kapitel der Genesis, wo unser Urvater Abraham seine gesetzlich angetraute Ehefrau Sara als seine Schwester vorstellt, um sie dann an König

Abimelech zu einem exorbitanten Preis zu verkaufen. Immerhin blieb das Geld in der Familie. Auch die delikate Geschichte der beiden Töchter Lots, der Nichten Abrahams, ist nicht unbedingt jugendfrei. Die Mädchen und Papa nahmen Gottes Gebot an Noah, »Geht hin und mehret euch«, in ihrer Notlage etwas zu ernst.

Abrahams Hagar-Affäre ist auch nicht gerade ein Lieblingsstück der Religionslehrer. Als Sara feststellte, daß sie keine Kinder mehr bekommen kann, hat sie ihren Gemahl zunächst dazu überredet, sein Glück mit der schönen Sklavin Hagar zu versuchen. Als aber Hagar dann den Sohn Ismael gebar, bekam die beste Ehefrau von Abraham einen Wutanfall und schickte das impertinente Flittchen samt Sohn in die Wüste.

Seither hat sich nicht viel verändert. Höchstens die Wüste.

*

In der Bibel steht demnach fast alles, nur nichts Gutes über den menschlichen Charakter. Man wird den Eindruck nicht los, daß Gott der Herr ziemlich schnell den Konstruktionsfehler erkannte und daraus weitreichende Konsequenzen zog. Es ist gewiß kein Zufall, daß während der ersten fünf Tage Gott der Herr nach jedem neuen Schöpfungsakt sah, »daß es gut war«, und Er lediglich, als Er den Menschen geschaffen hatte, auf diesen Kommentar verzichtete.

Intuition? Wer weiß.

Auf alle Fälle kann man die Erklärung des Herrn, den Menschen nach Seinem Bilde geschaffen zu haben, eigentlich nur als scharfe Selbstkritik interpretieren. Schon im 3. Kapitel der Genesis sah sich Gott gezwungen, die beiden Faulpelze aus dem Paradies auszuweisen, und schon im nächsten Kapitel tötet Kain seinen

Bruder. Rasch mußte der Allmächtige erkennen, daß der Mensch nicht nur schlecht, sondern auch noch unverschämt ist. Nachdem Kain seinen Bruder Abel umgebracht hatte, wollte er sich bekanntlich im Garten Eden verstecken, genau wie sein einfältiger Vater, und auf die Frage des Herrn nach Abel, entgegnete er frech: »Was weiß ich? Bin ich etwa meines Bruders Hüter?« Als hätte er nicht gewußt, daß ihm der allmächtige Schöpfer des Universums auf die Schliche kommen würde.

Der Herr machte keinen Hehl aus Seiner Meinung über den schwachen Charakter Adams, seiner Rippe und beider Nachwuchs. Im 6. Kapitel der Genesis äußerte Er unmißverständlich Sein Bedauern über das Fiasko, das Ihm unterlaufen war: »Der Menschen Bosheit ist groß auf Erden und alles Dichten und Trachten ihres Herzens nur böse immerdar.« Daß Er die Menschen dann doch nicht »von der Erde tilgte, denn es reut Mich, daß Ich sie gemacht habe«, ist aus schließlich Noahs Verdienst.

Es gelang dem Gerechten, das göttliche Urteil kurzfristig hinauszuzögern, aber noch im selben Kapitel teilt ihm der Herr mit, daß es Ihm nun endgültig reiche: »Das Ende allen Fleisches ist bei Mir beschlossen, denn die Erde ist voller Frevel. Ich will sie verderben mit der Erde.« Noah riskierte die Frage, was denn mit ihm persönlich geschehen solle, aber der Herr beschränkte sich auf die Auskunft, daß von Ihm aus die Sintflut kommen könne.

*

Dies war nicht der einzige Fall, bei dem der Allmächtige die Menschen aus dem Verkehr ziehen wollte, aber immer wieder gelang es einem Seiner engsten Mitarbeiter, Ihn mit schlauen Argumenten von seinem Entschluß abzubringen.

Besser als allen anderen gelang dies Moses, der im

Laufe der Jahre zum Staranwalt der menschlichen Über-
lebenskunst avancierte. Als der Barmherzige nach dem
unverzeihlichen Skandal mit dem Goldenen Kalb zum
zwölften Mal erklärte: »Mein Zorn über das halsstarri-
ge Volk wird entbrennen und es vertilgen«, wußte Moses schon, wie er Gott behandeln müsse, und fragte Ihn
nicht ohne sarkastischen Unterton, ob es sich unter diesen Umständen gelohnt hätte, das auserwählte Volk aus
der Sklaverei zu befreien. »Sollen die Ägypter vielleicht
behaupten, Du hättest uns aus ihrem Land geführt, um
uns umzubringen?« fragte Moses. Gott der Herr konze-
dierte kleinlaut, dahinter stecke ohne Zweifel eine gewisse Logik, und Ihn »gereute das Unheil, das Er dem
Volk zugedacht hatte«.

Es gelang Moses also, den Zorn des Herrn nochmals
abzuwenden, aber an dessen schlechter Meinung änderte
sich grundsätzlich nichts. Warum aber hat Gott den
Menschen dann nicht gleich besser gemacht? Vermutlich hat Gott trotz aller guten Absichten nur ein einziges kleines Detail übersehen – den Sex.

Es steht bereits in der Genesis, daß Adam und sein
Weib ursprünglich »beide nackt waren und sich nicht
schämeten«. Gott meinte also, daß die Menschen ohne
Sex im Paradies bis in alle Ewigkeit zufrieden gewesen
wären. Adam und Eva aber hatten da so eine Ahnung
und ließen sich auf die Schlange ein. Sie versprach ihnen, wenn sie in den verbotenen Apfel gebissen hätten,
würden sie selbst werden wie Gott und wüßten, was
wirklich gut ist. Der Rest ist bekannt. Nach der Erb-
sünde »wurden ihnen beiden die Augen aufgetan, und
sie wurden gewahr, daß sie nackt waren, und flochten
Feigenblätter zusammen und machten sich eine Schür-
ze«. Und bis heute ist die Frage unbeantwortet geblieben, ob es sich gelohnt hat, für ein bißchen Liebe das
Paradies zu verlassen.

Damit muß eben jeder selbst fertig werden. Ich persönlich teile den Verdacht des Wurms im Apfel auf der ersten Seite dieses Buches, daß die Sache mit dem Baum der Erkenntnis eine gutgetarnte Falle des Schöpfers war, um den beiden mißlungenen Kreaturen kein ewiges Leben im Paradies gewähren zu müssen.

Warum hätte Gott sonst Seine feierliche Warnung, »An dem Tage, da du vom Baum der Erkenntnis issest, mußt du des Todes sterben«, nicht ernst gemacht, sondern gleich nach der Ausweisung Adam und seiner Lebensgefährtin eigenhändig »Röcke von Fellen« gemacht und ihnen sogar angezogen? Also war der Allmächtige trotz der dramatischen Cherub-Einlage mit dem flammenden Schwert von den Ereignissen nicht allzu überrascht. Und wer an dieser Hypothese noch immer zweifelt, sollte das Schicksal der unglücklichen Schlange genauer untersuchen. Die Schlange, die die Schmutzarbeit für den Herrn erledigen mußte, wurde wie ein entlarvter Doppelagent behandelt und in einem Schauprozeß ausgerechnet von ihrem Auftraggeber verurteilt. »Auf deinem Bauch sollst du kriechen«, lautete das Urteil, obwohl jedes Kind weiß, daß eine Schlange sonst auch nichts anderes tut. Und warum wurde die sündige Anstifterin nicht ebenfalls aus dem Paradies vertrieben, sondern kriecht dort bis zum heutigen Tage freudig herum?

Seltsam, nicht wahr?

*

Seither suchen die Menschen erfolglos das verlorene Paradies, wie es der blinde englische Dichter John Milton in seinem Epos so schön besungen hat. Aber seit Moses ist es keinem mehr gelungen, in direkten Kontakt mit dem Allmächtigen zu kommen.

Der Schöpfer selbst mußte fortan damit leben, daß die

Krone der Schöpfung nicht nur sexbesessen ist, sondern gelegentlich auch vor einer kleinen Hochstapelei nicht zurückscheut. Schon bald mußte Gott mitansehen, wie Jakob seinen Bruder Ezra mit einem fiesen Trick um sein Erstgeburtsrecht brachte, bis auch Ezra von seinem Onkel Laban und seinen Töchtern gleich zweimal hereingelegt wurde. Da hatte Gott endgültig genug und beschloß, für die kommenden Generationen klare Spielregeln zu entwerfen.

Die Idee der Zehn Gebote war geboren.

Und so sitze ich jetzt in meinem biblischen Alter an meinem Schreibtisch, und je intensiver ich mich mit diesem Thema beschäftige, desto klarer wird mir, daß ich während der vergangenen 50 Jahre nichts anderes getan habe, als meinen Lesern Tips zu geben, wie die Zehn Gebote legal zu umgehen sind. Meine Satiren sind die humoristische Gebrauchsanweisung dazu, und nichts anderes.

*

Mein Sarkasmus soll jedoch niemanden irreführen. Ich halte die Bibel für das bedeutendste und packendste Buch der Weltgeschichte und die Zehn Gebote für die moralische Grundlage der menschlichen Gesellschaft. Aber kein Satiriker kann religiös sein. Die Religion duldet nämlich keine Kritik, der Satiriker aber ist die Kritik in Person. Götter aller Religionen werden zwangsläufig mit Lobeshymnen überschüttet, sie haben auch viele gute Eigenschaften, aber niemals Sinn für Humor.

Der Satiriker ist niemals fanatisch. Humor ist nichts anderes als eine endlose Suche nach der Wahrheit, die sich hinter schönen Worten verbirgt. Der Satiriker ist das Gegenteil eines Heuchlers. Er bewundert und verehrt den Schöpfer des Universums, hat aber wenig Vertrauen in seine irdischen Vertreter. Nach seiner Meinung ist Religion eine Erziehungsmaßnahme, wie etwa die Lehre des Konfuzius, sie kann auftreten als Schwert zur Verbreitung des militanten Islam oder auch ein weltweiter Missionsauftrag im Zeichen des Kreuzes sein. Fast alle Religionen sind jüdischen Ursprungs, aber auch unser Glaube ist in den Augen der Satiriker nichts anderes als ein bürgerliches Gesetzbuch, geschrieben vom Anführer eines kleinen Stammes, der zufällig ein Universalgenie war.

Der Humorist ist der Gefangene seiner Logik. Er kann beim besten Willen nicht glauben, er kann nur beobachten und festhalten, was er gesehen hat. Er muß aber zugeben, daß die fromme Denkart überraschenderweise bessere Menschen hervorgebracht hat als die moderne Zivilisation, daß die belächelte koschere Küche die Jugend besser erzogen hat als die heutige Computertechnologie.

Wegen dieser widersprüchlichen Haltung wurde ich zweimal als scharfer Religionskritiker vom israelischen Oberrabbinat exkommuniziert und zweimal vom selben Oberrabbinat wieder aufgenommen, als ich mich von der positiven Wirkung des Glaubens überraschen ließ.

Während meiner linguistischen Romanze mit dem Alten Testament habe ich auch gelernt, die Thesen nicht dogmatisch und nicht wortwörtlich zu interpretieren, da meine Religion nur Antworten gibt, aber keine Fragen duldet.

Ich habe jedoch meine eigene biblische Welt. Vater Abraham ist beispielsweise der Prophet des Monotheismus, der wutentbrannt die Götzen zerschmetterte. In meinen Augen aber ist er vor allem ein normaler Mensch, der es absurd fand, daß eine Statue aus Ton oder Holz das Universum hätte schaffen können. Der Moses der Physik, Albert Einstein, saß über seinem Papierblock und rechnete aus, daß das Universum unendlich ist. Abraham sagte: Auch Gott ist unendlich. Eigentlich bekannte er damit, daß ihm die Geheimnisse des Weltalls verschlossen waren, und alles, was er wußte, war, daß Götzen damit nichts zu tun haben.

Ähnlich fühlt auch der Satiriker, der Meister des Zweifels. Er weiß nur, daß er nichts weiß. Sein Losungswort ist das Vielleicht. Aber das ist endgültig.

*

Jetzt ist es aber höchste Zeit, dem Koautor der Zehn Gebote einige Gedanken zu widmen. In der Weltgeschichte gibt es keine großartigere, aber auch keine widersprüchlichere Gestalt als jenen ägyptischen Prinzen, der die Grundgesetze der Menschheit in der Sprache eines kleinen Sklavenvolkes niedergeschrieben hat. Sein Lebenswerk ist ebenso übermenschlich wie das des englischen Metzgersohnes, Shakespeare genannt, oder des Zimmermannssohnes aus Nazareth. Der große englische Dichter war seiner Zeit um Generationen voraus, Jesus und Moses ihrer gleich um Zeitalter.

Die beiden großen Religionsstifter ähneln sich stark, obwohl Moses sich Gottes Diener nannte und Jesus den Herrgott seinen Vater. Beide vollbrachten Wundertaten, und wenn jemand einen symbolischen Beweis für die Ähnlichkeit sucht, kann er ihn in jenem Augenblick finden, als Moses während des Kriegs gegen Amalek auf der Bergspitze wie ein lebendiges Kreuz mit seitlich ausgestreckten Armen erschien.

Das Geheimnis um Moses beschäftigt die Menschheit seit Jahrtausenden, ohne daß bisher eine befriedigende Antwort gefunden wurde. Sigmund Freud zum Beispiel zweifelte an Moses' jüdischer Abstammung und behauptete, er sei von dem enttäuschten Sklavenvolk ermordet worden. Es ist wirklich schwer, die Widersprüche in Moses' Erscheinung anders als durch das Eingreifen einer höheren Macht zu interpretieren.

Er war ein Prinz im Palast des Pharao, warum also mußte er sich den Sklaven anschließen und warum, um Gottes willen, wollte er ausgerechnet ihr Führer sein? Wenn man Moses nach seinen fünf Büchern beurteilt, war er ein ungewöhnlich penibler Beamter, der nicht nur die exakten Maße der Stiftshütte pedantisch vorgegeben hat, sondern sich auch noch darum kümmerte, daß ein Esel und ein Ochse nie gemeinsam einen jüdischen Pflug zogen, weil das dem Esel gegenüber ungerecht gewesen wäre. Moses war auch ein genialer Gesetzgeber und einfühlsamer Psychologe, aber in seinen Wutanfällen begann er zu stottern. Als Demokrat ernannte er 70 Weise, um das Volk zu führen, und als Romantiker nahm er den Sarg von Joseph mit in die Wüste. Jeden Aufstand aber schlug er unerbittlich nieder nach seiner vielzitierten These »Auge um Auge, Zahn um Zahn«. Er fürchtete und ehrte Gott, was ihn jedoch nicht hinderte, endlos mit Ihm zu debattieren. Zu Anfang wollte er die Mission, die Gott ihm zugedacht hatte, nicht annehmen: »Wer bin ich, daß ich die Kinder Israels aus Ägypten führe?« fragte er. »Wenn ich zu ihnen komme und sage, Gott hat mich zu euch gesandt, und sie mich fragen, wie ist Sein Name, was soll ich ihnen sagen?« Gott war außerordentlich geduldig: »Sag den Kindern Israels Meine Antwort. Ich bin, der Ich bin.« Allen brauchbaren Schriften zufolge war Moses der einzige Mensch, der Gott sehen durfte, wenn auch nur von hinten. Das Verhältnis der beiden zueinander war schließlich nicht immer das beste. Oftmals wies Gott Moses zurecht: »Willst du etwa, daß Ich dich in Ruhe lasse, während Ich alles selbst erledige?«

Eine gewichtige Rolle in Moses' ereignisreichem Leben spielte der kluge Jethro, der Moabiter, sein späterer Schwiegervater. Eigentlich war er die graue Eminenz hinter Moses. Jethro machte ihn zum Beispiel darauf aufmerksam, welchen Pöbel er aus Ägypten mitgeschleppt hatte. »Warum mußt du ganz allein da sitzen, und alles Volk steht um dich herum vom Morgen bis zum Abend?« fragte er Moses besorgt. »Du machst dich zu müde, dazu auch das Volk, du kannst es allein nicht ausrichten. Vertritt das Volk vor Gott und bringe ihre Anliegen vor Gott.« Die Idee war brillant, denn ein so hartnäckiges Volk kann wirklich nur von einem Gott geführt werden. Moses war so dankbar für den guten Rat, daß er daraufhin Jethros Tochter Zipora heiratete, die zwar keine Jüdin, aber eine schwarze Schönheit war. Gott selbst hatte keine Einwände gegen diese Mischehe, aber Moses' eifersüchtige Schwester Mirjam hetzte solange gegen sie, bis Gott sich schließlich doch einmischte und Mirjam mit Lepra zum Schweigen brachte.

Es war einer der seltenen Fälle, in denen der Herr seinem treuen Diener persönlich zu Hilfe eilte. Auch während des Skandals mit dem Goldenen Kalb ließ Gott Moses ganz allein mit den 3000 Götzenanbetern fertig werden. Nur einmal noch griff Gott persönlich ein. Als Moses' glatzköpfiger Neffe Korah mit seinen 250 Kämpfern einen Putsch anzettelte, weil Moses ihn nicht zum obersten Religionsvorsteher ernennen wollte, ließ der Allmächtige Korah mit seiner ganzen Meute von der Erde verschlingen. Moses war zweifelsfrei erleichtert, aber von nun an mochte er keine Kahlköpfe mehr leiden. In seinem dritten Buch widmete er ihnen ganze vier Verse und beauftragte seine Priester, alle Glatzköpfigen streng zu observieren.

Auch Moses war nur ein Mensch.

Nach 40 Jahren Wüstenwanderung gewährte ihm Gott noch ein Leben von 120 Jahren, und das war eigentlich

recht wenig im Vergleich zu Noah, der 600 Jahre alt
wurde und zu Methusalem, der ein gesegnetes Alter von
969 Jahren erreichte. Moses war es nicht mehr vergönnt,
das verheißene Land zu betreten, aber die Zehn Gebote,
sein Hauptwerk, gingen für ihn um die ganze Welt und
sind lebendig bis zum heutigen Tage.

*

Ein geistiger Riese nahm mit Moses Abschied, ein großer Lehrer, der schlechte Schüler gehabt hat. Nach meiner Einwanderung habe ich in einer Vollmondnacht eine
kleine biblische Geschichte darüber geschrieben.

SECHS SEELEN
UND DIE ZEHN GEBOTE

Die Nacht senkte sich über das Zeltlager. Unruhe
herrschte unter den Kindern Israels. Jetzt war es
schon Wochen her, daß Moses sich oben auf dem Berg
befand, und noch immer hatte man nichts von ihm gehört. Die Juden standen in kleinen Gruppen herum und
diskutierten. Besonders gern sprachen sie über die vielen Unglücksfälle, die ihnen auf der langen Wanderung
aus Ägypten zugestoßen waren.

Ein trockener Wüstenwind wehte den Sand in heißen
Wirbeln vom Berge Sinai herab. Das Vieh zerrte an den
Halftern und brüllte ängstlich in die dunkle, trostlose
Einöde rings herum. Schakale umschlichen das Lager.
Ihr Lachen klang beinahe menschlich. Stumm und dro-
hend ragte der Berg in die Nacht.

In einem der größeren Zelte saßen schweigende Männer in farbigen Burnussen. Sie regten sich auf. Ihre

Augen zwinkerten durch das Zwielicht. Die Weiber saßen in einer Ecke und trockneten sich mit öligen Lappen den Schweiß von den Gesichtern.

Einer der Männer, eine hohe bärtige Erscheinung, ergriff das Wort:

»Jochanan gibt«, sagte er. »Doktor Salomon, heben Sie ab.«

Dr. Salomon hob ab, und der untersetzte, kraushaarige Jochanan begann zu geben. Seit dem frühen Nachmittag war die Pokerpartie im Gange. Vor Jochanan häuften sich die Goldkörner.

»Unser Freund hat Glück«, brummte Pinky Goldstein, ein grimmiger Geselle mit ewig zerrauftem Scheitel. »Er raubt uns ganz schön aus.«

»Was hat er davon«, vernahm man aus der Ecke Jochanans Weib. »Was kann ich mir dafür schon kaufen. Bei der Auswahl, die man hier hat. Wachteln oder Manna. Und zur Abwechslung Manna oder Wachteln. Eines Tages werden mir noch Flügel wachsen, und weg bin ich. Es ist zum Verzweifeln. Keine Gurke, keine Tomaten, keine Zwiebeln, kein Knoblauch. Nicht für alles Gold der Welt.«

»Und ich werde euch aus Ägypten führen in das Land, wo Milch und Honig fließen.« Zum hundertstenmal machte Pinky Goldstein das mühsame Stottern von Moses nach. »Diese verdammten Zionisten«, fügte er hinzu. »Wenn ich an das Roastbeef denke, das mir mein Schwager aus Goshen immer geschickt hat.«

Dr. Salomon seufzte, und sein Mund mit den großen gelben Zähnen wässerte hörbar.

»Jedes Jahr hat er ein Kalb für uns gemästet. Jedes Jahr. Bis es diesem verrückten ägyptischen Hauptmann plötzlich einfiel, das ganze Dorf niederzubrennen und die Einwohner zu vierteilen. Nie wieder hab' ich solche Kalbsschnitzel gegessen. Ja, das waren noch Zeiten.«

Eine Weile war es still. Man hörte nur das Jaulen der Wachhunde vor dem Lager.

»Um es einmal ganz deutlich zu sagen«, ergriff Pinky Goldstein abermals das Wort. »Ich finde diesen Auszug aus Ägypten einfach idiotisch. Ich frage mich, was habe ich, Pinky Goldstein, ein Ägypter israelitischen Religionsbekenntnisses, hier in der Wüste zu suchen? Ist es mir vielleicht schlecht gegangen in Ägypten? Warum bin ich nicht dort geblieben?«

»Weil du ein Dummkopf bist, Pinky. Darum.« Es war Gloria, Pinkys rotblonde Sekretärin, die sich einmischte, während sie ihre Augenbrauen mit grünem Kalkstaub färbte. »Wie oft habe ich dir gesagt: Pinky, du bist ein Intellektueller, die Aufseher haben Vertrauen zu dir, weil sie sehen, daß du nicht zu dem übrigen Gesindel gehörst. Du hättest deine Stellung glatt behalten können. Aber nein, nach Kanaan muß er gehen.«

»Liebling«, protestierte Pinky Goldstein. »Liebling, du tust ja gerade so, als ob ich unbedingt hätte gehen wollen. Habe ich Moses nicht immer wieder gebeten, uns gefälligst in Ruhe zu lassen, weil wir den Ägyptern gerne dienen? Es hat nichts genützt. Und daß die Situation auf die Dauer unhaltbar wurde, weißt du so gut wie ich. Schließlich und endlich hat Pharao befohlen, unsere Erstgeborenen zu töten.«

»Mach dich nicht lächerlich. Jeder vernünftige Mensch weiß, daß dieser Befehl niemals ausgeführt worden wäre.«

»Aber Liebling, der Nil war ja schon voll mit toten hebräischen Kindern.«

»Nicht in unserer Gegend. Und überhaupt hat das alles erst angefangen, als Moses sich bei Pharao unbeliebt machte. Bis dahin wurde uns kein Haar gekrümmt.«

Die Spieler hatten ihre Karten hingelegt.

»Man mußte hart arbeiten in Ägypten, das stimmt«,

ergänzte Jochanan. »Aber die Arbeit wurde auch geschätzt. Man lebte im Schweiße seines Angesichts. Nicht so wie hier, wo diese Nahrung vom Himmel fällt. Das hat's zu Hause nicht gegeben. Und wenn ich die vorgeschriebene Anzahl von Ziegeln ablieferte, wurde ich niemals länger geschlagen als nötig.«

»Na, na, na. Einmal hat man Sie doch beinahe totgeprügelt.«

»So schlimm war's gar nicht. Ganz abgesehen davon, daß der Aufseher nur seine Pflicht tat, denn ich hatte schließlich Pharaos Namen ausgesprochen. Muß man denn Pharaos Namen aussprechen? Man muß wirklich nicht. Das nenne ich Disziplin.«

»Pharao war streng, aber gerecht«, bekräftigte Pinky Goldstein. »Wer ehrlich arbeitete und den Mund hielt, dem geschah nichts.«

»Ganz unter uns«, sagte Jochanan. »Wir hätten auf Pharao hören sollen, als er uns nicht gehen lassen wollte. Er wußte, was von Moses' Propagandaquatsch zu halten war. Jetzt hocken wir hier und sterben wie die Fliegen.«

Ein Windstoß riß einen der Vorhänge auf und wirbelte heißen Wüstensand ins Zelt. Dr. Salomon schleuderte sein Trinkhorn in die Ecke und spuckte angewidert aus.

»Zum Teufel mit diesem lauwarmen Gesöff. In Goshen hat man keine Wunder gebraucht, um Wasser zu bekommen. Gutes Trinkwasser. Und überhaupt. Wäre ich doch nur wieder in meiner geschmackvoll eingerichteten Zweizimmerhöhle . . .«

Gloria kämmte ihr Haar.

»Seit dem letzten Wunder sind schon wieder Wochen vergangen«, sagte sie schnippisch.

»Das Unglück ist«, meinte Dr. Salomon, »daß Moses lieber auf Jethro hört, seinen nichtjüdischen Schwiegervater, als auf unsere Fachleute. Was ist das Resultat? Ein Kastensystem mit lauter Obersten und Hauptleuten und solchem Zeug. Aber dafür werden keine Zinsen mehr eingetrieben. Wie will er unter solchen Umständen das Budget ausgleichen? Oder nehmen wir dieses blödsinnige neue Sklavengesetz. Wer wird denn noch investieren, wenn man die Sklaven alle sieben Jahre freilassen muß?«

»Angeblich plant Aaron ein neues Goldbesteuerungssystem«, flüsterte Pinky. »Das gibt uns den Rest.«

»Was Moses oben auf dem Berg wohl erreicht hat«, brummte Dr. Salomon.

Jochanan kratzte sich am Kinn, seine Stimme klang verschwörerisch:

»Stellen wir Radio Kairo ein«, sagte er. »Es kursieren Gerüchte, daß man uns die Rückreise ermöglichen will. Ich weiß allerdings noch nichts Konkretes. Pharao soll auf der Tötung unserer Erstgeborenen bestehen, verspricht uns aber im übrigen humane Behandlung, geregelte Arbeit und gesicherte Verpflegung. Moses müßte natürlich ausgeliefert werden . . .«

Die Männer steckten ihre Köpfe zusammen. Und genau in diesem Augenblick geschah es, daß Moses vom Herrn die steinernen Tafeln mit den Zehn Geboten empfing.

I. DU SOLLST NICHT ANDERE GÖTTER HABEN NEBEN MIR

Die Schwierigkeiten mit dem Ersten Gebot begannen, als der ehrgeizige Mensch vergaß, daß er als winziges Staubkorn auf einem winzigen Stern lebt, noch dazu auf einem der allerkleinsten unter den Milliarden von Sternen in Milliarden von Galaxien. Ja, die Probleme fingen erst an, als der Mensch unbedingt selbst ein Gott sein wollte, obwohl er Ihm ohnedies schon ähnlich war, da er schließlich nach dem Ebenbild des Herrn geschaffen wurde.

Der Mensch entschloß sich also, nicht nur von der Frucht des gewissen Baumes zu kosten, sondern, um sicher zu gehen, gleich den ganzen Baum zu Kleinholz zu machen.

»Wo gehobelt wird, da fallen Späne«, sagte jemand, der fast ein Gott geworden wäre. Sein Name war Josef Stalin, aber im letzten Moment passierte ihm etwas gänzlich Unerwartetes, er starb ganz genauso wie Millionen seiner Opfer.

Seinem seligen Ende widmete ich seinerzeit einen bewegenden Nekrolog, wie er nur ganz besonders großen Schmeißfliegen zusteht.

Auf der großen weiten Welt gibt es viele Länder und viele Städte und in den Städten viele Gebäude und in den Gebäuden viele Läden. Und in einem Laden, einem kleinen Krämerladen, gab es jede Menge Fliegen. Sie summten, tanzten, frohlockten, doch der Krämer, der Gründer der Firma, beachtete sie gar nicht, weil es ganz normal ist, daß ein solcher Laden von lauter Fliegen wimmelt.

Doch unter den Fliegen gab es eine, die es zu etwas brachte. Sie war größer als die anderen Fliegen, vielleicht die größte unter ihnen. Während sich alle anderen im Spinnennetz verfingen, befreite sie, die größte unter ihnen, sich rasch aus der Verstrickung. Sie war die stärkste aller Fliegen.

»Du bist wunderbar, du bist ein Gigant«, schmeichelten ihr die anderen Fliegen im Krämerladen, »du bist gar keine Fliege, du bist ein Königsadler, ein Halbgott.«

Die große Fliege genoß die Schmeicheleien, weil Fliegen es mögen, wenn man ihnen sagt, daß sie mehr sind als Fliegen. Zumal sie nach ein paar Wochen selbst daran glaubte, nicht einfach nur eine Fliege zu sein. So begann sie, die anderen Fliegen im Krämerladen zu organisieren, beseitigte heimliche Gegner und führte einen erfolgreichen Krieg gegen das Königreich der Mücken. Nach dem Sieg erklärte sie, sie sei die Sonne und fürchte auch ihren großen Rivalen, den Krämer, nicht mehr. Und dem Krämer gelang es auch tatsächlich nicht, sie zu erwischen, als er sie einmal fangen wollte. So glaubte die Fliege, stärker als der Krämer zu sein, und behauptete sogar, es gebe den Krämer gar nicht.

Eines Tages aber kam der Winter, und die große Fliege erfror und fiel zu Boden. Nicht der Krämer hatte die Fliege getötet, sondern es liegt in der Natur der Sache, daß Fliegen im Winter umkommen. Und der Krämer wußte nicht einmal, daß es die größte aller Fliegen gewesen war, da sie für ihn lediglich eine Fliege wie alle anderen gewesen war.

*

Nach dieser aufwühlenden Grabrede möchte ich mich, da es die Bibel leider versäumt hat, der zu Unrecht vernachlässigten Rippe zuwenden. Die Frauenquote sollte schließlich auch von mir ernst genommen werden.

Männer vergöttern die Frauen, aber sie tun es vor allem, um sich damit einen Wunschtraum zu erfüllen. Den Wunschtraum, durch Göttinnen wieder in das verlorene Paradies zu gelangen, wobei sie vollkommen vergessen, warum sie eigentlich daraus vertrieben wurden.

Geschichte der M
oder Göttinnen sind sterblich

Es war einmal ein ganz einfaches Mädchen, das lebte in Amerika. Das Mädchen, nennen wir sie M, war, wie gesagt, ein ganz normales blondes Mädchen, das sich in nichts von anderen normalen blonden Mädchen unterschied. Daher drehten sich die Männer auf der Straße nach ihr um und stießen anerkennende Pfiffe aus, genau wie sie es bei allen anderen blonden Mädchen machen. Und wie alle blonden Mädchen fühlte sich M zum Film hingezogen. Da sie jedoch, wir sagten es schon, ein blondes Mädchen war wie alle anderen, oder vielleicht nicht einmal das, bekam sie immer nur ganz kleine Engagements als Statistin.

Was aber tat Gott der Herr in Seiner Güte?

Er hatte, wie man weiß, seinerzeit den Himmel und die Erde geschaffen, den Menschen und die Tiere einschließlich der vollkommen überflüssigen Insekten, und so kam es, daß unsere M, als sie eines Morgens aufwachte, die Augen nicht öffnen konnte. Denn in der Nacht hatte sie ein blutrünstiger Moskito in beide Augenlider gestochen, wie das im Sommer gelegentlich vorkommt, und am Morgen waren die Lider so angeschwollen, daß M nur mit Mühe imstande war, sie ein ganz klein wenig zu heben und durch einen ganz schmalen Spalt hindurchzublinzeln. Überdies hatten sich ihre Augenbrauen in Richtung Stirne verschoben, was ihr ein originelles, ausgesprochen erotisches Aussehen verlieh.

Aber M hatte einen Drehtermin und mußte mit geschwollenen Augen ins Atelier fahren.

Und nun geschah das Wunder. Es entfaltete sich bereits in der Straßenbahn, als M dem Schaffner ihre Fahrkarte überreichte und ihn dabei aus notgedrungen geschlitzten Augen von unten her ansah. Der Mann wurde totenblaß, fiel auf die Knie und flehte sie an, ihn zu heiraten, er würde sich umgehend nach Dienstschluß scheiden lassen. Noch bevor sie im Filmstudio ankam, hatte M insgesamt 24 Heiratsanträge bekommen, seriöse wie unsittliche. Als sie aus stieg, stockte der Straßenverkehr, denn sämtliche männlichen Passanten und Autofahrer blieben stehen und starrten ihr hinterher.

Im Atelier fand das Wunder seine Fortsetzung. Kaum hatte M ihre Garderobe betreten, umwarben sie Produzent, Regisseur wie die Darsteller der männlichen Hauptrollen. Die Darstellerinnen der weiblichen Hauptrollen verfärbten sich gelbgrün vor Neid.

Nach Beendigung der Dreharbeiten bot ihr der Produzent die Hauptrolle in seinem nächsten Film an, den er eigens für sie schreiben lassen wollte. M sollte darin eine Sexgöttin spielen, die einen Mann nur anzusehen brauchte, um ihn sofort seiner gesunden Sinne zu berauben. Es versteht sich von selbst, daß M unterschrieb.

36

Auf dem Heimweg hatte sie das ungute Gefühl, daß es mit dem Wunder zu Ende ginge. Ihre Augenlider schwollen bereits ab, und ihre Augenbrauen kehrten allmählich an die vorgesehene Stelle zurück. Niemand drehte sich mehr nach ihr um, der Kontrolleur würdigte sie keines Blickes, und von den männlichen Fahrgästen bekam sie nicht einen einzigen Antrag. Sie sah aus wie alle anderen Blondinen, die kein Moskito gestochen hat.

Trübselig saß sie in ihrem kleinen Zimmer und starrte mit weit geöffneten Augen vor sich hin.

Da hörte M plötzlich einen leisen Summton, der wie Musik in ihren Ohren klang:

»S-s-s-s . . .«

Der Moskito umkreiste ihr Blondhaar.

Schnell erhob sich M, schloß die Fensterläden ganz dicht, legte sich hoffnungsfroh in ihr Bettchen und sandte noch rasch ein Stoßgebet zum Himmel, ehe sie einschlief.

Und siehe da, als sie am Morgen erwachte, konnte sie die Augen kaum öffnen, weil ihre Lider so angeschwollen waren.

Der Moskito hatte ganze Arbeit geleistet.

M engagierte ein Expertenteam, bestehend aus einem Insektologen, einem Innenarchitekten und einem Maurer, deren Aufgabe darin bestand, die kleine Wohnung hermetisch abgeschlossen zu halten, um dem Moskito keine Chance zum Entwischen zu geben.

*

Seit Kleopatra hatte keine Frau eine so phantastische Karriere gemacht wie M. Ihre Filme spielten Millionen ein. Männer jeder Altersstufe gerieten bei ihrem Anblick in Raserei, in allen zivilisierten Ländern des Erdballs stieg die Scheidungsrate, Ehegatten verließen scharenweise ihre Frauen, weil keine von ihnen diesen gewissen Blick von unten her zustande brachte, so verheißungsvoll und erotisch wie jenen der Göttin.

Auf dem Gipfel ihres Ruhmes heiratete M einen weltberühmten Dramatiker namens Arthur, und alle drei – M, Arthur und Moskito – gingen auf Hochzeitsreise rund um die Welt. Der Moskito, der mittlerweile auf den Namen Ginsberg hörte, begleitete die Expedition in einem wattierten Schächtelchen mit winzigen Luftlöchern und unter ständiger Obhut des Insektologen, der das kostbare Tier immer nur des Nachts in das Schlafzimmer der Göttin entließ. Und dort ereignete sich das Unglück. Ms Gatte verspürte im Halbschlaf ein unangenehmes Jucken am Nacken, schlug hin, und um Ginsberg war es geschehen. Unter Arthurs flacher Hand hauchte er sein unersetzliches Leben aus.

*

Zwar trennte sich M sofort von dem brutalen Mörder, aber das änderte auch nichts mehr daran, daß ihr Stern im Eiltempo versank und die Filmgesellschaft ihren Vertrag unverzüglich kündigte. Der selige Ginsberg hatte ihren göttlichen Sex-Appeal auf Nimmerwiederstich mit ins Grab genommen.

Jetzt kann ich das Geheimnis ja lüften: Heldin der Ginsberg-Saga ist niemand anderes als Marilyn, die angebetete Göttin von Hollywood, die in ihrem kurzen

Leben alles erreicht hat, außer ein klein wenig Glück und Geborgenheit. Es heißt zwar, sie wäre in der ersten Zeit ihrer Verliebtheit mit Arthur Miller glücklich gewesen, aber auch dieses schöne Zwischenspiel endete wie üblich mit der Hochzeit. Schließlich ließ Arthur sich von ihr scheiden, obwohl Marilyn seinetwegen bei einem Moderabbi von New York Hals über Kopf zur jüdischen Religion übergetreten war.

Ich spreche ausdrücklich von Mode und Ort, denn in Israel hätte Marilyn frühestens in zehn Jahren, wenn überhaupt, die jüdische Religion annehmen können.

Der mosaische Glauben ist keine Religion, die missioniert. Er ist ein exklusiver Club verfolgter Menschenkinder, und man muß die entsprechenden Beziehungen haben, um beitreten zu können, vor allem wenn man eine »Schickse« ist. Dazu muß man wissen, daß entgegen der landläufigen Meinung die Bezeichnung »Schickse« für hübsche nichtjüdische Frauen bei uns durchaus liebevoll gemeint ist.

Unsere Patriarchen sind aber prinzipiell nicht daran interessiert, daß der Club zu voll wird, weil sie keine Zeit für derlei Firlefanz haben. Sie sind Tag und Nacht bis über beide Ohren mit der Anzahl ihrer Regierungssitze beschäftigt.

Unsere kleinen religiösen Parteien sind nämlich seit Menschengedenken das Zünglein an der Waage in allen Koalitionsverhandlungen, und ihr Einfluß ist so gewaltig, daß Moses davon nur hätte träumen können.

Für meine deutschen Leser bietet sich ein unmittelbarer Vergleich an. Ob die CDU oder die SPD an die Macht kommt, hängt davon ab, ob die FDP die Fünfprozentmarke überschreitet oder nicht.

Das Ergebnis dieses demokratischen Roulettes ist, daß bei uns die Rabbiner am Schaltpult sitzen und bei allen elementaren Lebensentscheidungen mitmischen.

Für die Ehe, die auch nach der mosaischen Religion besser vor der Scheidung stattfindet, ist eigentlich der Staat zuständig, aber er greift nur dann ein, wenn die Moral in Gefahr ist, das heißt, wenn die Presse den Fall aufgreift. Im übrigen tun unsere guten Rabbiner nur das, was sie, also der Allmächtige, für richtig halten.

Das Rabbinat hat aber keineswegs etwas gegen Ehen, Schwierigkeiten macht es nur, wenn eine geschiedene Frau einen Mann heiraten möchte, dessen Name mit K. beginnt, nicht etwa Kishon, sondern Kohen, was Hohepriester bedeutet, oder eine Frau die verwegene Absicht hegt, sich wieder zu verheiraten, nachdem ihr Mann vor 30 Jahren Zigaretten holen ging und irgendwo aufgehalten wurde. In diesem Fall können sich die Rabbiner den »Vorteil des Zweifels« leisten, ob der zerstreute Ehemann nicht vielleicht doch noch heimkommt.

Mischehen gibt es bei uns nicht. Offenbar hat Moses schlechte Erfahrungen mit seiner Schickse gemacht.

Wenn also ein zukünftiger Ehepartner Nichtjude ist, müssen die beiden im nächstgelegenen Ausland, zumeist auf Zypern, heiraten. Der Staat erkennt dann die Ehe an, aber die Rabbiner wetzen bereits ihre Messer für die Stunde der Rache, die gewöhnlich sehr schnell schlägt, spätestens dann, wenn das ketzerische Paar sich scheiden lassen möchte.

Dann lächeln die Herrn Rabbiner liebenswürdig und stellen fest, daß sie beim besten Willen keine Scheidungsurkunde ausstellen können, da die beiden zyprischen Ketzer für sie schließlich noch gar nicht verheiratet sind. Und so ist das Ehepaar auf ewig aneinander geschmiedet, weil der Staat nur das Recht hat, die Ehe anzuerkennen, sie aber nicht scheiden darf.

Eine Möglichkeit, eine Mischehe in Israel zu schließen, gibt es aber doch, und zwar dann, wenn einer der beiden Partner bereit ist, zur Religion des anderen überzutreten, entweder der Jude wird Christ oder die Schickse eine Jüdin. Allerdings sollte man dabei beachten, daß es nicht gleichzeitig geschieht, weil dann die Geschichte von neuem losgeht.

All dies habe ich nur erzählt, um klarzumachen, wie klug Marilyn war, sich in New York von einem Moderabbi ohne politische Ambitionen einsegnen zu lassen. Hätte sie es in Israel bei einem orthodoxen Rabbiner versucht, wäre die erste Begegnung ungefähr so verlaufen, wie es auf den folgenden Seiten beschrieben ist.

SPRECHSTUNDE

EINFACH KOMPLIZIERT

Meine schöne Andersgläubige, Sie haben im Ausland einen Juden geheiratet und überlegen, zu unserem Glauben überzutreten. Das ist doch richtig?«

»Ja, ehrwürdiger Rabbiner.«

»Haben Sie denn schon einmal darüber nachgedacht, meine Tochter, welche schrecklichen Folgen es haben würde, wenn Sie nicht zum Judentum übertreten? Ihre zukünftigen Kinder könnten dann nach jüdischem Glauben weder heiraten noch sich scheiden lassen und würden zu guter Letzt auch noch außerhalb der Friedhofsmauern landen! Außerdem kann es für Sie doch wohl kein Vergnügen sein, ständig als ›Schickse‹ tituliert zu werden.«

»Ich bin aus voller Überzeugung und jederzeit bereit zu konvertieren, Ehrwürdiger Vater.«

»Gleich konvertieren? Wissen Sie meine Tochter, welch schreckliches Schicksal Sie damit auf sich laden? Haben Sie eine Ahnung, was Sie erwartet? Dieses Volk ist verfolgt und gedemütigt seit Menschengedenken.«

»Warum erzählen Sie mir das?«

»Wir müssen die Dinge beim Namen nennen, liebe Marilyn, denn seit dem Mittelalter hat sich bei uns nichts geändert. Traditionen sind was Beständiges, Sie verstehen. Möchten Sie Unglückskind jetzt noch immer in den Schoß der jüdischen Religion aufgenommen werden?«

»Ich habe mich entschlossen, Jüdin zu sein, nichts wünsche ich mir sehnlicher.«

»Heuchlerin! Sie wollen Jüdin werden, damit Ihre Kinder heiraten, sich scheiden lassen können und eines Tages einen hübschen Platz auf dem Friedhof finden. Und damit die Nachbarfratzen Ihnen nicht dauernd ›Schickse‹ hinterherrufen.«

»Wenn ich ganz ehrlich bin, dann ist es so, Ehrwürdiger Rabbiner.«

»Dann kann ich Ihnen leider nicht helfen. Dann wird es nichts mit Ihnen und der jüdischen Religion. In unseren Glauben muß man sich verlieben, man muß ihn aus tiefstem Herzen wollen.«

»Ich nehme alles zurück, Ehrwürdiger Vater. Nicht weil ich es Arthur versprochen habe, sondern weil ich fest daran glaube, daß die jüdische Religion die einzig wahre ist, will ich übertreten.«

»Wenn das wirklich so ist, meine Tochter, dann müssen Sie sich den Geboten widerstandslos unterwerfen und die heiligen Pflichten klaglos erfüllen. Sie werden Arthurs Haus nicht verlassen und den Blick demütig senken, wenn Sie einem Manne begegnen. Sie werden den Saum und die Ärmel Ihres Kleides verlängern, Ihre Beine werden stets in Strümpfen stecken und kein Mann wird jemals nur einen Zentimeter Ihrer Haut oder Ihres Haares erblicken. Sie werden immer und überall nur mit einem Kopftuch zu sehen sein, denn, wie heißt es, unzüchtig ist das Haar der Frau. Beim Bereiten der Mahlzeiten werden Sie niemals die Reinheitsgebote vergessen, und sollte ein Fleischmesser, Gott behüte, in Milch fallen, vergraben Sie es sieben Klafter tief im Garten.

In der Synagoge sitzen im Saal nur Ihr Mann und Ihre Söhne, Frauen haben da unten nichts zu suchen. An den heiligen Tagen werden Sie kein elektrisches Licht anschalten, natürlich auch kein Radio, keinen Fernsehapparat und kein Videogerät, denn das sind die Freuden der Ungläubigen. Werden Sie all dies tun, meine Tochter?«

»Ich . . . ich werde es zumindest versuchen . . .«

»Versuchen? Jetzt, schöne Ungläubige, jetzt hast du dein wahres Antlitz gezeigt. Nicht etwa das Himmelreich hast du im Auge, sondern das Wohlergehen deiner zukünftigen Kinder.«

»Ja, aber, was soll ich denn nur tun, Herr Rabbiner?«

»Ich habe keine Ahnung, Marilyn. Komm auf jeden Fall in vier Jahren wieder.«

»Und in der Zwischenzeit?«

»Bete, meine Tochter, bete, bete, bete.«

»Wozu?«

»Daß wir die nächsten Wahlen verlieren.«

Solange die religiösen Parteien über der magischen Fünfprozentmarke liegen, ist jeder Widerstand gegen die Sinai-Gesetze zwecklos. Ausgenommen sind, wie bereits erwähnt, nur die Fußballspieler, die vom Himmel eine Freistellung erhielten.

Es ist also kein Zufall, daß dieser Sport in den Geboten von Moses nicht vorkommt. In seiner umfassenden Weisheit wußte er, daß goldene Kälber kommen und gehen, die goldenen Beine aber bleiben. Wie steht es so schön in der

Fußballbibel: »Liebt Franz Beckenbauer von ganzem Herzen, von ganzer Seele und mit allen euren Gedanken.«

Man kann nicht leugnen, daß dieser Lieblingssport in unserem Jahrhundert eine Art Heiligenschein bekommen hat. Als bei der letzten Weltmeisterschaft der Brasilianer Branco im Spiel gegen Holland das Siegestor geschossen hat, lief er auf seine Gläubigen auf den Zuschauertribünen zu, und »die Haut seines Angesichts glänzte« wie die von Moses, als er vom Berg hinabstieg. Und er wäre gewiß über dem Erdboden geschwebt, hätte ihn nicht seine Mannschaft mit neidvoller Zärtlichkeit am Boden festgehalten, während das Publikum im Massenorgasmus tobte . . .

Ich will mich darüber aber keineswegs lustig machen, denn mir ergeht es nicht anders. Wenn keiner mich sieht, werfe auch ich mich vor der Glotze anbetend vor dem nigerianischen Torwart nieder.

GÖTTERDÄMMERUNG
IM ABSEITS

Es war während des oben erwähnten internationalen Sportgötzendienstes, als mein Telefon aufgeregt klingelte und die Stimme von Erna Spiegel durch den Hörer vibrierte:

»Bitte, sprechen Sie mit meinem Mann«, flehte mich meine Nachbarin an, »seit einigen Tagen ist er völlig meschugge.«

»Bulgarien – Mexiko?«

»Ja.«

»Ich komme.«

Ich war nicht im geringsten überrascht. Die Medien berichteten laufend über Fernsehzuschauer, die während delikater Torsituationen vorzeitigen Herzattacken erlagen. Nach letzten Berichten hatte sich ein Innendekorateur aus Mailand vor der Verlängerung des Spieles Italien-Nigeria während eines Elfmeterstoßes von Baggio erhängt. Der Fall war um so tragischer, da Italien siegte. Aber so spielt das Leben. Die Hinterbliebenen verklagten jedenfalls die Fernsehanstalt auf Schadenersatz.

Die Ereignisse während der Fußballweltmeisterschaft hatten also bewiesen, daß der menschliche Organismus nicht dafür geschaffen ist, auf Dauer mit drei Stunden Schlaf auszukommen. Seit Beginn des epochalen Turniers ist das Bruttosozialprodukt auf ein Drittel geschrumpft, vom abrupten Rückgang des aktiven Geschlechtslebens ganz zu schweigen.

Und jetzt auch noch Felix Spiegel.

Erna erwartete mich in der Tür, die Zwillinge Motke und Schmuel hingen schluchzend an ihrem Schlafrockzipfel. Die geröteten Augen der schicksalsgeprüften Frau zeugten von schlaflosen Nächten, der verhangene Blick hauchte »Washington«.

»Mein Felix ist wahnsinnig geworden«, flüsterte Erna. »Seit Tagen belagert er das Wohnzimmer und läßt niemanden in seine Nähe. Soeben sieht er das Spiel Bulgarien gegen Mexiko.«

Sie öffnete die Wohnzimmertür einen Spalt. Ich blickte vorsichtig hinein: Felix hockte am Boden, umgeben von Sportzeitschriften und leeren Bierflaschen.

»Seit Deutschland gegen Südkorea rasiert er sich nicht mehr«, erklärte Erna, »und nur in den Spielpausen versuchen wir, ihm Essen auf einem Tablett durch die Tür zu schieben. Er verläßt das Zimmer nicht mehr . . .«

»Auch nicht für . . . ich meine . . .«

Erna warf einen nervösen Blick unter das Campingbett ihres Mannes:

»Fragen Sie lieber nicht.«

Ja, das Problem ist zweifellos, den Fernsehapparat auszuschalten. Man braucht dazu übernatürliche Kräfte. Ein erfahrener Bekannter von mir versucht sich zum Beispiel immer dann vom Bildschirm loszureißen, wenn gerade ein Schienbein Erste Hilfe bekommt. Dann springt er zur Steckdose und reißt mit einem heiseren Schrei den Stecker heraus. Seit kurzem soll es sogar einen professionellen Ausschaltdienst geben, der auf Bestellung gegen Mitternacht einen gut trainierten Mitarbeiter vorbeischickt, um den Apparat auszuschalten. Der Mann ist natürlich bewaffnet.

Auf dem grünen Bildschirm wimmelte es von bunten Trikots. Plötzlich beugte sich Felix vor und schrie einem Bulgaren nach:

»Längere Pässe, Stoitschkov!«

»Verstehen Sie jetzt?« fragte Erna. »Felix bildet sich sogar ein, Trainer der bulgarischen Mannschaft zu sein.«

»Schrecklich«, bemerkte ich. »Der Trainer ist Dimitar Penev.«

Vom Rasen ertönte ein schrilles Pfeifen.

»Der Tonlage nach müßte das der holländische Schiedsrichter sein«, meinte der Zwilling Motke. »Er hat schon das Spiel Norwegen gegen Spanien gepfiffen.«

»Bogdanov, du Idiot«, donnerte es aus dem Wohnzimmer, »rechter Flügel, Herrschaft noch mal, F-l-ü-g-e-l!«

»Jetzt meint er den mexikanischen Mittelfeldspieler«, murmelte Rosa verzweifelt.

»Bogdanov ist Stürmer, Mami«, zischte der kleine Schmuel, »Jordan Letschkov ist der bulgarische Mittelfeldspieler.«

Erna schloß leise die Tür. Die Zwillinge packten mich an der Hose:

»Papi ist krank, Onkel«, murmelte Motke. »Er beschloß heute morgen eine radikale Umgruppierung der deutschen Mannschaft. Er will aus Klinsmann den Verteidiger gegen Brasilien machen. Armer Papi.«

»Ohne Klinsmann im Sturm ist eine torfähige Mannschaft unvorstellbar«, meinte auch sein Bruder. »Mit ihm im Sturm würden die beiden brasilianischen Stürmer Jorhino und Romario in Chicago keinen Ball sehen.«

»In Washington«, korrigierte ihn Erna vorsichtig. »In Chicago spielt Rumänien gegen Italien. Berti macht sicher Hackfleisch aus den Bulgaren.«

»Aber, gnädige Frau«, warf ich ein. »Nur wenn Matthäus sich von der Verletzung des Knöchels erholt hat.«

Durch die geschlossene Tür hörten wir Felix' wilde Pfiffe:

»Halt, Baggio ist offside! H-a-l-t!«

»Mein Mann weiß nicht mehr, was er sagt«, murmelte Erna deprimiert. »Jetzt verwechselt er schon Roberto Baggio mit Luigi Apolloni . . .«

Die Zwillinge waren dem Weinen nahe. Sie hingen sehr an ihrem Vater.

»Aus diesem Grunde habe ich Sie hergebeten«, Erna nahm meine Hand. »Bitte, sprechen Sie mit diesem Verrückten, daß er uns auch an den Bildschirm läßt.«

»Erna Spiegel«, sagte ich mit Nachdruck, »ich lasse mich zu Hause auch nicht gerne stören.«

Ich eilte zu meinem Apparat zurück. Was geht mich die brasilianische Mannschaft an? In meiner Funktion als Hobby-Nationaltrainer habe ich genug damit zu tun, mich an die glorreichen Fünf der ungarischen Wundermannschaft von 1951 zu erinnern: Budai, Kocsis, Hidegkúti, Puskás, Csibor. Im Mittelfeld baue ich vielleicht Zakarias ein. Berti raus.

E ine unvergeßliche Begegnung mit aktuellen Halb-
göttern kann also auch via Fernsehgerät erfolgen,
was vermutlich nicht gegen das Erste Gebot verstößt.
Kritisch wird es dann, wenn ein Gerät selbst zum Halbgott wird.

Ein unheilbarer Fall
von Telefonitis

I n einer Zeit, da sich täglich neue Drogen der Menschen bemächtigen und der Konsum von Schnaps und
Glimmstengeln unbekannte Rekorde erreicht, sei es dem
Verfasser dieser Zeilen erlaubt, sich selbst zu outen und
sich zu seiner ganz persönlichen Sucht zu bekennen.

Ich bin der Telefonitis verfallen.

Die ersten Anzeichen dieses fast religiösen Wahns
zeigten sich bei mir im Jahre 1985, als die wunderba-
ren, kabellosen Telefone, der Teufel hole sie, auf den
Markt kamen. Damals mußte ich zum ersten Mal feststellen, wie kribbelig ich werde, wenn ich eine oder zwei
Stunden nicht telefoniere. Dabei ist es eigentlich nicht
das Telefongespräch, das mir abgeht, denn der gleiche
Effekt könnte durch persönlichen Kontakt viel besser
erzielt werden. Nein, es ist das berauschende Gefühl des
Hörerabnehmens, gefolgt vom wundervollen »Tick-Tick«
des Wählens, begleitet von atemloser Erwartung. Ich
weiß wirklich nicht, wie es so weit kommen konnte, aber
ich telefoniere von Jahr zu Jahr mehr. 1967 waren es
825 Telefonate in zwei Monaten, heute bringe ich es
bereits auf 14 751 bei Regen. Schon im Morgengrauen,
noch bevor ich schlaftrunken meine Augen öffne, über-
kommt mich der unstillbare Drang, meine Hand nach
dem bezaubernden Apparat auf dem Nachttischchen

auszustrecken und mir ein oder zwei Telefonate einzuwerfen.

*

In den letzten Jahren hat sich mein Zustand derart verschlechtert, daß ich selbst bei hochkarätigen Gesprächen nicht länger als eine Stunde stillsitzen kann, ohne zwischendurch aufzuspringen und »Pardon, ich habe etwas vergessen« zu murmeln, um im Nebenzimmer rasch irgend jemanden anzurufen, egal wen. Ich trage stets ein kleines, grünes Notizbuch bei mir, in dem alle Telefonnummern stehen, die ich im Laufe meines Lebens gesammelt habe. Da suche ich mir dann je nach Stimmung eine aus. Ich stehle mich auch mitten in einer Theatervorstellung fort, schleiche zwischendurch ins Foyer, suche mit glasigen Augen einen freien Apparat und wähle ein wenig, egal wohin. Dabei zittern meine Hände, und mein Wählfinger versteift sich. Manchmal stellen sich auch leichte Ausschläge in der Bauchgegend ein. Vor allem im Herbst.

Nein, ich gehe nicht zum Arzt, aber ich finde mich mit meiner Sucht auch nicht einfach so ab. Ich bekämpfe sie selbst, mutig, wenngleich bisher erfolglos. Manchmal wähle ich eine Nummer, von der ich genau weiß, daß sie nicht mehr stimmt, und atme erleichtert auf, wenn das Besetztzeichen ertönt. Aber ich brauche ganz einfach das warme Gefühl in meiner Handfläche, ich muß mindestens jede halbe Stunde den summenden Hörer an meinem Ohr spüren, sonst drehe ich durch. Ja, ich habe die Telefonitis, es ist nicht zu ändern. Sie wird mich nicht nur psychisch ruinieren, auch meine Existenz ist in Gefahr, denn meine Sucht kostet mich ein Vermögen, vor allem nach Mitternacht, wenn es so billig ist, in die USA anzurufen. Einmal, ich glaube, es

war im letzten Sommer, überfiel mich auf dem Nachhauseweg ein unstillbarer Heißhunger nach einem Telefon. Wie ein Verrückter irrte ich durch die Straßen,
bis ich eine freie Telefonzelle fand. Ich rief am Flughafen an und fragte, ob alles in Ordnung sei, woraufhin
man mich beruhigte.

Kommunikationspsychiater haben für Menschen wie
mich, die das Telefon anbeten, einen Fachbegriff: »Tele-
fon-Junky«. Ich habe die Seuche des Jahrhunderts.

*

Manchmal verschließe ich das Telefon im Schrank und
bin der glücklichste Mensch auf Erden. Schon bald aber
spüre ich die ersten Entzugserscheinungen, der Finger
wird wieder steif, und ich muß einfach anrufen, egal wen,
koste es, was es wolle. Sogar »kein Anschluß unter dieser Nummer« verschafft mir eine gewisse Erleichterung,
das Blut fließt wieder zum Gehirn, die Augen beleben
sich, und die Haut wird wieder rosig.

Seit kurzem habe ich eine neue Methode, die Anfälle
in den Griff zu bekommen. Ich rufe mich selbst an. Einmal kam ich sogar durch und unterhielt mich ein wenig
mit mir, ich war jedoch falsch verbunden. Das ist der
Anfang vom Ende.

Die Ärzte behaupten, es gäbe noch schwerere Fälle
von Telefonvergiftung als meinen, und schilderten mir
den Fall des Innenarchitekten G. S., der mit vier Appa-
raten auf seinem Schreibtisch arbeitete, sich bei vier
gleichzeitigen Auslandsgesprächen in den Kabeln ver-
strickte und erdrosselte. Seither läßt die Post nicht mehr
als drei Apparate pro Quadratmeter zu.

Nach jüngsten Erhebungen verlaufen Gespräche von
Telefon-Junkys alle ähnlich, etwa so:

»Ja.«

»Ist Herr Sulzbaum da?«

»Ja.«

»Wann kommt er?«

»Er ist da.«

»Gut, ich rufe in einer halben Stunde noch mal an.«

Oder in leichteren Fällen:

»Hallo, wie geht's?«

»Alles o.k., alles bestens.«

»Wohlbefinden?«

»Vorhanden.«

»Also gut, du hast Besuch. Ich rufe später wieder an.«

*

Telefonsüchtige sind verlorene Seelen. Manche Ärzte schlagen stufenweisen Entzug vor, da man das Telefonieren nicht von heute auf morgen aufgeben könne, ohne bleibende psychische Schäden zu riskieren. Der Gesundheitsminister empfiehlt, eine anfängliche Einschränkung auf 80 Telefonate pro Tag und danach schrittweisen Rückgang auf 40. Nach etwa zwei Monaten intensiver Entziehungskur bringt es mancher Süchtige sogar auf nur mehr 15 bis 20 Anrufe vom Autotelefon aus und steht dann kurz vor der Heilung. Ein Jerusalemer Mönch hat kürzlich eine Therapie entwickelt, wonach der Süchtige in einem kleinen Rucksack oder einer umweltfreundlichen Plastiktüte ein Spielzeugtelefon mit sich führt. Bei einem Suchtanfall kann er die Ersatzdroge einsetzen und wählen, soviel er will.

Ich selbst habe alle Methoden durchprobiert, von der Telefonitis loszukommen. Nur eine hat mich geheilt. Sie heißt Faxitis.

Im Vergleich zu den Dimensionen des Alls ist das angebetete Telefon eher klein und relativ lautlos. Es gibt aber einen ohrenbetäubenden Götzen auf vier Rädern, der die Konkurrenz durchaus aufnehmen kann. Ich meine die Rennwagen und ihre berühmten Fahrer, die das Donnergrollen des Himmels herausfordern, obwohl sie selbst vor nichts mehr Angst haben als vor einem Gewitter.

GÖTTER AUF SECHS ZYLINDERN
ODER GAUDI BEI AUDI

Was tut der Mensch, wenn er aus heiterem Himmel und ohne Vorwarnung zur Deutschen Tourenwagenmeisterschaft eingeladen wird? Er sagt, was soll das, und bleibt zu Hause. Ich sagte, was soll das, und fuhr nach Hockenheim.

Bisher hatte mich dieses telegene Happening nicht im mindesten beeindruckt. Im Gegenteil, ich schaltete meinen Fernseher so schnell wie möglich ab, wenn auf dem Bildschirm die Motoren aufheulten. Ich habe einfach nicht die Nerven, auf das erste Krachen zu warten. Aber diesmal dachte ich einfach und pragmatisch, ich würde die Einladung annehmen, denn für einen populären Schriftsteller wie mich hat die Sache einen nicht unerheblichen PR-Effekt.

*

Bevor ich mich auf den Weg machte, studierte ich die greifbare Fachliteratur und erfuhr, daß im Vorjahresrennen Audi die ersten drei Plätze belegt hatte und der umjubelte Titelverteidiger, Hans-Joachim Stuck, ohne ersichtlichen Grund »Striezel« genannt wird. Das war alles, was ich behielt. Am weltberühmten Ring eingetroffen, machte ich mich dann unverzüglich an die Audi-Crew heran. Schließlich sind Sieger unwiderstehlich.

Die eindrucksvollen Ausmaße in Hockenheim, die unzähligen Boxen und glänzenden Rennwagenmonster beeindruckten mich, wie nicht anders erwartet, tief. So ähnlich hatte ich mir das Militärlager von »Desert Storm« auf dem Höhepunkt der amerikanischen Offensive vorgestellt, die ja bekanntlich den Endsieg Saddam Husseins auslöste. Das Schicksal und meine Begleiter machten mich auch mit dem legendären Striezel bekannt. Der damalige Sportwagen-Weltmeister umarmte mich wie einen alten Freund und fragte mich strahlend, wer ich denn eigentlich sei. Nachdem ich mich als berühmter Schriftsteller zu erkennen gegeben hatte, erzählte er begeistert, seine Frau besitze ein Buch von mir oder von jemand anderem, und er würde sie anrufen, damit sie es für eine kleine Widmung mitbrächte.

Das schmeichelte mir natürlich, aber ich wehrte bescheiden ab:

»Bedaure lieber Freund«, erklärte ich Stuck höflich, aber bestimmt. »Ich bin inkognito hier, wirklich nur privat. Darum trage ich auch die dunkle Brille. Ich wollte nur Ihren grandiosen Sport erleben und nicht, wie sonst immer, von Autogrammjägern niedergetrampelt werden und im Blitzlichtfeuer erblinden . . .«

Ich bat daher meine Begleiter, mich abzuschirmen und niemanden an mich heranzulassen. Offensichtlich war es aber schon zu spät, denn Zuschauer, Fotografen und Journalisten stürzten sich gerade auf mich. Ich schloß die Augen und ergab mich in mein Schicksal. Der ohrenbetäubende Motorenlärm lieferte die Hintergrundmusik zu meinem Verhängnis ...

*

Als ich nach einem heftigen Rippenstoß die Augen wieder öffnete, befand ich mich in einer höchst peinlichen Situation. Der Pöbel hatte sich nicht auf mich, sondern auf diesen Stuck gestürzt, und ihn, nicht mich, flehte man um Autogramme an. Anscheinend löst der Motorsport bei labilen Charakteren unberechenbare Reaktionen aus. Ich kann mich jedenfalls nicht daran erinnern, mein Inkognito vor Hockenheim jemals so erfolgreich gewahrt zu haben.

Auch als ich meine dunkle Brille abnahm, um es den Massen ein wenig leichter zu machen, mich zu erkennen, interessierten sich die verblendeten Striezelfans nicht für mich. Ich pirschte mich seitlich an den Weltmeister heran, um wenigstens gemeinsam mit ihm fotografiert zu werden, aber sofort verscheuchte mich lautstarker Protest der Sportfotografen. Um meine Ehre zu retten, bat ich den Hilfsmonteur von Stuck um ein Autogramm für meine Kinder, aber er verscheuchte mich.

Es kann nur der Astronautenanzug, der wie eine zweite Haut sitzt, oder der »Krieg-der-Sterne«-Helm sein, der diese unsinnige Vergötterung auslöst. Auch die Fahrer selbst sind sich ihrer charismatischen Aura bewußt. In voller Kriegsmontur, umgeben von einer Schar gut gebauter junger Mädchen in zu kurzen Miniröcken, werfen sie sich unermüdlich in Positur. Die stählerne Brust und der breite Rücken dieser motorisierten Gladiatoren sind, ähnlich wie bei sowjetischen Generälen, bis auf den letzten Millimeter mit Werbelogos dekoriert.

Als mildernder Umstand für dieses infantile Verhalten könnte das Durchschnittsalter der Anbeter gelten. Es lag schätzungsweise bei 17, wobei ich es schon wesentlich angehoben hatte. Haben denn diese Kinder keine Eltern, die auf sie aufpassen?

Ganz selten sah man ein erwachsenes Gesicht. Das waren dann bedauernswerte Autorentner über 35, die in trostlosem Zivil an der Rennstrecke herumlungerten, um wieder einmal dem erotisierenden Aufheulen der Motoren zu lauschen und wieder einmal tief die Abgase einzuatmen.

Aufmerksamkeit schenkte mir nur ein aufgeweckter Junge, der sich freundlich erkundigte, ob denn der Onkel auch mal Rennfahrer gewesen wäre.

»Selbstverständlich«, antwortete ich dem sympathischen Bengel. »Und was für einer.«

»Woher kommst du denn?«

»Ich? Aus Disneyland.«

Das erregte zwar ein wenig Interesse im Kindergarten, Autogramme wollte der kleine Analphabet aber trotzdem nicht.

*

Mit 480 Megaherz kündigte jetzt der Lautsprecher den Beginn des Qualifikationsrennens an, bei dem die Startnummern vergeben wurden. Mit übermenschlicher Anstrengung und stählernen Ellenbogen zwängte ich mich durch die begeisterte Menge, möglichst nahe an den Audi V8 Quattro des Weltmeisters Stuck heran. Ich war mit dem Kotflügel auf Tuchfühlung.

»Hals und Beinbruch, Champ«, rief ich Striezel zu. »Ich drücke die Daumen.«

»Nützt nichts, mein Freund«, schrie Stuck zurück. »Die Sportkommission hat mir 44 Kilo Zusatzgewicht aufgebrummt.«

Dies war mein erstes Zusammentreffen mit der absoluten Gleichheitsgesellschaft, dem alten Traum aller Sozialisten mit Nummernkonten in der Schweiz. Man klärte mich auf, daß man die strengen Regeln eingeführt habe, um jedem Fahrer die gleiche Chance zu geben. Gleiche PS für alle Autos, gleiche Reifen, gleicher Lärm, gleiche Geschwindigkeit. Falls dann ein Fahrer aus unerfindlichen Gründen das Rennen für sich entscheiden sollte, wird er auf der Stelle bestraft, man legt ihm so viele Bleigewichte ins Auto, daß er sich kaum noch vom Platz rühren kann. Wird er dann letzter, und daraufhin siegt an seiner Stelle die Gerechtigkeit, bekommt er einen wertvollen Trostpreis. Er ist seine Bleigewichte wieder los, kann siegen, wird wieder mit Blei bestraft und so fort. Alles klar? An diesem heiligen Ort sind eben wirklich alle gleich. Das einzige, was die Regeln nicht beeinflussen können, ist das Eigengewicht der Fahrer. Deshalb nehmen sie vor dem Start ihre Armbanduhren ab (0,03 Sekunden Gewinn) und fahren ohne Unterhosen (0,102 Sekunden).

Ich fragte den Trainer, wie unter diesen Umständen überhaupt jemand siegen könne. Das liegt nur am Bremsen, klärte er mich auf. Wer in einer Kurve am spätesten bremst, hat die besten Aussichten. Das brächte pro Kurve einen ganzen Stundenkilometer. Im Windschatten.

»Warum bremst dann überhaupt noch jemand?« fragte ich.

»Reine Gewohnheit«, antwortete der Trainer.

*

Inzwischen war das Vorrennen beendet, und der bleigeprüfte Striezel fiel auf den siebten Platz zurück. Das bedeutete Platz vier beim Start. Als ich ihn bedauerte, tröstete er mich, dies sei der Superplatz schlechthin. So könne er die ersten drei von hinten beobachten, sie ihn aber nicht. Außerdem hätte er jetzt 17,5 Kilo Blei weniger im Auto. Und das allein wäre schon ein Glücksfall.

Die Begeisterung hatte mich angesteckt. Ich polierte jetzt bereits Windschutzscheiben und konnte so von den Fahrern Autogramme ergattern. Nebenbei erfreute ich mich an der phantasievollen Skala ihrer Ausreden für die schlechte Plazierung:

»Der Benzindruck schwankte im Lamellensperrdifferential, und so fehlten mir 460 Umdrehungen auf der Geraden«, erläuterte soeben ein Champion dem ihn belagernden Harem. »In der Ostkurve begann meine Kohlfaser-Doppelquerlink zu vibrieren, der Naßsumpf in der vollsynchronisierten Hinterachse verstopfte meine zwangsbelüftete Bremshydraulik . . .«

Ein wundervoller Beruf, dieser Autosport. Ich hätte bei der besten Ehefrau von allen keinerlei Chance mit der Ausrede für den Mißerfolg eines Buches gehabt, daß mein Ersatzbleistift auf der dritten Seite lediglich auf drei Zylindern gelaufen sei.

Inzwischen war meine Popularität enorm gestiegen, und ich verteilte an die weiblichen Fans Autogramme von Hans-Joachim Stuck. Der Weltmeister selbst hatte sich für ein paar Augenblicke der Meditation in die mobile Kapelle der Firma Audi zurückgezogen, um dort Regen für das große Rennen zu erflehen.

»Sein Wagen ist ein Quattro mit Vierradantrieb«, weihte man mich ein. »Und das ist nur auf nasser Strecke von Vorteil.«

Die Wolken blieben aus, und der strahlendblaue Himmel bereitete Audi einen schweren Schlag. So kann man sich also auf Petrus verlassen. Da schleift und schnipselt man den lieben langen Tag in Erwartung des ersehnten Schauers an den Reifen herum, und dann bleibt die Strecke staubtrocken.

Die Reifen werden übrigens ähnlich wie die heiligen Kühe in Indien verehrt. Die Mädchen streichen zärtlich darüber, während die Männer sie von innen heraus anheizen. Die Reifen, versteht sich. Es heißt sogar, BMW beschäftige einen Psychologen für Winterreifen.

Als der Lärm mein Trommelfell fast zerriß, füllten sich die Tribünen. Das alles entscheidende Rennen begann. Einen derartigen Menschenauflauf hatte ich selbst beim Papst in Rom nicht gesehen . . .

*

Inzwischen hatte ich die Gelegenheit beim Schopf gepackt. Jetzt war Fahnenschwenken gefragt. So kam man am dichtesten an die motorisierten Götter heran. Wie besessen schwenkte ich mit. Jede Fahne hatte ihre Bedeutung. Eine rote Fahne hieß: »Anhalten!«, die gelbe warnte: »Vorsicht, Öl in der Kurve!«, und eine rosa: »Macht nichts, mein Junge, vielleicht das nächste Mal.«

Die schweren Wagen rasten in atemberaubendem Tempo dicht an meiner Nase vorbei. In jeder Kurve rauchte es. Das gehört dazu. Dann stürmte ein ganzes Geschwader von Monteuren herbei und wechselte dem Fahrer in 15 Sekunden den Motor, die Reifen, die Karosserie und die Werbelogos aus.

Inzwischen nahm das Rennen einen recht erfreulichen Verlauf. Bereits in der fünften Kurve kam etwas Leben ins Getriebe, als der Spitzenreiter aus Venezuela, Johnny Cecotto, Stucks Hintern rammte, worauf der Venezueler unverzüglich disqualifiziert wurde. Welches Glück für ihn: 32,5 Kilo Blei weniger beim nächsten Rennen.

Audis Ehre rettete schließlich der blutjunge Werksfahrer Frank Biela, der einen würdigen dritten Platz belegte. Wieselgleich näherte ich mich ihm, um seinen Overall zu säubern. Die Pressefotografen waren im Anmarsch. Ich ergatterte einen recht guten Platz in seiner Nähe, direkt im Getümmel der ausgeflippten Minis. Da kam sogar noch die junge hübsche Frau Stuck mit meinem Buch herbeigeeilt, und mit einem hinreißenden Lächeln bat sie Frank Biela um eine persönliche Widmung.

Schon ein recht blöder Sport, diese Autoraserei, muß ich gestehen. Ich gehe da bestimmt nicht mehr hin. Außer vielleicht nächstes Jahr als Nachwuchsgott.

Nein, meine Herrschaften, ich habe es nicht vergessen. Absichtlich habe ich den ältesten und gefährlichsten Konkurrenten des Glaubens bis zum Ende aufgespart. Ich meine das verfluchte Geld, Satans Erfindung, es möge sich vermehren.

Man sagt, daß sich alles nur ums Geld dreht. Wer weiß, aber immerhin hat auch der Papst eine eigene Bank, die Banco del Spirito Sancto. Ich habe zu Hause einen Scheck dieses Instituts aufgehoben und werde ihn bei meinem baldigen Ableben mit mir nehmen.

Kein Zweifel, Geld bedeutet in jeder Situation Macht. William Shakespeare ist allerdings anderer Meinung, wenn er erklärt: »Es hilft dem Menschen weder Macht noch Geld, wenn er auf eine Marmortreppe fällt.« Dies behauptet der Dichter zwar nur in meinem Stück »Es war die Lerche«, aber ich stehe voll hinter ihm.

Geld ist wichtig, es bedeutet jedoch nicht alles. Geld

allein macht nicht glücklich. Man sollte unbedingt auch Wertpapiere, Schmuck und Edelsteine besitzen. Schließlich hat auch der Herr den Flüchtlingen aus Ägypten befohlen, nicht nur Geld, sondern »von ihren Nachbarn und Hausgenossen silbernes und goldenes Geschmeide« mitzunehmen.

Wenn das so ist, warum sollte ich mich schämen, einige Groschen in einer sicheren ausländischen Währung anzulegen?

Es ist doch nur Gottes Wille.

AUFSTIEG UND FALL
EINES GELBEN SPEKULANTEN

Eines schönen Morgens sitze ich gemütlich in der Küche und genieße im Kreise meiner Lieben ahnungslos ein üppiges Frühstück, als plötzlich die beste Ehefrau von allen ihr Knäckebrot beiseite legt und ihren Blick über die unschuldigen Küchenmöbel schweifen läßt. Ich kenne diesen abweisenden Blick nur zu gut. Er schmückt das Antlitz der Besten immer dann, wenn ihrer Meinung nach alle genau das tun, was zu tun ist, um geschwind ein kleines Vermögen zu machen, während nur ich wieder einmal zu Hause herumlungere wie der letzte Trottel.

»Alle wissen genau, Ephraim, was zu tun ist, um schnell ein kleines Vermögen zu machen«, sagt plötzlich die beste Ehefrau, »nur du lungerst wieder einmal zu Hause rum wie der letzte Trottel. Liest du denn keine Zeitungen?«

»Täglich«, widerspreche ich. »Wie ich weiß, herrscht weltweit eine Währungskrise. Was kann ich denn dagegen tun?«

»Beweg deine müden Knochen und kaufe Yen.«

Sie sagte mir nichts Neues. Natürlich hatte auch ich in den letzten geldschwangeren Tagen bereits mit dieser Möglichkeit geliebäugelt, und seit ich im Fernsehen das trostlose Bild der geschlossenen Tokioter Börse gesehen hatte, war ich so richtig gelb vor Neid. Zwar stehe ich nach Abzug der Steuern eigentlich gar nicht so schlecht da, aber, ich gebe zu, die Beste hat schon recht. Würde ich jetzt 100 Millionen Yen kaufen, könnte ich innerhalb einer Zwei-Tages-Frist immerhin 18,5 Millionen Dollar kassieren. Netto, versteht sich. Fehlte nur noch das Kapital.

Ich versuchte, mich bei der Besten mit meinem chronischen Mangel an Barem herauszureden.

»Wer braucht schon Bargeld«, antwortete sie. »So etwas regelt man am Telefon. Man ruft den Agenten an und beauftragt ihn: ›Wertheimer, kaufe für mich 50 Millionen Yen.‹«

»Na gut«, gab ich klein bei, »aber zu welchem Kurs soll er kaufen?«

»Halte dich nicht mit Lappalien auf.«

Der Haken an der Sache war, daß niemand so ganz genau wußte, was der Yen im Moment eigentlich wert war. Oder wie er aussah. Ich suchte Wertheimer im Telefonbuch, fand aber nur die Schnellreinigung. Also ging ich zu meiner Bank.

»Guten Tag«, sagte ich zum Schalterbeamten. »Ich möchte Yen kaufen, ziemlich viele Yen.«

»Sie verreisen?«

»Ich spekuliere.«

Das ist durchaus legal. Der kleine Spekulant kauft in der Bank Yen zu dem offiziellen Kurs, und wenn dieser dann steigt, verkauft er sie wieder und hat ein kleines Vermögen.

Die Bank war wieder einmal unfähig.

»Wir haben keine Yen«, gab der Direktor verschämt zu, »in der Zentrale stellen wir das Exemplar hinter Panzerglasscheiben aus. Wenn Sie wollen, kann ich mich erkundigen, ob es zu haben ist. Rufen Sie mich morgen wieder an.«

Morgen? Morgen kann an der Tokioter Börse längst alles anders und der Kurs des Yen im Keller oder sonstwo sein, und alles ist vorbei. Auch die norwegische Krone war ja schließlich vorgestern völlig unerwartet abgewertet worden oder umgekehrt.

Ich rief bei der Nationalbank an und verlangte den Direktor.

»Ich möchte Yen kaufen«, sagte ich zu ihm, »alle machen geschwind ein kleines Vermögen, nur ich lungere hier herum wie der letzte Trottel.«

»Eröffnen Sie doch ein Sparkonto, mein Herr«, schlug der Bankier vor, »das ist auch keine schlechte Investition.«

»Ich möchte aber ein Sparbuch mit Yen.«

»Ich werde sehen, was ich tun kann. Rufen Sie mich morgen wieder an.«

Morgen? Die Börsenberichte sind voll mit einer Aufwertung der Mark. Unser Finanzminister hat bereits auf die enormen Vorzüge hingewiesen, die für unsere Währung aus der Abwertung des Schekels entstehen werden, die nicht zu erwarten ist.

»In Frankfurt wurden 1 39. 1 780 039 Dollar für eine Unze Gold bezahlt«, liest die Beste aus der Zeitung vor. »Wieviel ist eine Unze?«

»Ein Unze ist eineinhalb Kilo«, kläre ich sie auf.

Die langen Zahlen beunruhigen mich. Ich suche im Branchenverzeichnis die Nummer des Internationalen Währungsfonds, finde jedoch nur die Reinigung Wertheimer. Die Lage spitzt sich zu. Die ganze Nacht kämpfe ich im Traum gegen die Inflation.

»Wo bist du?« schreie ich sie an. »Ich werde dich ver-
prügeln, daß dir Hören und Sehen vergeht.«

Am Morgen ist die Beste weiß wie die Wand.

»Unsere Nachbarn sind eben mit einem riesigen Koffer aus der Stadt zurückgekommen«, fährt sie mich an.
»Ich sage dir, Ephraim, Felix versteht das Geschäft, das
sind vielleicht Yen.«

Sie behauptet, die Regierung habe Unmengen von Yen
am Blumenexport verdient, verkaufe sie jedoch auf dem
Schwarzmarkt, um die Spekulanten zu erwischen.

»Bis du deine müden Knochen bewegst«, spöttelt die
beste Ehefrau von allen, »ist der Yen längst hinüber.«

Ich bahne mir einen Weg zum Schwarzmarkt. In einer dunklen Ecke finde ich einen unfreundlichen Kerl,
der mir zuraunt: »Im Treppenhaus sitzt ein Buckliger.
Sage ihm, daß Friedländer dich schickt.« Ich tue, wie
befohlen, und verlange eine Unmenge von Yen in kleinen Scheinen von dem Buckligen. Unvermittelt stürzt
sich der Bucklige in ein Zimmer, dessen Türe offenstand,
sagt etwas auf Jiddisch, und heraus kommt eine alte
Schachtel, die mich anbrüllt, ich solle gefälligst illegal
Dollars kaufen wie alle anderen auch, ansonsten rufe
sie die Polizei. Ich versichere ihr, morgen wieder anzurufen.

Als ich im Stadtzentrum ankomme, hat sich die Börse in Tokio bereits stabilisiert, und unser Blumenexport
bricht mit ohrenbetäubendem Geräusch zusammen.

Ich betrete die nächste pleite gegangene Bank, be-
schaffe mir im Konkursverfahren günstige portugiesi-
sche Wertpapiere und warte, daß endlich eine ordentliche Währungskrise oder etwas Ähnliches eintritt.
Unsere Nachbarn, die Spiegels, sind inzwischen reich.
Felix weiß schließlich, wo der Hase im Pfeffer liegt. Der
Mann ist vor 20 Jahren mit einem großen Vermögen angekommen, und heute hat der Glückspilz ein kleines Ver-

mögen. Die Beste hat im Grunde genommen recht. Alle tun, was zu tun ist, nur ich nicht. Vermutlich benehme ich mich manchmal wie der letzte Trottel.

D er Leser schüttelt jetzt sicher zweifelnd den Kopf und sagt sich: »Na, so schlecht kann die finanzielle Lage von Herrn Kishon doch nicht sein.« Der Leser hat ganz recht. Und jetzt beschreibe ich, wie es zu meiner wirtschaftlichen Sicherheit kam.

DER DORNENLOSE WEG ZUM WOHLSTAND

E s begann damit, daß ich von Weinreb einen Scheck über 16 Schekel bekam, ausgestellt auf die Zweigstelle der National-Bank. Ich fuhr hin und übergab den Scheck einem der Schalterbeamten.

Der Beamte warf einen Blick auf den Scheck, warf zugleich einen anderen, er schielte ein wenig, auf Weinrebs Kontostand und sagte:

»In Ordnung. Sie bekommen das Geld an der Kasse.« Ich ging zur Kasse.

»Tag«, sagte ich.

»Was wünschen Sie?« fragte der Kassierer.

»Das Geld«, antwortete ich wahrheitsgemäß.

»Bitte sehr«, sagte der Kassierer, öffnete den Safe hinter sich und übergab mir Banknotenbündel für Banknotenbündel.

»Was soll das?« fragte ich.

»Ich folge Ihrer Anweisung. Bei bewaffneten Banküberfällen leisten wir keinen Widerstand.«

Für das schallende Gelächter, in das ich daraufhin ausbrach, hatte er kein Verständnis.

»Ha, ha, ha«, äffte er mich nach. »Sehr komisch, was? Das ist mein fünftes Hold-up in diesem Monat.«

Ich versuchte dem Mann zu erklären, daß ich keine Waffe bei mir hätte und nur mein Geld haben wollte.

»Herr Singer«, rief der Kassierer einem zweiten Beamten zu. »Bitte kommen Sie einen Augenblick her. Wir haben es mit einem etwas verwirrten Bankräuber zu tun.«

»Sofort.«

Herr Singer beendete seine Jause und kam mit einem weiteren Banknotenbündel herüber. »Mehr ist heute leider nicht in der Kasse. Erst wieder am Freitag, wenn die Gehälter ausgezahlt werden. Übrigens, warum tragen Sie keinen Strumpf überm Kopf?«

»Weil das kitzelt.«

Es war eine merkwürdige und für mich nicht gerade angenehme Situation. Rings um mich drängten sich Neugierige und redeten durcheinander. Einer stürzte zur Tür, wo seine Frau wartete:

»Olga, hol die Kinder, schnell! Hier gibt's einen Banküberfall.«

Immer noch lagen die Banknotenbündel vor mir, immer noch versuchte ich Herrn Singer klarzumachen, daß ich sie nicht wollte.

»Nehmen Sie nur, nehmen Sie nur«, ermunterte mich Herr Singer. »Wir sind versichert.«

Wie ich von ihm erfuhr, hatten erst in der Vorwoche zwei kleine Mädchen die Bankfiliale in Jaffa ausgeraubt, und deren Leiter hatte Singer gewarnt, daß seine Filiale als nächste drankäme. Seither hätte Singer immer eine größere Menge Bargeld in der Kasse. »Das gehört zum Kundendienst«, sagte er nicht ohne Stolz. »Wir haben inzwischen gewisse Verhaltensmaßnahmen ausgearbeitet, nach denen sich auch unsere Kunden richten. Es läuft wie am Schnürchen.«

Tatsächlich, die Besucher waren mittlerweile in Deckung gegangen, lagen flach auf dem Boden und wurden dort von den Beamten bedient. Nachher krochen sie auf allen vieren zum Ausgang. Andere kamen auf allen vieren herein.

»Früher einmal«, erklärte mir Herr Singer, »liefen Banküberfälle noch nach dem klassischen Muster ab. Die Eindringlinge waren maskiert, gaben Schreckschüsse ab, brüllten und drohten. Heute geht das alles viel nüchterner vor sich, und unsere Banken unterstützen dieses vereinfachte Verfahren. Erst vor wenigen Tagen wurde die Barkley-Bank von zwei Männern, die nur mit einem Schraubenzieher bewaffnet waren, um 100 000 Schekel erleichtert, und in der Leumi-Bank in der Stadtmitte wurde dem Schalterbeamten nur noch ein Eislutscher vorgehalten. Gestern erschien eine Anzeige der Diskont-Bank in Haifa mit der Aufforderung an die Bankräuber, während der Sommermonate ihre Überfälle nur Montag, Mittwoch und Donnerstag durchzuführen.«

»Nieder mit der Bürokratie«, warf ich ein.

»Sie sehen das falsch«, entgegnete Singer. »Es ist eine großartige Entwicklung, von der die Gründer des jüdischen Staates nicht zu träumen gewagt hätten. Jetzt haben auch wir unsere Kriminellen. Jetzt sind wir endlich ein normales Volk. Batja«, wandte er sich an seine Sekretärin, »haben Sie die Polizei angerufen?«

»Ja«, antwortete Batja und wechselte ihren Kaugummi. »Aber es ist besetzt.«

»Dann lassen Sie's«, sagte Singer.

Während ich das vor mir liegende Geld zählte, fragte

ich Singer, wieso es hier keine Alarmanlage gäbe. Wegen des Lärms, erklärte er mir. In der Rothschild-Bank hatte neulich während des Raubüberfalls die Anlage eine volle Stunde lang geschrillt, und der Lärm hätte schwere Nervenschäden bei den gefesselten Angestellten ausgelöst.

»Und wo sind Ihre Sicherheitsbeamten?« fragte ich weiter.

»Irgendwo draußen. Um diese Zeit führen sie die Hündin unseres Generaldirektors spazieren.«

Inzwischen hatte der Kassierer die Notenbündel in zwei kleine Köfferchen verpackt, und Singer fragte mich, wo ich mein gestohlenes Fluchtauto geparkt hätte.

*

Auf der Straße umringten mich die wartenden Passanten, die unbedingt Schnappschüsse von mir machen wollten. Sie baten mich, mein Gesicht doch wenigstens mit einem Taschentuch zu maskieren und nicht so dumm zu grinsen. Ein Mädchen bat mich um ein signiertes Foto, aber ich hatte keines bei mir.

Am Ende der Straße waren zwei Polizisten damit beschäftigt, meinem Auto einen Strafzettel hinter den Scheibenwischer zu stecken. Ich lief mit Singer hin und protestierte, aber sie blieben hart:

»Sie haben vor der Autobushaltestelle geparkt«, argumentierten die Polizisten und verlangten meine Papiere.

»Entschuldigen Sie«, half mir Singer, »aber mit fünf Meter Abstand ist Parken doch erlaubt.«

»Herr«, wies ihn einer der Polizisten zurecht, »Sie sind nicht die Bibel.«

Ich gab meinen Protest auf, verteilte rasch ein paar Autogramme auf Banknoten und unternahm einen letzten Versuch, der Bank die beiden Geldkoffer zurückzugeben. Singer wehrte sich energisch:

»Nicht nötig, nicht nötig. Wir haben bereits die Zentrale benachrichtigt, und die Versicherung bringt bereits unseren Kontoauszug auf den neuesten Stand. Nur keine Komplikationen. Bleiben Sie lieber noch, bis die Leute vom Fernsehen kommen.«

Dazu hatte ich leider keine Zeit, verabschiedete mich von Singer mit herzlichem Händedruck und fuhr zur nächsten Tankstelle.

»Wieviel?« fragte der Tankwart.

»Auffüllen«, sagte ich.

Der Tankwart öffnete meinen Kofferraum und warf alles Geld hinein, das er zur Hand hatte.

»Brauchen Sie eine Empfangsbestätigung?« fragte ich.

»Danke, nein. Ich bin versichert.«

Schade, dachte ich auf der Heimfahrt, schade, daß wir gerade jetzt eine Inflation im Land haben. Wo die Kinder Israels doch endlich ein normales Volk geworden sind.

Wie bekannt, wurde Adam aus dem Paradies hinausgeworfen, weil er Lieber Gott spielen wollte. Das ging daneben, da er nicht die nötige Kompetenz hatte. Auch danach ist es keinem Sterblichen mehr geglückt. Außer mir. Aber leider nur für kurze Zeit.

Wir haben seit langem Schwierigkeiten mit unseren Nachbarn, den Seligs. Was die mit ihrem Radio aufführen, ist einfach unerträglich. Jeden Abend um 6 Uhr kommt Felix Selig todmüde nach Hause, hat aber noch Kraft genug, zum Radio zu wanken und es auf volle Stärke aufzudrehen. Ob Nachrichten, Musik oder literarische Vorträge herausdröhnen, ist ihm völlig gleichgültig. Wenn es nur Lärm macht. Und dieser Lärm dringt bis in die entlegensten Winkel unserer Wohnung.

Die Frage, wie wir uns dagegen wehren könnten, beschäftigt uns schon seit einiger Zeit. Meine Frau, die die Seligs unter ungeheurer Selbstüberwindung besucht hat, behauptet, wir wären das Opfer eines akustischen Phänomens, das Radio dröhne bei uns noch lauter als bei den Seligs selbst. Jedenfalls ist die Trennwand zwischen den beiden Wohnungen so dünn, daß wir abends beim Ausziehen das Licht löschen, um keine lebenden Bilder an die Wand der Seligs zu werfen. Daß durch diese Wand selbst das leiseste Flüstern zu hören ist, versteht sich von selbst. Nur ein Wunder könnte uns retten.

Und das Wunder geschah.

Eines Abends, als Seligs Höllenmaschine wieder ihren ohrenbetäubenden Lärm machte, mußte ich mich wegen eines unvermeidlichen Theaterbesuchs rasieren. Kaum hatte ich meinen elektrischen Rasierapparat eingeschaltet, als es in Seligs Radio laut zu knacken begann. Ich zog den Steckkontakt heraus, und das Knacken hörte auf. Ich schaltete ihn wieder ein, es knackte und krachte. Dann hörte ich Felix Seligs Stimme:

»Erna! Was ist mit unserem Radio los? Dieses Knakken macht mich ganz verrückt.«

Ungeahnte Perspektiven eröffneten sich.

*

Am nächsten Abend hatte ich mich gut vorbereitet. Als Felix Selig um 6 Uhr nach Hause kam, wartete ich bereits mit gezücktem Rasierapparat. Felix torkelte zum Radio und drehte es an. Eine Minute ließ ich verstreichen, dann suchte mein Elektrorasierer Kontakt und fand ihn. Umgehend verwandelte sich in der Nachbarwohnung eine wunderschöne Pianostelle der Haffner-Symphonie in ein Fortissimo-Krkrkrk.

Felix wartete kurz, dann riß ihm die Geduld.

»Hör auf, um Himmels willen!« brüllte er völlig entnervt in den Kasten, und seine Stimme klang so beschwörend, daß ich unwillkürlich den Stecker herauszog.

Felix stutzte, stellte das Radio ab, rief mit heiserer Stimme nach seiner Frau und sagte, für unsere gespitzten Ohren deutlich hörbar:

»Erna, es ist etwas sehr Merkwürdiges geschehen. Der Apparat hat geknackt, ich habe ›Hör auf!‹ gebrüllt, und er hat aufgehört.«

»Felix«, antwortete Erna, »du bist überarbeitet. Das merke ich schon seit einiger Zeit. Heute gehst du früher schlafen.«

»Du glaubst mir nicht?« brauste Felix auf. »Du mißtraust den Worten deines Mannes? Hör selbst!«

Und er drehte das Radio an.

Wir konnten sie beinahe sehen, wie sie vor dem Kasten standen und auf das geheimnisvolle Knacken warteten. Um die Spannung zu steigern, wartete ich eine Weile.

»Na bitte«, meinte Frau Selig. »Du redest dummes Zeug. Wo bleibt das Knacken?«

»Wenn ich's dir vorführen will, kommt's natürlich nicht«, fauchte Felix enttäuscht. Dann wandte er sich hämisch an das Radio: »Also du willst nicht knacken, was?«

Ich schaltete den Rasierapparat ein. Krkrkrk.

»Tatsächlich«, flüsterte Erna. »Jetzt knackt er. Das ist wirklich unheimlich. Ich habe Angst. Sag ihm, daß er aufhören soll.«

»Hör auf«, sagte Felix mit gepreßter Stimme. »Bitte, hör auf.«

Ich zog den Stecker heraus.

*

Am nächsten Tag traf ich Felix im Stiegenhaus. Er sah angegriffen aus, ging ein wenig unsicher, und unter seinen verquollenen Augen standen dunkle Ringe. Wir plauderten zuerst über das schöne Wetter, dann packte mich Felix plötzlich am Arm und fragte:

»Glauben Sie an übernatürliche Phänomene?«

»Natürlich nicht. Warum?«

»Ich frage nur.«

»Mein Großvater, der ein sehr religiöser Mann war«, sagte ich nachdenklich, »glaubte daran.«

»An Geister?«

»Nicht gerade an Geister, eher an Gott. Er war überzeugt, daß tote Gegenstände, es klingt ein wenig lächerlich, entschuldigen Sie, also daß Dinge wie ein Tisch, eine Schreibmaschine, ein Plattenspieler sozusagen ihre eigene Seele haben. Was ist los mit Ihnen, mein Lieber?«

»Nichts ... danke ...«

»Mein Großvater schwor, daß sein Plattenspieler ihn haßte. Was sagen Sie zu diesem Unsinn?«

»Er haßte ihn?«

»Das behauptete er. Und eines Nachts fanden wir ihn tot neben dem Gerät liegen. Die Platte lief noch.«

»Entschuldigen Sie«, sagte mein Nachbar. »Mir ist schlecht geworden.«

Ich stützte ihn die Treppe hinauf, sauste in meine Wohnung und stellte den Rasierapparat bereit; Nebenan hörte ich Felix Selig mehrere Gläser Brandy hinabgurgeln, ehe er mit zitternder Hand sein Radio andrehte. »Du haßt mich!« rief er verzweifelt. Seine Stimme, glaubten wir zu hören, kam von unten, wahrscheinlich kniete er.

»Ich weiß, daß du mich haßt. Ich weiß es.«

Krkrkrk. Ich ließ den Kontakt etwa zwei Minuten eingeschaltet, bevor ich ihn abstellte.

»Was haben wir dir getan?« erklang Frau Seligs flehende Stimme. »Haben wir dich schlecht behandelt?«

Krkrkrk.

Jetzt war es soweit. Unser Schlachtplan trat in die entscheidende Phase. Meine Frau ging hinüber zu Seligs.

Schmunzelnd hörte ich mit an, wie die Seligs ihr erzählten, daß ihr Radio übernatürliche Kräfte hätte.

Nach einigem Nachdenken schlug meine Frau vor, das Radio zu exorzieren.

»Geht das?« riefen die zwei Seligs wie aus einem Munde. »Können Sie das? Dann tun Sie's bitte!«

Das Radio wurde wieder aufgedreht. Der große Augenblick war gekommen.

»Götter des Radios«, rief die beste Ehefrau von allen. »Wenn ihr mich hört, dann gebt uns ein Zeichen!«

Rasierapparat anstellen – krkrkrkr.

»Ich danke dir.«

Rasierapparat abstellen.

»Herr«, rief meine Frau, »gib uns ein Zeichen, ob dieses Radio in Betrieb bleiben soll?«

Rasierapparat bleibt abgestellt.

»Willst du vielleicht, daß es lauter spielen soll?«

Rasierapparat bleibt abgestellt.

»Dann willst du vielleicht, daß die Seligs ihr Radio überhaupt nicht mehr benützen sollen?«

Rasierapparat anstellen.

Rasierapparat anstellen! A-n-s-t-e-l-l-e-n!

Um Himmels willen, warum hört man nichts, kein Knacken, kein Krkrkrk, nichts.

Der Rasierapparat streikte. Irgendein Ding war unterbrochen oder sonst etwas. Jahrelang hatte er tadellos funktioniert, und gerade jetzt . . .

»Herrgott, hörst du mich nicht?« Meine Frau hob die Stimme. »Ich frage, willst du, daß die Seligs aufhören, diesen entsetzlichen Kasten zu verwenden? Gib uns ein Zeichen! Antworte!«

Verzweifelt stieß ich den Apparat in den Kontakt, wieder und wieder, es half nichts. Nicht das leiseste Krkrkrk erklang. Vielleicht haben tote Gegenstände wirklich eine Seele.

»Warum knackst du nicht?« rief meine Frau schon ein wenig schrill. »Gib uns ein Zeichen, du Idiot! Sag den Seligs, daß sie nie wieder Radio spielen sollen! E-p-h-r-a-i-m!«

Jetzt war sie zu weit gegangen. Ich glaubte zu sehen, wie die Seligs sich mit einem vielsagenden Blick verständigten.

*

Am nächsten Tag ließ ich den Rasierapparat reparieren.

»Es war ein Wackelkontakt«, sagte mir der Elektriker. »Ich habe ihn repariert. Jetzt wird es auch in Ihrem Radio keine Störung mehr geben.«

Seither dröhnt das Radio unseres Nachbarn wieder ungestört in jeden Winkel unserer Wohnung. Ob tote Gegenstände eine Seele haben, weiß ich nicht. Aber sie haben bestimmt keinen Humor.

II. DU SOLLST DEN NAMEN DES HERRN, DEINES GOTTES, NICHT UNNÜTZ GEBRAUCHEN

Für Moses gilt das Sprichwort »Er predigte Wasser und trank Wein«, denn er war unschlagbar im Brechen seines eigenen Gebotes. Kein Satz in seinen fünf Büchern, in dem er sich nicht mit seinem ausgezeichneten Verhältnis zum Allerhöchsten brüstet. Im Namen Gottes gab er auch die seltsamsten Anweisungen, wie zum Beispiel die an seinen Bruder Aaron: »Du sollst das Los werfen über zwei Böcke. Ein Los dem Herrn, das andere dem Satan.« Zwei Böcke deshalb, weil einer für Gott als Sündenbock geopfert werden mußte, während der andere für den Satan bestimmt war und noch 120 Jahre weiterleben durfte, offenbar um den Satan nicht zu ärgern.

Und das alles im Namen Gottes.

Moses spart auch nicht mit der Androhung saftiger Strafen, wenn er Ungehorsam wittert: »Der Herr wird dich schlagen mit Auszehrung, Entzündung und hitzigem Fieber, Getreidebrand und Dürre, mit bösen Geschwüren an den Knien und Waden, daß du nicht geheilt werden kannst, von den Fußsohlen bis zum Scheitel.«

Gott hatte dagegen offenbar nichts einzuwenden. Moses war schließlich Seine rechte Hand, der einzige, mit dem Er gesellschaftlichen Kontakt pflegte. Probleme tauchten erst auf, als es auch für alle anderen zur lieben Gewohnheit wurde, sich des Namen Gottes und seiner Autorität bei jeder Gelegenheit zu bedienen. Die Bibel ist voller Propheten, die auf das Zweite Gebot pfeifen, und sie taten, was sie taten, und sie sagten, was sie sagten, ausschließlich im Namen Gottes, genau wie Moses seinerzeit.

In der Heiligen Schrift wird recht genau zwischen echten und falschen Propheten unterschieden. Und die falschen waren natürlich jene, deren Prophezeiungen nicht eintrafen. Im ganzen gesehen war aber jede Prophezeiung reine Glückssache. Daher waren fast alle Propheten äußerst vorsichtig mit der Nennung konkreter Daten. Da hieß es: »Der Herr sprach, ihr Sünder werdet von der Erde getilgt«, oder es wird das Kommen des Messias angekündigt ohne Angabe irgendeines Datums. Und so warten wir heute noch auf ihn.

Auch hier bietet sich wieder eine vergleichbare Parallele zur Gegenwart an. Propheten sind wie heutige Wirtschaftsexperten, die aus Erfahrung wissen, daß düstere Prognosen immer Eindruck machen, daß man risikolos vorhersagen kann, Arbeitslosigkeit und Inflation würden ansteigen und die Börse demnächst zusammenbrechen. Eine Flasche Champagner gegen einen jungen Opferbock, daß die Prognose irgendwann einmal doch eintrifft.

Und sollte sie nicht eintreffen, dann schadet es auch nichts. Der gute Prophet Jona zum Beispiel warnte die Einwohner von Ninive, daß ihnen in 40 Tagen der Garaus gemacht würde, aber nach Ablauf der Frist geschah gar nichts. »Na ja«, meinte Jona, »schließlich hat Gott durchaus das Recht, seine Meinung zu ändern.«

Sie waren schlaue Köpfe, diese berufenen Vermittler zwischen Gott und Mensch. König David zum Beispiel besiegte zwar Goliath, zitterte aber vor dem Propheten Nathan, der Davids Gespräche regelmäßig abhörte und ihn wegen seiner Sexskandale unter Druck setzte. Auch

König Saul hatte jedesmal mit Nervenkrisen zu kämpfen, wenn der Prophet Samuel an seinem Hof auftauchte. Samuel, seine graue Eminenz, ließ ihn nicht im Zweifel darüber, daß er ohne ihn gar nichts tun könne, und hatte damit bedauerlicherweise recht. Es pilgerten mehr jüdische Könige nach Canossa als zu Zeiten Heinrichs IV. Ein König, dessen Name mir gerade nicht einfällt, warf zwar den Propheten Jeremia kurzerhand in den Kerker, aber nur um ihn kurz darauf dort aufzusuchen und ihn nach Gottes jüngster Botschaft zu fragen.

Unter uns gesagt, Jeremia fand sich damit selbst nicht immer zurecht. Jedesmal, wenn der Herr gleichzeitig mit zwei Propheten sprach, verlor Jeremia völlig die Orientierung. Das führte dazu, daß die Gefangenen von Nebukadnezar in Babylon sich nicht nur die widersprüchlichsten Botschaften der Propheten Jeremia und Hesekiel anhören mußten, sondern auch die wilden Beschimpfungen, die die beiden verwirrten Heiligen einander an den Kopf warfen.

Aber das alles ist schon sehr lange her. Heute macht uns zu schaffen, daß Gott zwar genaue Anweisungen an sein persönliches Sprachrohr Moses gab, dieser aber auch seine Eigenheiten hatte. Besonders bei der Zahl sieben. So legte Moses den Sabbat auf den siebenten Tag fest, befahl, daß die Sklaven nach sieben Jahren freigelassen werden müßten und die Felder alle sieben Jahre ruhen sollten.

Am Sabbat kann man inzwischen zum Fußballmatch gehen, und die Sklaven von heute sind in Gewerkschaften organisiert. Das einzige Problem, das bis in unsere Zeit ungelöst blieb, hat landwirtschaftlichen Charakter, wie in der folgenden Reportage aus dem Himmel nachzulesen ist.

DAS SIEBENTE JAHR
ODER VERSTECKSPIEL IN DEN WOLKEN

Die himmlischen Regionen lagen in strahlendem Licht. Überall herrschte majestätische Ruhe. Gott der Herr saß auf Seinem Wolkenthron und lächelte zufrieden, wie immer, wenn alles nach Seinen Wünschen ging.

Einer der Himmelsbeamten, ein nervöser kleiner Kerl mit schütterem Spitzbart, bat um einen Termin.

»Allmächtiger Weltenherr«, begann er. »Verzeih die Störung . . .«

»Was gibt's?«

»Es handelt sich schon wieder um Israel.«

»Ich weiß.« Gott machte eine resignierte Handbewegung. »Die unreinen Fleischkonserven aus England.«

»Wenn es nur das wäre. Aber sie bearbeiten das Land. Auch in den Kibbuzim der religiösen Parteien.«

»Sollen nur arbeiten. Es wird ihnen nicht schaden.«

»Herr der Welt«, sagte der Beamte und hob beschwörend die Hände. »Heuer ist ein Schmitta-Jahr, ein siebentes Jahr, Herr, ein Jahr, in dem alle Landarbeit zu ruhen hat, auf daß Dein Wille geschehe.«

Der Herr der Welt schloß nachdenklich die Augen. Dann widerhallte Seine Stimme durch den Weltenraum:

»Ich verstehe. Sie bearbeiten das Land, das Ich ihnen gegeben habe, auch im Jahr der Sabbatruhe. Sie mißachten Meine Gebote. Das sieht ihnen ähnlich. Wo ist Bunzl?«

Geschäftiges Durcheinander entstand. Himmlische Boten flogen in alle Richtungen, um Ausschau zu halten nach dem Vertreter der Orthodoxen Partei Israels im Himmel, Isidor Bunzl, geborener Preßburger. Blitze durchzuckten das All. Bunzl kam angerannt. Sein Gebetsmantel flatterte hinter ihm her.

»Warum bebaut ihr euer Land in einem siebenten Jahr?« donnerte der Herr. »Antworte!«

Isidor Bunzl senkte demütig den Kopf: »Adonai Zebaoth, wir bebauen unser Land nicht. Wir besitzen gar kein Land in Israel.«

»Sprich keinen Unsinn. Was ist los mit eurem Land?«

»Es wurde vom Rabbinat an einen Araber verkauft. Alles Land. In ganz Israel befindet sich derzeit kein Land in jüdischen Händen. Deshalb können wir unser Land auch nicht bebauen.«

Das Antlitz des Herrn verfinsterte sich:

»An einen Araber verkauft? Ganz Israel? Unerhört! Wo ist Mein Rechtsberater?«

Im nächsten Augenblick schwebte Dr. Siegbert Krotoschiner herbei: »Herr der Heerscharen«, begann er seine Erklärung, »die Situation ist rechtlich völlig klar. Das Ministerium für religiöse Angelegenheiten hat auf Grund einer Vollmacht, die ihm vom Landwirtschaftsministerium erteilt wurde, das gesamte israelische Akkerland für die Dauer eines Jahres an einen Araber verkauft. Die Vertragsunterzeichnung erfolgte in Jerusalem, im Beisein von Vertretern der Regierung und des Rabbinats.«

»Und warum verkauft man das Land ausgerechnet in einem Schmitta-Jahr?« Die Stirne des Herrn legte sich in tiefe Furchen. »Und ausgerechnet für die Dauer eines Jahres? Alles Land? An einen Araber? Sehr merkwürdig.«

»Die Beteiligten haben den Vertrag ordnungsgemäß gezeichnet und gesiegelt und in einem Banksafe deponiert«, erläuterte Dr. Krotoschiner. »Er ist juristisch unanfechtbar.«

»Wurde das Schofar geblasen?« fragte Gott der Herr.

»Selbstverständlich«, beruhigte Ihn Isidor Bunzl.
»Selbstverständlich.«

Gott der Herr war noch nicht überzeugt. Sturmwolken zogen auf, ein paar Engel begannen zu zittern.

»Mir gefällt das alles nicht«, sprach der Herr. »Nach Meinem Gebot soll das Land in jedem siebenten Jahr ruhen, und es ruhe auch der, welcher es bebaut. Nie habe Ich gesagt, daß dieses Gebot auf verkauftes Land nicht anzuwenden ist.«

»Verzeih, Allmächtiger«, Isidor Bunzl warf sich dem Herrn zu Füßen. »Schlage mich, wenn Du willst, mit starker Hand, aber in dieser Sache kenne ich mich besser aus als Du. Es steht ausdrücklich geschrieben . . .«

»*Was* steht ausdrücklich geschrieben?« unterbrach ihn zürnend der Herr. »Ich möchte das Protokoll sehen!«

»Moses, Moses!« schallte es durch den Raum.

Der Gerufene erschien unter Sphärenklängen, die fünf Protokollbücher unterm Arm. Freundlich nickte der Herr ihm zu.

»Lies Mir die diesbezügliche Stelle vor, Mein Freund.«

Schon nach kurzem Blättern hatte Moses die Stelle gefunden:

»In meinem dritten Buch, Kapitel 25, Absatz 2, 3 und 4, heißt es wie folgt: ›Rede mit den Kindern Israels, und sprich zu ihnen: Wenn ihr in das Land kommt, das ich euch geben werde, so soll das Land dem Herrn die Feier halten.‹«

»Da habt ihr's«, Gott blickte triumphierend in die Runde. »Ich wußte es ja.«

»Sechs Jahre sollt ihr eure Felder besäen«, fuhr Moses fort, »und eure Weinberge beschneiden und die Früchte einsammeln. Im siebenten Jahre aber soll das Land seine große Feier dem Herrn feiern, und sollt eure Felder nicht besäen noch eure Weinberge beschneiden.«

Moses klappte das Protokollbuch zu. Eine Pause entstand. Dann nahm Bunzl das Wort:

»Du siehst, König der Könige, es heißt ausdrücklich: *eure* Felder. Somit bezieht sich Dein Gebot nicht auf fremden Landbesitz.«

»Von Landbesitz ist nirgends die Rede«, widersprach Gott, aber es klang ein wenig unsicher.

»Herr der Welt, das Rabbinatsgremium der Orthodoxen Partei hat diese Interpretation des Textes auf einer eigens einberufenen Tagung feierlich gebilligt.«

»Wurde das Schofar geblasen?«

»Selbstverständlich.«

»Hm . . .«

Der Heilige, gepriesen sei Sein Name, schien sich allmählich mit dem Arrangement abzufinden. Ein erleichtertes Aufatmen ging durch Sein Gefolge. Aber da verfinsterte sich Gottes Antlitz von neuem, und Seine Stimme erhob sich grollend:

»Ihr könnt sagen, was ihr wollt, da stimmt etwas nicht. Irgendwo steckt doch ein Betrug. Wenn Ich nur wüßte, wo.« Der Herr versank in Gedanken.

»Ihr behauptet also, das Ministerium für religiöse Angelegenheiten hat eine Vollmacht vom Landwirtschaftsministerium bekommen?«

»Ja, o Herr. Eine schriftliche Vollmacht.«

»Wie darf ein Ministerium sich die Macht anmaßen, Mein Land zu verkaufen? An einen Araber? Für wieviel haben sie es verkauft?«

»Für 50 Schekel«, antwortete Dr. Krotoschiner. »Und selbst diese Summe hat man dem arabischen Käufer rückerstattet.«

»Die Geschichte wird immer undurchsichtiger«, zürnte der Ewige. »Was soll das alles? Ich habe dieses Land, in welchem Milch und Honig fließen, den Nachkommen Abrahams zu eigen gegeben für alle Zeiten, und dann kommt irgendein Landwirtschaftsminister und verschleudert es für 50 Schekel.«

»Wir haben das Schofar geblasen«, versuchte Isidor Bunzl zu beschwichtigen.

Auf Gott den Herrn machte das keinen Eindruck mehr. Gott der Herr erhob sich. Gewaltig dröhnte Seine Stimme durch das All, gewaltige Donnerschläge begleiteten sie.

»Ich lege Berufung ein«, sprach der Herr. »Und wenn nötig, bringe Ich den Fall vor das Jüngste Gericht.«

Wenn die religiöse Minderheit im Himmelreich noch gewisse administrative Schwierigkeiten hat, so kann man das von ihren eigentlichen Chefs auf der Erde, den Rabbinern, wirklich nicht behaupten. Ihre Möglichkeiten, die gottvergessenen Sünder Mores zu lehren, sind praktisch unbegrenzt, sowohl in ihrer Rolle als Zünglein an der Regierungswaage wie auch als landesweite Aufsicht über die koschere Küche und andere Monopole. Nichts beweist das besser als die legendäre »Blackprint-Affäre«, die 1989 zum ersten Mal ans Licht der Öffentlichkeit kam.

*

Die Krise brach aus, als in der Druckfarbenfabrik »Blackprint« eine Beschwerde des Hauptrabbinats einging. Darin wurde der Direktor von »Blackprint« aufgefordert, umgehend die Lieferung von Druckerfarben

an die Zeitung »Der Morgen« einzustellen. Es sei nämlich bekannt geworden, daß der Chefredakteur des Blat-
tes unkoschere Wurst zu essen pflege. Der Direktor von
»Blackprint« wurde aufgefordert, der Anordnung des
Rabbinats unverzüglich Folge zu leisten, andernfalls
werde man von den Druckfarben seiner Firma den Ko-
scherstempel entfernen, und die Vierfarbbeilagen der
Wochenendausgaben würden dann von einer anderen
Firma gedruckt.

»Wegen unsittlichen Verhaltens in der Öffentlichkeit«,
hieß es abschließend, »und teuflischer Taten, trotz mehr-
facher scharfer Abmahnung, sei die Thora zu preisen
und zu verherrlichen, mit heiligem Eid und innigem
Schwur, gelobt sei Sein Name in Ewigkeit, Amen.«

»Wenn ihr meint«, sagte der Direktor von »Blackprint«.
»Aber was passiert, wenn ich euch nicht folge?«

»Dann werden wir dir die Hölle heiß machen, Freund-
chen.«

Gesagt, getan. Bereits einige Tage danach gab der
Kühlschrank des Direktors seinen Geist auf, und er
mußte einen Handwerker bestellen. Aber kein Handwerker wagte, sein Haus zu betreten, denn auch die
Gewerkschaft der Kühlschrankinstallateure hatte un-
terdessen ein Schreiben des Rabbinats erhalten. Darin
hieß es, man werde ihre Enkelsöhne nicht mehr beschneiden, wenn einer von ihnen das Haus des sündi-
gen Kleckksers betrete. Nur der Installateur Nußbaum,
offenbar ein Mann von etwas labilem Charakter, ließ
sich mit ein paar größeren Geldscheinen zur Reparatur
hinreißen. Offenbar plagte ihn aber mitten in der Arbeit das Gewissen, er packte sein Werkzeug wieder ein
und sah zu, daß er nach Hause kam. Zu spät. Seine Frau
ließ ihn nicht mehr in die Wohnung, da inzwischen der
Apotheker von nebenan ein Fax des Rabbinats erhalten
hatte, es dürfe dem Frevler kein Milchpulver fürs Baby

mehr verkauft werden, andernfalls würde der gesamte Vorrat des Apothekers an Aspirin zu unreinen Mottenkugeln erklärt werden.

Zu guter Letzt wurde die Angelegenheit in einer außerplanmäßigen Regierungsdebatte erörtert, und nach langwierigen Beratungen der Koalitionsparteien fand sich ein Kompromiß, und der Chefredakteur von »Der Morgen« ißt jetzt nur noch koschere Wurst.

Die »Blackprint-Affäre« ist somit abgeschlossen. Mit polizeilicher Genehmigung öffnen wir »Die Akte Forklewitsch«. Darüber wagte ich seinerzeit die folgende Tragikomödie zu schreiben, die genau so in der israelischen Presse veröffentlicht wurde.

ABER MOSES
NAHM KEINE ZINSEN

Der Überfall auf das Bankhaus Forklewitsch war kein gewöhnlicher Bankraub.

Die Räuber, vier bärtige Männer in langen schwarzen Kaftans, steuerten geradewegs auf das Büro des Chefs zu. Dort folgte zunächst ein heftiger Wortwechsel zwischen Herrn Theodor Forklewitsch und seinem Schwager Rabbi Zalman, dem Anführer der Bande. Dann fesselten die vier Chassidim den Bankier an seinen Stuhl und stürmten den Kassenraum. Der Kassierer gab nach

einigen kräftigen Keulenschlägen auf seine Schädeldek-
ke jeden Widerstand auf und mußte hilflos zusehen, wie
die Räuber den Safe leerten und sich mit 430 000 Schekel in bar aus dem Staub machten.

Gleichzeitig mit der Nachricht vom Raubüberfall ver-
breitete sich die Version, es handle sich um einen Fami-
lienzwist. Jedenfalls berichteten die Schüler des Rabbi
Zalman von einer schweren Verstimmung zwischen dem
gottlosen Bankier und seinem frommen Schwager, wobei die Höhe der Kreditzinsen, die die Bank erhob, eine
nicht unerhebliche Rolle spielte. Rabbi Zalman hatte
seinen Schwager mehrfach wissen lassen, daß er ein
solches Verhalten in seiner Familie nicht dulden würde, und hatte, gemäß der rabbinischen Vorschrift: »Wer
sich durch seine Handlungsweise einer Strafe aussetzt,
hat Anspruch darauf, gewarnt zu werden«, über dem
Eingang zur Forklewitsch-Bank ein großes Transparent
anbringen lassen. Darauf waren die heiligen Worten des
Buches Leviticus zu lesen: »Du sollst von deinem Nächsten nicht Wucher noch Übersatz nehmen.« Seine Warnung stieß auf taube Ohren. Die Forklewitsch-Bank
verlieh weiterhin Geld gegen Zinsen, wie jede andere
Bank im Lande auch. Und dafür wurde sie jetzt bestraft.

Kein Wunder, daß sich daraufhin das Verhältnis zwischen den beiden noch weiter verschlechterte. Forklewitsch rief seine Schwester an und bat sie, bei ihrem
Gatten ein gutes Wort einzulegen. Rabbi Zalmans einzige Antwort war ein weiteres Zitat aus dem Buch Exodus: »Wenn du Geld leihest meinem Volke, das arm ist
bei dir, so bringe es nicht zu Schaden und lege ihm keine Zinsen auf.«

Es war ein schwerer Zwiespalt, in dem sich Herr Forklewitsch befand. Auf der einen Seite sein Schwager,
der aufgrund seiner Gottesfurcht und seines frommen
Beharrens auf den traditionellen Werten des Judentums

überall hoch angesehen war, auf der andern Seite seine Bank, die ohne Liquidität in Schwierigkeiten geraten würde. Einige Persönlichkeiten des orthodoxen Lagers, die Forklewitsch um Unterstützung bat, zeigten zwar ein gewisses Verständnis für ihn, verhehlten aber nicht, daß sie ihn für den Schuldigen hielten. Sie erinnerten ihn an die Talmudlegende vom Kamel, das Hörner haben wollte und statt dessen einen Buckel bekam. Schließlich rieten sie ihm, die Regierung um eine Subvention zu bitten. Forklewitsch, der Abenteuer gerne mied, bedankte sich fluchend und entschloß sich zu einem ebenso unjüdischen wie unbrüderlichen Schritt, er verständigte die Polizei.

*

Die Polizei zögerte. Offensichtlich wollte sie sich in eine Familienaffäre mit religiösem Hintergrund nicht einmischen. Erst als Forklewitsch drängte, wurde Rabbi Zalman zu einem Gespräch auf die Polizeistation gebeten.

Der Rabbi, eine patriarchalische Erscheinung von imposanter Größe, bestritt zwar nicht, daß Moses in seinem dritten Buch gesagt hatte: »Du sollst wiedergeben, was du mit Gewalt genommen hast«, parierte aber mit einem Zitat von Jeremia: »Ich will euch heimsuchen, spricht der Herr, und euch bestrafen nach der Frucht eures Tuns.«

Obwohl der leitende Polizeiinspektor von Rabbi Zalmans großer Gelehrsamkeit tief beeindruckt war, mußte er in seiner amtlichen Funktion darauf hinweisen, daß Banküberfälle nach den gültigen Gesetzen nicht verübt werden dürfen und daß im übrigen alle Banken, ausnahmslos alle, Geld gegen Zinsen verleihen.

»Alle Banken interessieren mich nicht«, entgegnete Rabbi Zalman mit dem Buch Ruth. »Mich interessiert die Bank meines Schwagers, ›denn siehe, dieser Mann ist ein Anverwandter meines Stammes‹.«

»Ganz richtig«, gab ihm der Inspektor recht. »Trotzdem ist es durchaus verständlich und auch rechtlich in Ordnung, daß der Bestohlene die Rückerstattung seines Eigentums verlangt.«

»Im Buch der Chroniken«, unterbrach Rabbi Zalman, »heißt es ausdrücklich, daß ›vom Gelde in den Tagen Salomos keinerlei Rechnung gelegt‹ wurde. Warum sollte ein Forklewitsch plötzlich Rechnung legen?«

Der Inspektor blieb nach diesem Argument ein paar Sekunden lang stumm, dann entließ er den Rabbi mit der Bitte, über alles noch einmal in Ruhe nachzudenken.

Draußen wurde Rabbi Zalman von jubelnden Anhängern empfangen, die ihn auf die Schultern hoben und im Triumph nach Hause trugen.

*

Jetzt reagierten die Medien. Die Frage, ob der Banküberfall gerechtfertigt war oder nicht, wurde auch in der Presse heftig diskutiert.

Antireligiöse Kreise nutzten die Gunst der Stunde.

»Ein klarer Fall von Raub«, verkündeten sie. »Ein Banküberfall am hellichten Tag. Ein krimineller Akt, begangen von orthodoxen Tätern.«

Das religiöse Lager widersprach:

»Schön und gut. In Gottes Namen geben wir zu, daß es sich um einen Raubüberfall handelt. Aber wer war der Räuber? Ein Fremder? Ein Unbekannter? Vielleicht gar ein Nichtjude? Nein! Es war der Schwager des Geldbesitzers, also ein naher Verwandter. Damit ist erstens gesichert, daß das Geld in der Familie bleibt. Zweitens, und immer vorausgesetzt, daß überhaupt ein Raub verübt wurde, warum wurde er verübt? Aus Geldgier? Aus Geiz? Aus Eigensucht? Im Gegenteil, es geschah aus völlig uneigennützigen Motiven, es geschah zur Ehre des Ewigen, gepriesen sei Sein Name. Die Bank hat gesündigt, die Bank hat gegen die heiligen Gebote verstoßen, die Bank muß büßen.«

Die Entgegnung fand große Zustimmung, nur bei Theodor Forklewitsch nicht, dessen Bank unaufhaltsam dem Konkurs zustrebte. Die Kunden gerieten in Panik, leerten ihre Konten und schienen nur auf die Bankrotterklärung des bisher unbescholtenen Bankiers zu warten. Forklewitsch nahm einen Anwalt und bombardierte die Polizei mit Anträgen, die Räuber zu fassen und ihm sein Geld wiederzubeschaffen.

*

Die Polizei versuchte verzweifelt, sich aus der kniffligen Situation herauszuhalten, wurde jedoch vom Justizministerium angewiesen, Nachforschungen »in angemessenen Grenzen« durchzuführen.

Alle Spuren führten zu einer Synagoge.

Als die Beamten dort eintrafen, wurden sie von einem Vertreter der Stadtverwaltung aufgehalten. Es wurden Koalitionsgespräche mit der religiösen Fraktion geführt, und bis zur Klärung der Sachlage sollte nichts weiter unternommen werden.

In den Blättern der orthodoxen Parteien erschienen Leitartikel, die gegen eine Durchsuchung der Synagoge heftig protestierten und von einer Entweihung des Bethauses sprachen.

»Wenn die Behörden«, hieß es, »nicht einmal vor den heiligen Thorarollen haltmachen, was haben wir dann als nächstes zu erwarten? Wo wird dieser Sittenverfall enden?«

Unter dem Druck des religiösen Blocks wurde Theodor Forklewitsch verhaftet. Als er nach einiger Zeit gegen Kaution freigelassen wurde, war er ein körperlich und geistig gebrochener Mann, begann jedoch von neuem, sein Geld zurückzuverlangen, obwohl bereits mehr als ein Jahr seit dem Bankraub vergangen war und obwohl er mit seiner läppischen Sturheit allen auf die Nerven ging. Das meinte sogar die Regierungspartei, deren Vertreter in der Eröffnungsrede eines Sozialistischen Seminars die Sprüche der Väter 10, 12 zitierte:

»Ein Banküberfall mag sündig sein, Genossen, aber ›die Liebe löschet alle Sünden aus‹.«

Die Affäre ging in ihr zweites Jahr, ohne daß eine Lösung in Sicht war. Zwar war Theodor Forklewitsch geheilt aus der Psychiatrischen Klinik entlassen worden, aber sein seelisches Gleichgewicht war noch immer gestört. Anders ließ sich nicht erklären, daß er den Kampf um sein gestohlenes Geld wieder aufnahm.

Plötzlich trat eine positive Wende ein. Die Rathauskoalition ging in die Brüche, am nächsten Tag kam Rabbi Zalman in Untersuchungshaft, und ein Verfahren wurde gegen ihn eingeleitet. Die Anklage lautete auf bewaffneten Raub, Störung der öffentlichen Ordnung und Steuerhinterziehung, Delikte, die für insgesamt 25 Jahre gut waren. Trotz einiger Kreuzverhöre behauptete Rabbi Zalman nicht zu wissen, wo sich das Geld befände, möglicherweise sei es ins Ausland geschafft worden. Ein Nummernverzeichnis der Banknoten ging sofort an Interpol.

Der Zorn der Bevölkerung richtete sich gegen Theodor Forklewitsch, weil er seinen eigenen Schwager hinter Gitter gebracht hatte, und legte sich erst, als der Rabbi entlassen wurde. Denn, wie es im Talmud heißt, niemand kann Zeugnis ablegen wider sein eigen Fleisch und Blut, einschließlich des angeheirateten. Der Entlassene vollführte mit seinen Anhängern einen chassi-dischen Freudentanz, der zugleich das Wiedererstehen der Rathauskoalition feierte.

*

Obwohl Rabbi Zalman für den Mann auf der Straße bereits zum Symbol des Widerstandes gegen die Kräfte der Unterdrückung geworden war, wurde der Fall nicht abgeschlossen. Forklewitsch wurde von sämtlichen Familienmitgliedern bedrängt, die Klage zurückzuziehen. Sie beriefen sich dabei auf Samuel 24, 14: »Nach wem zielest du? Nach einem toten Hund? Nach einem Floh? Nach dreieinhalb Jahren?«

»Aber man hat mir 430 000 Schekel gestohlen«, beharrte Forklewitsch, der unbelehrbare Fanatiker.

Endlich überredete man ihn, ein Schiedsgericht aus drei neutralen Rabbinern zu akzeptieren. Die Rabbiner berieten sechs Monate lang, prüften alle Aspekte der einschlägigen Stellen aus Bibel und Talmud samt Kommentaren und Exegesen und kamen zu dem überraschenden Schluß, daß die gestohlene Summe innerhalb von 18 Monaten zurückgezahlt werden müsse.

Der Schiedsspruch unterstellte, daß das Geld nicht gestohlen, sondern eigentlich geliehen worden sei und daß in Übereinstimmung mit der allgemein gültigen Auslegung des betreffenden Verses in den Sprüchen der Väter »der Schuldner sich in den Dienst des Verleihers begibt«. Daher gelte Rabbi Zalman, wenn er das Geld nicht gestohlen, sondern nur geliehen habe, als Schuldner und somit als Diener des Verleihers und Rabbi Theodor als sein Herr. Da der Diener dem Herrn Gehorsam schuldet und das Buch Leviticus deutlich vorschreibt: »Du sollst nicht eine *jede* Beere deines Weinbergs auflesen«, folgt weiter, daß *jeder* Pfennig der 430 000 Schekel vom Diener an den Herrn zurückzugeben ist, also an das Oberrabbinat, das nach eigenem Gutdünken über das Geld verfügen wird.

Da jedoch andererseits Theodor Forklewitsch nach all dem Unrecht, das er seinen Mitmenschen zugefügt hat, nicht ungestraft bleiben kann, soll er einen heiligen Eid ablegen, daß er »nie wieder Geld gegen Zinsen verleihen, noch am Sabbat rauchen, noch vom unreinen Getier essen wird, das da kreucht und fleucht, nicht vom Wiesel, nicht von der Maus und nicht von der Schildkröte«. Der Seufzer der Erleichterung, der daraufhin durchs Land ging, erwies sich jedoch als voreilig. Nach Ablauf der 18 Monate stellte sich heraus, daß das Geld nicht mehr vorhanden war. Rabbi Zalman beteuerte seine Absicht, es zurückzuzahlen, erklärte sich jedoch machtlos.

*

Einige Tage später brach im Rathaus eine neue Koalitionskrise aus. Die Polizei tat ihre Pflicht und verhaftete Rabbi Zalman, einen ehemaligen Minister und zwei Talmudstudenten. Auf alle vier warten schwere Strafen, vor denen nichts sie retten kann, es sei denn, daß sich eine neue Wende in der Koalitionspolitik ergibt, wie es geschrieben steht im Buch der Prediger: »Und es wandelten sich die Dinge aufs neue« oder so ähnlich.

Wie wir soeben erfahren haben, muß man nur Bibelexperte sein, um auch in finanziellen Angelegenheiten auf jedes Argument ein authentisches Zitat aus Gottes Mund parat zu haben. Da ich kein großer Bibelexperte bin, blieb mir nichts anderes übrig, als mich direkt an die Quelle zu wenden und ein Interview mit Ihm zu führen über die Rechte und Pflichten Seiner Getreuen. Das Interview war exklusiv, wurde Wort für Wort in der Zeitung abgedruckt und trug mir den ersten scharfen Verweis des Oberrabbinats ein.

EIN BRILLANTER GESPRÄCHSPARTNER
ODER WENN DER HAUSDIENER ZWEIMAL SPUCKT

Es war mir von Anfang an klar, daß es in Anbetracht des delikaten Themas kein leichtes Interview werden würde. Aber es interessierte mich, den offiziellen Standpunkt zu unserem offenbar unvermeidlichen Kulturkampf kennenzulernen.

ICH: Darf ich Sie, Herr, um Ihre Stellungnahme zur Forklewitsch-Zalman-Affäre bitten.

DER HERR: Ich bin da leider nicht ganz auf dem laufenden, da Mich in der letzten Zeit ein völlig anderes Problem beschäftigt. Die Schwerkraft im Weltraum nimmt nämlich ab, das Universum beginnt sich auszudehnen, und es besteht die Gefahr, daß es mit der sphärischen Unendlichkeit über kurz oder lang vorbei sein wird. Dann stehe Ich da und kann von vorne anfangen. Wie weit seid ihr, Ich meine die Erde, von der Sonne entfernt?

ICH: In jüdischen oder arabischen Ziffern?

DER HERR: Natürlich arabisch, wie sonst.

ICH: 153 000 000 km.

DER HERR: Dann werdet ihr also in ungefähr einer

Billion Jahre mehr als 200 Millionen Kilometer von der Sonne entfernt sein. Wer weiß, was dann passiert.

ICH: Als der Hausdiener des Orthodoxenviertels von Jerusalem vom unqualifizierten Benehmen des Bankiers Forklewitsch gehört hatte, spuckte er zweimal aus.

DER HERR: Da die erwähnten Millionen von Sonnensystemen Mir etwas zu schaffen machten, kann Ich Mich nicht ausschließlich auf den ehrwürdigen Hausdiener konzentrieren.

Ich stellte mit Vergnügen fest, daß der HERR sich als höflicher, gebildeter, ja geradezu brillanter Gesprächspartner erwies. Er ist, wie man weiß, weltberühmt für die Erschaffung der Welt und hat der Erde ungefähr 3000 Jahre vor der Geburt seines Sohnes ihre heutige Gestalt gegeben, einschließlich Bevölkerung, in insgesamt sechs Tagen. Das Gespräch wurde in Alltags-Hebräisch geführt, mit einigen ungarischen Brocken dazwischen.

ICH: Ich nehme an, Herr, daß Sie mehr als irgend jemand anderer auf die strikte Befolgung Ihrer Gebote Wert legen. Sind Sie religiös?

DER HERR *(nach einigem Zögern)*: Nein. Ursprünglich stand Ich auf seiten der Orthodoxen, aber jetzt gehen sie Mir auf die Nerven. *(scharf)* Euch dort unten ist jeder Vorwand recht, um eure politischen oder persönlichen Ziele zu verfolgen. Ihr denkt an alles, nur nicht an Mich. Überhaupt befinde Ich Mich in einer unmöglichen Situation. Ihr schreibt Mir die Erschaffung des Kosmos zu, Ich bin für euch ein überirdisches Wesen, dessen Werke das menschliche Fassungsvermögen weit übersteigen. Und trotzdem behandelt ihr Mich wie einen Schmierenschauspieler, dem der Applaus über alles geht. Jeden Morgen muß Ich Mir die gleichen unterwürfigen Lobeshymnen anhören *(er zitiert aus einem aufgeschlagenen Gebetbuch)*: »Herrscher der Welt, unser Vater, König der Könige, dem nichts verborgen bleibt, wir preisen Dich in Ehrfurcht, Allmächtiger, der Du entscheidest über Leben und Tod und dessen Augen alles sehen.« Und so weiter und so fort.

ICH: Herr, sie preisen Sie aus Liebe.

DER HERR: Sie schmeicheln Mir, das ist alles. Und sie beleidigen Meine Intelligenz. Als ob der Schöpfer der Welt auf solche Lobhudelei angewiesen wäre. Sie würden es niemals wagen, den Computer Ihrer Stadtverwaltung mit so etwas zu füttern. Glauben Sie mir, lieber Freund, es ist höchste Zeit, die Dinge ein wenig lässiger zu behandeln. Alle Ehre Meinem Diener Moses, aber es ist absolut nicht nötig, jeden einzelnen Buchstaben der von uns erlassenen Gesetze genau so einzuhalten, wie sie auf dem Berg Sinai festgeschrieben wurden. Ein paar kleine Kürzungen und Änderungen werden niemandem weh tun.

ICH: Es ist Tradition, Herr. Ihre Tradition.

DER HERR: Reden Sie sich doch nicht immer auf Mich aus, wenn Ich bitten darf. In einer Zeit, in der die Menschen in meinem All herumfliegen, verlangen Sie, daß am Sabbat nicht gefahren werden dürfe. Oder nehmen Sie Ihre Hochzeitszeremonie. Die wird noch immer auf aramäisch abgehalten, in einer Sprache, die nicht einmal Ich verstehe. Was soll das alles? Ich habe nichts gegen die Orthodoxen, solange sie Mich nicht zwingen, ebenso zu denken wie sie.

ICH: Das klingt beinahe, Herr, als ob Sie ein Ungläubiger geworden wären.

DER HERR (energisch): Bin Ich nicht! Bestimmt nicht. Bitte machen Sie das Ihren Lesern unbedingt klar. Ich bin nur gegen Fanatiker. Sie sollen Mir doch nicht länger unterstellen, daß Ich nach wie vor die strikte Einhaltung aller Zehn Gebote und 613 Verbote erwarte, als wäre in der Zwischenzeit nichts passiert. Damit mache Ich Mich ja in den Augen jedes denkenden Menschen

98

einfach lächerlich. Versuchen Sie die Dinge doch einmal von Meinem Standpunkt aus zu sehen, um Gottes willen.

ICH: Dann gehören Sie also der Reformbewegung an?

DER HERR (*vorsichtig*): Ich möchte Mich nicht festlegen. Sagen wir, daß Ich mit den Reformern sympathisiere. Hauptsache bleibt, daß Ich Jude bin.

ICH: Mit allem Respekt, Herr, wie wollen Sie das beweisen?

DER HERR: Da haben Sie recht. Es gibt keine gesetzliche Definition des Judentums. Ich bin Jude, weil Ich Jude bin, Punktum. (*Mit wärmerer Stimme*) Ich liebe euch alle. Ich bin guten Willens. Aber auch ihr müßt Konzessionen machen. Treibt keinen Keil zwischen Mich und Meine Religion. Gebt Mir die Möglichkeit, Mein Amt auch für kommende Generationen zu versehen.

ICH: Herr, ich danke Ihnen für dieses Gespräch. Darf ich meinen Lesern sagen, daß Sie uns noch immer für das auserwählte Volk halten?

DER HERR: Gewiß. Ich mag euch mehr als alle anderen Völker.

ICH: Warum?

DER HERR: Ihr seid so komisch.

Da der Herr die Frage »Wer ist Jude« schon einmal aufgeworfen hat, wage ich es, auch persönlich dazu Stellung zu nehmen. Der Allmächtige konnte kraft seines Amtes feststellen »Ich bin Jude, weil Ich Jude bin« und Moses ausweichende Antworten geben. Die Beamten in unserem Innenministerium haben es da schon weitaus schwerer.

Nach unseren Religionsgesetzen ist jeder ein Jude, der eine jüdische Mame hat, auch wenn die Herkunft des Vaters unbekannt ist. Fragt sich, wer ist dann eine jüdische Mame? Eine jüdische Mame ist jede, die wiederum ihrerseits eine jüdische Mame hat. Aber nur wenn die Mame der Mame auch eine Mame war . . .

Aus Zeitmangel wollen wir es damit bewenden lassen. Nichtjuden haben es da leicht, sie wissen immer, wer ein Jude ist. Wahrscheinlich haben Sie dafür einen angeborenen sechsten Sinn oder etwas Ähnliches.

Einmal in jener Zeit, als ich mich als Arier verkleiden mußte und im Restaurant von einem Henker in schwarzer Uniform als Jude beschimpft wurde, entgegnete ich: »Sind Sie blind? Bin ich denn nicht blond und stupsnasig?«, aber ich konnte seine Wachsamkeit nicht täuschen. »Du bist ein Jude«, erklärte mir der Nazi. »Du ißt die Krautwickel mit Zucker.«

Da haben wir es.

Unsere Juristen sollten in die Verfassung aufnehmen, daß ein jeder Jude ist, der Zucker auf seine Krautwickel streut.

Das Seltsame an der Sache ist, daß wir zwar mit unserer jüdischen Identität Schwierigkeiten haben, sie jedoch wie einen Schatz hüten. Wir sind das auserwählte Volk, ganz egal wofür. In jedem Fall aber sind wir anders.

WARUM UND WIE
WIR SILVESTER NICHT FEIERN

Heute ist nach jüdischer Zeitrechnung der 24. des Monats Tevet, ein Tag wie jeder andere. Auf dem gregorianischen Kalender ist er allerdings als 31. Dezember verzeichnet oder auch als »Silvester«. An diesem Tag feiern die Nichtjuden die Jahreswende, und zwar mit diversen Partys, Bällen, Strömen von Alkohol und einer Mordsgaudi. So etwas kennt man bei uns überhaupt nicht, da wir keinen gregorianischen Kalender haben und in Israel das Steuerjahr erst am 31. März mit der Einreichung der Steuererklärung endet. Nichts liegt uns ferner, als fremde Sitten und Gebräuche gedankenlos zu übernehmen, ohne geistigen und kulturellen Hintergrund, und so wollen wir von dieser befremdlichen Sitte des Silvesterfeierns auch gar nichts wissen.

Das soll natürlich nicht heißen, daß wir an diesem Tag nicht auch Freunde oder Bekannte besuchen könnten. Sollen wir womöglich wegen einer gregorianischen Angelegenheit unsere täglichen Gebräuche ändern? Wir achten allerdings streng darauf, daß diese Besuche im üblichen Rahmen bleiben und nicht womöglich in Freßorgien oder Gelage ausarten. Wir begnügen uns damit, den Gästen ein paar Kanapees und Petits fours anzubieten, und Freunden eines guten Tropfens sollte dieses bescheidene Vergnügen auch nicht genommen werden. Und warum die gute Laune der geselligen Runde künstlich schmälern, nur weil am gleichen Tag auch dieses Silvester, oder wie man es nennt, stattfindet. Einfach lächerlich. Wir lassen uns von den Nichtjüdischen, im Volksmund Gojim genannt, doch nicht vorschreiben, wann und wie wir ausflippen. Und wenn wir gerade an diesem Abend ein paar Gläschen über den Durst trinken, dann trinken wir eben gerade an diesem Abend ein paar Gläschen über den Durst. Sollte uns zufällig danach sein, an diesem Abend nicht ins Bett zu gehen, dann gehen wir halt nicht ins Bett, sondern singen und tanzen und machen durch bis zum frühen Morgen, lassen Raketen steigen, machen um Mitternacht das Licht aus und fallen uns in die Arme.

Die Gojim machen es genauso. Von mir aus, sollen sie uns doch ruhig nachmachen.

Nicht nur Silvester wirkt sich störend auf unser religiöses und nationales Selbstverständnis aus. Es ist nicht ganz einfach, sich da zurechtzufinden. Es gibt eine ganze Reihe von Fragen, auf welche die Bibel keine Antwort hat. Sogar der Prophet Jesaja, der sein Volk andauernd vor allen existierenden und nichtexistierenden Gefahren gewarnt hat, wußte nichts von den Schrekken des Freitags.

DIE UNERTRÄGLICHE
SCHWIERIGKEIT DES FREITAGS

Als ich an jenem Nachmittag mein Haus betreten wollte, stand mir Felix Selig im Weg, und es gab kein Entrinnen. Der Gesichtsausdruck meines Nachbarn spiegelte den Weltuntergang.

»Sind Sie sich eigentlich der Tatsache bewußt«, fragte mich Felix, »daß der 13. Juli dieses Jahr auf einen Freitag fällt?«

Bis zu dieser Minute hatte ich mich mit dem Problem noch nicht persönlich auseinandergesetzt. Ich warf daher einen Blick in meinen Kalender und stellte unwillig fest, daß an Felix' Behauptung nicht zu rütteln war.

»Ich weiß«, versuchte ich ruhig zu bleiben. »Ich habe alles im Griff.«

Obwohl ich äußerlich ein Bild absoluter Selbstbeherrschung bot, begannen in meinem Bauch einige Schmetterlinge zu flattern. Wenn ich nicht irre, waren es genau 13 Stück. Jeder frischgewickelte Säugling weiß schließlich, daß die Zahl »13« Unglück bringt. Dies dürfte einer der vielen Gründe sein, warum Säuglinge ihr Möglichstes tun, nicht an einem 13. das Licht der Welt zu erblicken. Ebenso wird ein vorsichtiger Mann nie an einem 13. heiraten. Wenn überhaupt.

Es heißt, daß zum Tode Verurteilte, deren Hinrichtung auf einen 13. festgesetzt ist, die delikate Zeremonie zumindest um einen Tag vorverschieben dürfen, um Unglücksfälle zu vermeiden. Und heuer, im Juli, fällt der 13. noch dazu auf einen Freitag. Düstere Vorahnungen beschlichen mich. Freunde und Bekannte sowie einige ausgewählte Passanten, mit denen ich über die bevorstehende Doppelkatastrophe sprach, reagierten mit blankem Entsetzen:

»O Gott, ich bin Ihnen wirklich dankbar, daß Sie mich gewarnt haben«, keuchte unsere Putzfrau kreidebleich. »An diesem Freitag hatte ich nämlich vor, die Vorhänge abzunehmen.«

Die Eingangstür unseres Metzgers zierte eine Tafel mit den eilig hingekritzelten Zeilen: »Am kommenden Freitag bleibt das Geschäft wegen unvorhersehbarer Unglücksfälle geschlossen.«

Ich stehe natürlich haushoch über derlei Dummheiten.

Mit überlegenem Lächeln sagte ich daher meine Besprechungen für den Freitag ab und teilte unserem Hausarzt mit, er möge sich bereithalten.

Und da ein Übel selten allein kommt, stellte sich mir in dieser dramatischen Phase eine interessante Frage, die ich in Ermangelung eines adäquaten Gesprächspartners mir selber stellte: »Unter mir gesagt, Ephraim«, sagte ich mir, »was ist eigentlich so Furchtbares dran an diesem Freitag?«

Zwar mußte ich zugeben, daß die Abneigung gegen die 13 nicht von ungefähr kommt. Jedem Kulturmenschen ist bekannt, daß auf Leonardo da Vincis berühmtem »Letzten Abendmahl« 13 Personen zu zählen sind, inklusive Judas. Der Aberglaube hat also durchaus seinen Grund. Es fragt sich nur, was das mich, einen Mann mosaischer Religion, angeht. Schließlich sind alle 13 Juden da Vincis noch rechtzeitig zum christlichen Glauben übergetreten.

Und warum ist ausgerechnet der Freitag der offizielle Unglückstag und nicht zum Beispiel der Donnerstag, wo es donnert? Mein Grübeln führte zu keinem brauchbaren Ergebnis. Alles, was mir einfiel, war, daß Selbstmörder den traurigen Sonntag bevorzugen und Berufshexen den schwarzen Sabbat.

Ich wandte mich daher an Felix.

»Können Sie mir eigentlich sagen, warum ausgerechnet der Freitag ein Unglückstag sein soll?«

»Keine Ahnung«, stieß mein Nachbar hervor und stürzte mit einem heiseren Schrei in das dunkle Tagesgeschehen.

Es stellte sich bald heraus, daß alle meine Bekannten in ähnlichem Dunkel tappten. Wer immer von mir befragt wurde, bestätigte mir vorbehaltlos, daß ein 13. plus Freitag einfach lebensbedrohend sei, aber keiner von ihnen kam weiter als bis Leonardo da Vinci.

Ein Akademiker unter meinen Bekannten riskierte die Vermutung, es handle sich um einen atavistischen Horror aus der Steinzeit, als der Stammeserste noch 13 Frauen ehelichen mußte. Andere erklärten, es wäre müßig, historische Notwendigkeiten in Frage zu stellen.

Kurz bevor ich drauf und dran war, die Flinte ins Korn zu werfen, wandte ich mich mit meiner Frage an eine 90jährige Matrone, und sie war es, die mir als einzige eine vernünftige und nicht von spießigem Aberglauben verfälschte Erklärung gab.

Die ehrwürdige Dame schloß die Augen und sagte nach langem Schweigen:

»Freitag, der 13., ist seit Menschengedenken ein beängstigendes Datum, weil an diesem Tag alle Menschen ängstlich sind.«

Dem Allmächtigen hat man schon allerlei angedichtet, keiner hat jedoch behauptet, daß Er abergläubisch wäre. Ganz im Gegenteil, höchstwahrscheinlich kann Er all jene nicht ausstehen, die, statt zu Ihm zu beten, wie es sich gehört, sich dem unberechenbaren Schicksal anvertrauen.

Bei aller Ehrerbietung gestatte ich mir in diesem Fall eine andere Meinung. In meinen Augen ist auch der Aberglaube ein Glaube, auch wenn die betreffenden Gläubigen Fatalisten genannt werden. Auch die Moslems glauben, daß alles von Allah kommt.

Wir Juden hingegen meinen, daß alles Glückssache ist. Wir tun alles Menschenmögliche, um das Glück zu becircen, und manchmal gelingt es. Wenn man Glück hat.

EIN ABERGLAUBE
KOMMT SELTEN ALLEIN

Jetzt, da ich bereits Großvater bin, fühle ich mich verpflichtet, ein Geheimnis zu verraten, das ich bisher hinter dem unauffälligen Benehmen eines nüchternen, brillentragenden Intellektuellen verborgen habe. Ich bin in den letzten Jahren einem Laster verfallen. Ich wette gegen mich selbst. Und zwar wette ich, ob eine bestimmte Angelegenheit gut ausgehen wird oder nicht. Wenn mein Gedächtnis mich nicht trügt, und warum sollte es, sind die ersten Symptome dieser Wettleidenschaft bereits im Alter von neun Jahren bei mir aufgetreten.

Ich benutzte auf dem Schulweg immer den Rand des Gehsteigs und kam dabei auf folgende Wette: Wenn es mir gelingt, mit normal großen Schritten keine Querlinie auf den Randsteinen zu berühren, wird mir der Lehrer nicht draufkommen, daß ich die Hausaufgabe im Rechnen vergessen habe. Um es kurz zu machen, die Querlinien blieben unberührt, und der Lehrer war krank. So fing es an.

Mit 14, also an einem Wendepunkt meiner Biografie, ging ich einmal die vier Stockwerke von unserer Wohnung hinunter und setzte alles auf eine Karte. Wenn die letzte Stufe des Treppenhauses auf eine ungerade Zahl fällt, dann, so wettete ich mit mir, wird das Ziel meiner Sehnsucht, das blonde Mädchen aus der gegenüberliegenden Wäscherei, sich Hals über Kopf in mich verlieben. Bis heute erinnere ich mich an diese letzte Stufe. Sie fiel auf die Zahl 112. Ich habe mich nicht in

Jolánkas Nähe gewagt, und unsere hoffnungsvolle Liebe endete, vom Treppenhaus zum Tode verurteilt.

Manchmal wurde meine Besessenheit fast unerträglich, besonders während des Zweiten Weltkriegs. Eines regnerischen Nachmittags, am Budapester Donaukai, wehte mir der Sturm den Hut vom Kopf, und während ich losrannte, schloß ich eine Wette ab: Wenn ich den Hut erwische, bevor er ins Wasser fällt, wird Adolf den Krieg verlieren. Ich erwischte den Hut, bevor er ins Wasser fiel. Der Rest ist Geschichte. Das soll nicht heißen, daß ich das Schicksal des Dritten Reichs besiegelt habe. Aber immerhin...

Nach dem Krieg entspannte sich die Situation ein wenig. Nur noch gelegentlich wettete ich gegen mich, etwa daß ich mit geschlossenen Augen und ohne anzustoßen durch die nächste Türe gelangen müßte, um das Gelingen eines Plans herbeizuführen. Prompt stieß ich mit dem Kopf gegen den Türrahmen, und vorbei war es. Das Schlimmste ist, daß man die Wette nicht wiederholen darf. Wenn man gegen die Wand stößt, hat man verloren. So verlangen es die Regeln.

Ich hatte gehofft, daß ich mir das mit den Jahren abgewöhnen würde, aber jetzt wird es immer schlimmer. Und es tröstet mich nicht, daß auch andere dieser pseudoreligiösen Leidenschaft verfallen sind. Einer meiner Freunde macht lebenswichtige Entscheidungen davon abhängig, ob auf seinem morgendlichen Busticket die Ziffer 7 auftaucht. Ein anderer, im Bankwesen tätig, überläßt Entscheidungen des nächsten Tages dem Druckknopf seines Fernsehapparates: Wenn er ihn abstellen kann, bevor zum Programmabschluß die Nationalhymne beginnt, wird er eine bestimmte Transaktion durchführen. Wenn nicht, dann nicht.

Auch menschliche Elemente schleichen sich in die Wettsysteme ein. Ich mache einen Spaziergang, sehe einen anderen Spaziergänger auf mich zukommen und spüre in allen Knochen: Wenn ich den Laternenpfahl zwischen uns als erster erreiche, wird der Schekel nicht abgewertet. Eine solche Wette verlangt äußerste Fairneß, denn es ist natürlich verboten, schneller zu gehen. Es ist bestenfalls erlaubt, ganz unauffällig längere Schritte zu machen.

*

Ähnliches spielt sich auf Rädern ab. Ich meine die »Bremsenlose Wette«, die sich unter Profis großer Beliebtheit erfreut. Dabei nähert sich der Fahrer bei roter Ampel langsam der Kreuzung und erreicht sie genau in dem Augenblick, wenn sie auf Grün wechselt. Wenn das gelingt, bleibt er während der nächsten Jahre gesund. Das ist übrigens eine Wette, die besonders starke Nerven voraussetzt. Einmal, ich hatte gerade auf das Glück meiner eigenen Familie gewettet, fuhr ich unaufhaltsam auf die rote Ampel zu, die erst im allerletzten Augenblick grün wurde. Ich müßte mir noch auf der Kreuzung den kalten Schweiß von der Stirne wischen. Aber die Zukunft meiner Kinder war gesichert.

Dann gibt es noch die »Honda-Wette«. Sie besteht, wie der Name andeutet, darin, daß man die Anzahl der Hondas errät, denen man zwischen Tel Aviv und Haifa begegnen wird. Wenn man die Wette ein paar Mal gewonnen hat, muß man allerdings gestehen, daß man das Resultat (843) im voraus weiß. Na und? Dann ist es eben eine kontrollierte Wette. Mal etwas anderes. Dann und wann kann man sich ruhig einen kleinen Schwindel erlauben. Wenn ich zum Beispiel bei rotem Licht vor einer Kreuzung anhalten muß und die Augen schließe, um sie genau beim Wechsel auf Grün zu öffnen, wird mir niemand ein kleines Blinzeln in Richtung Ampel verbieten. Kein vernünftiger Mensch begibt sich blindlings in Gefahr. Man lebt nur einmal.

Warum erzähle ich das alles? Ich erzähle es zwecks Hebung der öffentlichen Moral.

Ich fuhr nämlich gestern mit dem Aufzug zur 11. Etage unseres stolzen Wolkenkratzers, des Schalom-Turms, und ging eine höchst riskante Wette ein, indem ich den Knopf drückte, meine Augen schloß und die Etagen zu zählen begann. Die Wette ging um nicht mehr und nicht weniger als das Schicksal unseres Landes: »Wenn ich bis zur 11. Etage richtig zähle, werden wir endlich Frieden mit unseren arabischen Nachbarn haben.« Ich zählte mit äußerster Konzentration, und wirklich, als ich die Augen öffnete, hielt der Aufzug in der 11. Etage. Es stimmte auch umgekehrt, als der Aufzug in der 11. Etage hielt, öffnete ich die Augen. Es war ein vollkommen ausgewogenes, ganz und gar überzeugendes Resultat, ein Sieg auf der ganzen Linie.

Künftige Generationen, so hoffe ich, werden zu schätzen wissen, was ich für sie getan habe.

Nach allen mir zugänglichen Quellen ist der jüdische Gott äußerst streng und duldet keinerlei Widerspruch. Nirgendwo läßt sich aber ablesen, daß Er keinen Humor hat.

Für alle, die es trotzdem behaupten, ist die folgende Geschichte der beste Gegenbeweis.

Kürzlich fand ich eine Nachricht von Jossele auf dem Anrufbeantworter vor. Es war ein Anruf aus dem Krankenhaus, er bat mich, ihn zu besuchen. Natürlich machte ich mich sofort auf den Weg.

Ich fand Jossele im Garten des Spitals, bleich und deprimiert in einem Rollstuhl sitzend, ein Bild des Jammers. Und was mich am meisten erschütterte, er hielt ein Gebetbuch in der Hand.

»Jossele!« rief ich. »Was ist los mit dir?«

»Nichts Besonderes.« Jossele schüttelte müde den Kopf. »Aber was mir am Montag passiert ist, hat mich davon überzeugt, daß es die Gerechtigkeit Gottes gibt.«

»Bitte, erklär mir das genauer«, sagte ich und setzte mich neben ihn.

Jossele holte tief Atem.

»Mein Wagen war in der Reparatur, und das Schicksal ereilte mich in einem städtischen Autobus«, begann er. »Linie 33. Montag. Rush-hour. Auch im Bus. Mit Händen, Füßen und Ellbogen habe ich mir einen Sitz erkämpft. Kaum saß ich, pflanzte sich irgendein seniler Idiot vor mir auf und begann sich völlig ungefragt zu äußern, es sei ein Skandal und eine Schande, ein gesunder Mensch wie ich bliebe sitzen, und ein alter, kränklicher Mann wie er müsse stehen. Ich reagierte nicht. Die Leute sollten mich für einen Neueinwanderer halten, der die Landessprache noch nicht versteht. Der Alte schimpfte weiter, erging sich in immer heftigeren Mißfallenskundgebungen über die schlechten Manieren im allgemeinen und mich im besonderen. Ich blieb ungerührt. Es fiel mir gar nicht ein, meinen bequemen Sitz gegen einen Stehplatz im Gedränge zu tauschen. Inzwi-

schen aber hatten die Hetzreden des Alten den ganzen
Bus gegen mich empört. Plötzlich packte er mich am
Kragen, riß mich hoch und setzte sich unter dem Jubel
der Menge auf meinen Platz. Das war der Augenblick,
ihm und dem aufgehetzten Pöbel eine Lektion zu erteilen. Ich schwankte, hielt mich nur mühsam aufrecht und
bahnte mir stöhnend den Weg zum Ausgang, wobei ich
mit schmerzverzerrtem Gesicht das rechte Bein nach-
zog.

Über den Bus senkte sich verlegenes Schweigen, dem
beschämtes Geflüster folgte.

›Der arme Kerl‹, hörte ich. ›Ist gelähmt, hat ein kran-
kes Bein, kann sich kaum bewegen, und dieser alte Trottel verjagt ihn von seinem Sitz. Ein Egoist! Ein Un-
mensch! Pfui!‹

Beinahe wären sie über ihn hergefallen. Einige standen auf, um mir ihren Sitz anzubieten. Ich winkte mit
müder Märtyrergeste ab. Und da ich sowieso am Ziel
war, bereitete ich mich unter neuerlichem Stöhnen zum
Aussteigen vor.«

»Gut gemacht«, ich nickte anerkennend. »Und dann?«

»Dann«, sagte Jossele, »bin ich auf dem Trittbrett aus-
gerutscht und hab' mir ein Bein gebrochen.«

Damit wandte er sich wieder seinem Gebetbuch zu.

Der Herr hat also doch Humor, zumindest hin und
wieder.

III. DU SOLLST DEN FEIERTAG HEILIGEN

Die Einhaltung des Dritten Gebotes stellt viel höhere Anforderungen an den Gläubigen, als es auf den ersten Blick aussieht. Auf der Gesetzestafel war zwar zunächst nur von einem »Sabbat« die Rede, aber danach wurde eine ganze Serie von Feiertagen dazuerfunden, um den heimischen Tourismus in Schwung zu bringen. Bereits in biblischen Zeiten war es üblich, und Moses ließ daran niemals einen Zweifel, daß jeder, der am Sabbat Holz hackt, standrechtlich zu steinigen sei. Steinigungen sind bei uns bis heute recht beliebt, aber nicht immer lebensgefährlich, wenn man ein guter Läufer ist. Ich spreche hier keineswegs von den steinewerfenden Kindern der Intifada, sondern lediglich von unseren orthodoxen Sabbatwächtern. Man darf ihnen aber ihren Eifer nicht übelnehmen. Die außerordentliche Bedeutung des Ruhetages hat der Herr im Buch Deuteronomium, im Volksmund fünftes Buch Moses genannt, betont: »Du sollst keine Arbeit tun, auch nicht dein Sohn, deine Tochter, dein Knecht, deine Magd, dein Rind, dein Esel, all dein Vieh.« Dieses Verbot gilt offenbar nicht für Ehefrauen, aber vielleicht sind sie Moses einfach nicht eingefallen. Immerhin war er 40 Tage auf dem Berg gewesen, ohne zu essen und zu trinken . . .

*

Aber Gebot ist Gebot. Die Orthodoxen müssen bei Sabbatbeginn in höchster Alarmbereitschaft sein, denn am Sabbat darf nicht gegangen und nicht gefahren werden, man darf nicht fernsehen, nicht einmal einen Lichtschalter betätigen. Ob man will oder nicht, man muß ruhen, ruhen und ruhen.

Vor einiger Zeit erkundigte ich mich bei einem befreundeten Rabbiner, ob er denn ernsthaft der Meinung sei, Moses habe beim Abfassen der Sabbatgesetze auch an die Betätigung der Lichtschalter gedacht. Die Antwort des Rabbiners schien mir überzeugend: »Das spielt keine Rolle«, argumentierte er, »unsere Religion kennt keine Kompromisse. Entweder werden alle Gesetze widerspruchslos eingehalten, oder es wird eines Tages gar kein Gesetz mehr befolgt.«

Die Bewohner des Mea-Schaarim-Viertels von Jerusalem, die den jüdischen Staat nicht anerkennen, weil er nicht vom Messias ausgerufen wurde, suchen schon lange nach Lösungen, wie man den Ruhetag ohne Probleme einhalten könne. Ein Tierpfleger aus dem Tel Aviver Zoo erzählte, daß jene Leute ihn gefragt hätten, ob man nicht einen Affen dressieren könne, am Sabbat einen Elektroschalter zu betätigen. Zwar erlaubten die Rabbiner die Affenlösung, allerdings nur unter der Bedingung, daß der Affe aus eigener Initiative handle. Der Tierpfleger veranschlagte für die Dressur rund sechs Jahre. Daraufhin wurde die Angelegenheit vertagt.

Auch die Überlegung, die Fotos mit dem Affen am Lichtschalter zu einer Pressesensation zu machen, scheiterte. Dafür hätte nämlich ein zweiter Affe dressiert werden müssen, da schließlich auch fotografieren am Sabbat verboten ist.

Da mein biblisches Alter mich vermutlich daran hindert, eine zufriedenstellende Lösung des Problems zu erleben, wende ich mich den restlichen jüdischen Feiertagen zu, nach denen man erst richtig Erholung braucht.

Ich bin mit dieser Ansicht nicht allein. »Ein Feiertag jage den anderen«, sagten unsere urlaubsreifen Weisen irgendwann gegen Ende September und gaben der konzentrierten Ballung der jüdischen Feste ihren Segen. Auch sie waren wohl Freizeitfreaks wie jeder andere normale Mensch auch. Unter uns gesagt, nur nichtswürdige Ungläubige freuen sich nicht auf die Feiertage, und vielleicht noch ein paar Arbeitgeber.

*

Ich hingegen bin weder ungläubig noch ein Ausbeuter. Nein, ich übe einen ganz alltäglichen Beruf aus, ich bin Ehemann. Als solcher stehe ich jedes Jahr aufs neue dem festlichen Familienkrach gegenüber. Bei der besten Ehefrau von allen treten nämlich beim Herannahen der Feiertage seltsame Veränderungen auf, die sich vor allem in einem unbezähmbaren Kaufrausch äußern. »Vor den Feiertagen« muß es sein. Vor den Feiertagen kauft sie Kleider, Hüte, Topfpflanzen, Zierdecken, Taschenlampen, Aquarelle und für mich eine neue Leiter und eine homöopathische Tinktur gegen Cellulitis. Natürlich ist das alles notwendig und begrüßenswert, bis heute aber bin ich dem Rätsel noch nicht auf die Spur gekommen, warum all diese Anschaffungen gerade »vor den Feiertagen« sein müssen. Ich habe die Liste unserer heiligen Pflichten im Alten Testament mehrmals durch-

gecheckt, konnte aber nicht den kleinsten Hinweis entdecken. daß vor den Feiertagen Fleckerlteppiche und
Chlorophyllshampoo ins Haus gehören.

Die Feiertage verbrämen ohnedies die sonderbarsten
Verhaltensweisen. Trifft man zum Beispiel vier Wochen
vor der jüdischen Feiertagsserie Bar-Honig, um eine
pekuniäre Leihgabe zurückzuverlangen, die längst fäl-
lig ist, so kann man getrost sein letztes Maßhemd ver-
wetten, daß Bar-Honig antwortet:

»In Ordnung. Nach den Feiertagen.«

Warum nach den Feiertagen? Warum, zum Teufel,
darf man sich vor den Feiertagen dem Kaufrausch hin-
geben und mir erst danach mein Geld zurückgeben,
warum muß eigentlich alles nach den Feiertagen erledigt werden?

Ganz im Gegenteil, die festliche Stimmung sollte doch
den unstillbaren Wunsch wecken, schuldenlos jene
Tage zu verbringen und mir endlich meine lumpigen
100 Schekel zurückzuzahlen, und das sofort. Aber nein,
nicht nur Bar-Honig, alle werden von der Feiertags-
seuche angesteckt. Meine Hosen kommen vor Ostern
nicht aus der Reinigung zurück, mein Zahnarzt behandelt meine Wurzel erst nach Neujahr und auch der
Klempner kommt nicht vor, sondern danach. Alles steht
still, sitzt fest, liegt lahm, bis zum Abklingen des Fei-
ertagswahns.

Außer den Briefträgern, den beklagenswerten Opfern
der Feiertage.

EIN VERLORENER KAMPF
GEGEN GLÜCK UND ERFOLG

Die jüngsten Statistiken haben es unwiderlegbar deutlich gemacht. Mit Ausnahme einer Heuschrekkenplage schädigt nichts unsere Wirtschaft so sehr wie das Versenden von Glückwunschkarten für ein glückliches und erfolgreiches neues Jahr. Nach Schätzungen des Arbeitsministeriums gehen dafür jedes Jahr rund 30 Millionen Arbeitsstunden drauf, sowohl durch das Adressieren der Umschläge als auch durch das Aussortieren der Post, ganz zu schweigen vom Arbeitsausfall der unglücklichen Träger der Tonnen von Briefen. Nicht zu vergessen die Material- und Produktionskosten der vielfältigen Wünsche und das Müllproblem. Und letzten Endes kostet ja auch der Weg zum Recycling allerhand und die Reinigung des verstopften Kanalsystems.

»Bürger«, warnen uns daher die umweltbewußten Politiker, »spart an Glückwünschen.«

Das Amt für Statistik hat ermittelt, daß 60 Prozent der Empfänger ihr glückliches und erfolgreiches neues Jahr in den Müll werfen, ohne einen Blick drauf zu werfen, während nur 30 Prozent es noch vorher zerreißen. Zehn Prozent waren unentschieden. Ein Großhändler aus Jaffa, der 418 Karten verschickt hatte, antwortete auf die Frage, an wen seine Glückwünsche gegangen waren:

»Ich habe Karten verschickt? Keine Ahnung.«

Es scheint sich hier um eine Art Reflex der Handmuskeln zu handeln, gesteuert von unbewußten inneren Zwängen. Nach den Berechnungen der Zentralpost würde die glückliche Neujahrskartenkette bis nach Jerusalem reichen, die Stadt zweimal umkreisen und im Krankenwagen wieder in Tel Aviv eintreffen.

Kein Wunder also, daß die Behörden beschlossen, dieser Schädigung des Bruttosozialproduktes ein für allemal ein Ende zu setzen.

*

»Wir Israeli sind alle Brüder, dies müssen wir uns nicht jedes Jahr aufs neue beweisen«, erklärte der amtierende Postminister in einer bewegenden Fernsehansprache, »die Regierung hat den Kampf gegen die Kartensucht aufgenommen.«

Und er ordnete an, daß pro Kopf nur mehr fünf glückliche und erfolgreiche neue Jahre gestattet wären. Zuwiderhandelnde hätten mit Freiheitsstrafen bis zu zwei Wochen und einer Geldstrafe von 1000 Schekel zu rechnen. Keiner scherte sich darum. Bereits eine Woche vor den Feiertagen fielen im Norden des Landes 40 Briefträger aus, drei davon landeten mit komplizierten Leistenbrüchen im Krankenhaus, der Rest kam in häusliche Pflege. Einer murmelt seither ununterbrochen: »Glück und Erfolg, Erfolg und Glück.«

Stichproben ergaben, daß die Mehrheit das Gesetz durch geschlossene Umschläge umging, denn der Portoaufschlag zur Drucksache ist immer noch erträglicher als auf ein glückliches neues Jahr zu verzichten. Das hatte noch eine weitere Schwächung der nationalen Arbeitskraft zur Folge, denn durch die Briefform konnte das »glückliche und erfolgreiche« neue Jahr zu einem »gesunden und besinnlichen« erweitert werden.

In dieser kritischen Phase formierte sich die Postgewerkschaft gegen die Glückwunschflut. Eine Bürgerinitiative berief sich hingegen auf die Menschenrechte und reichte eine Petition bei der UN ein, während die Gewerkschaft zu härteren Maßnahmen griff: »Zweiwöchiger Stopp für Briefmarkenverkauf!« lautete die Parole.

Danach erließen die Behörden eine Einstweilige Verfügung gegen glückliche und erfolgreiche neue Jahre und erhöhten die Freiheitsstrafen auf 24 Monate in Einzelhaft. Ein Kontrollkommando erhielt die Aufgabe, jeden verdächtigen Brief zu öffnen. Die Gefängnisse waren überfüllt.

Unter den Festgenommenen war auch ein Versicherungsagent, der im Alleingang 2600 Wünsche für ein glückliches und erfolgreiches neues Jahr mit »raschem Anschluß an den europäischen Binnenmarkt« abgeschickt hatte. Sein Anwalt argumentierte im Schlußplädoyer, sein Klient habe lediglich »einen politischen Aufruf« versandt.

Das hatte eine Gesetzesnovelle zur Folge, die Glück und Erfolg in Zusammenhang mit politischen Aktivitäten untersagte.

Natürlich motivierte das den angeborenen jüdischen Pioniergeist nur noch stärker.

Einer der originellsten, weil auch preiswertesten Versuche war der eines älteren Schriftstellers. Er versandte 520 Telegramme zum Geburtstag mit Wünschen von Frau Sara Glück und Herrn Ephraim Erfolg. Kurz darauf wurde auch eine Reklamebroschüre der »Firma G. u. E., landwirtschaftliche Geräte GmbH« beschlagnahmt, die durch eine beigefügte Fußnote Verdacht erregt hatte: »Sehr warm und trocken aufzubewahren.« Im Polizeilabor fand die mysteriöse Sache ihre Aufklärung. Bei Erwärmung der Broschüre durch eine Feuerzeugflamme wurde nämlich die kleingedruckte Schrift sichtbar: »Ein gesegnetes neues Jahr der Arbeiterklasse und drastische Steuersenkungen wünschen Mirjam und Elchanan Gross, Tel Aviv.« Das raffinierte Betrügerehepaar wurde unverzüglich in Haft genommen.

Die Regierung versiegelte daraufhin alle Briefkästen und stellte die Grenzpolizei zur Bewachung auf. Auf dem

Postamt mußte jeder Bürger seinen Personalausweis vorlegen sowie eine eidesstattliche Erklärung abgeben, daß seine Postsendung nicht im entferntesten etwas mit Glückwünschen zu tun habe. Die Bevölkerung murrte.

*

»Der Versand von Glückwünschen hat um 19 Prozent zugenommen«, gab der Postminister anläßlich seines Rücktritts bekannt, »das kostet immerhin ein sattes Drittel des Bruttosozialproduktes.«

In Norden Tel Avivs stürmte ein maskierter Scharfschütze das Postamt und zwang den Schalterbeamten zum Versand von 2200 »gesegneten und friedvollen neuen Jahren im vereinten Jerusalem«. Er wurde auf der Flucht gefaßt. Er erhielt lebenslänglich auf Bewährung, aber es gelang ihm sogar, durch die Gitter hindurch 161 Glück- und Erfolgswünsche zu schmuggeln.

Es gehen Gerüchte um, die Regierung plane die gesetzliche Abschaffung des neuen Jahres. In den Straßen sind die ersten Panzer aufgefahren. Die Situation spitzt sich zu. In den Außenbezirken sind sporadisch Schüsse zu hören. Ein Bürgerkrieg ist nicht mehr auszuschließen.

EINE FAST
UNGEBROCHENE ZUNEIGUNG

Ich brauche den Staat nicht dazu, mir den Versand von Glückwunschkarten abzugewöhnen. Ich habe mein ganz persönliches Schlüsselerlebnis in dieser Sache. Früher, da gehörte auch ich zu jenen, die jeden Neujahrswunsch, jedes Fröhliche Ostern, Pfingsten und Co

verschickte und beantwortete. Ich war jung und uner-
fahren. Den Gipfel meines Kartenglücks erreichte ich
jedoch, als mich Teddy Kollek, der Bürgermeister von
Jerusalem, zehn Tage vor dem Fest mit einem »glücklichen und erfolgreichen« neuen Jahr auszeichnete. Ich
fühlte mich persönlich geehrt. Herr Kollek gilt bei uns
als herausragende Persönlichkeit, und er hatte seine
Karte, die er bescheiden mit »Herzlichst Teddy Kollek«
unterschrieb, ohne jede überflüssige Höflichkeitsfloskel
abgefaßt. Auf dem Briefumschlag T. Kollek, Jerusalem,
das war alles.

Die Beste und ich wunderten uns, wie ich zu dieser
hohen Ehre käme, und gelangten zu der Überzeugung,
Teddy müsse wohl ein besessener Literaturfreund sein,
dessen Herz ich mit meinen Werken erobert hatte und
der seiner grenzenlosen Bewunderung auf diesem Wege
Ausdruck verleihen wollte. Natürlich schrieb ich von nun
an Herrn Kollek meinerseits jedes Jahr eine zu Herzen
gehende Karte, und ich ließ es mir nicht nehmen, sie
höchstpersönlich in den Briefkasten zu stecken, um den
intimen Charakter unserer Beziehung zu unterstreichen.

Hier handelte es sich nämlich nicht um die übliche
Feiertagsroutine. Nein, hier ging es um den Gedanken-
austausch zweier erklärter Intellektueller, die sich zwar
wegen Arbeitsüberlastung in unterschiedlichen Bereichen nicht persönlich kannten, der eine ein herausra-
gender Politiker, der andere ein vielversprechender Satiriker, die jedoch zum Jahresende jeweils zur Feder
griffen, um ihre geistige Verbundenheit auszudrücken.
Es war ergreifend. Ich versuchte aber niemals, diese enge
Beziehung zu einem persönlichen Vorteil zu mißbrau-
chen. Selbst bei den zahlreichen Empfängen, an denen
er wie ich teilnahmen, winkte ich nur unauffällig in seine Richtung und lächelte dabei verschmitzt. Auch Teddy übte noble Zurückhaltung.

Ja, unsere Beziehung hatte Stil.

Jedes Jahr, wenn ich kurz vor dem Neujahrsfest fragte: »Hat Teddy geschrieben?«, hatte er es bereits getan. Selbst wenn er im Ausland weilte, traf stets pünktlich vor dem Fest seine bescheidene Karte ein, unterschrieben: »Herzlichst Teddy Kollek, Jerusalem«. Diese Beständigkeit bestach mich, und ich konnte nicht anders, als von Jahr zu Jahr persönlicher zu werden. Vor fünf Jahren sandte ich ihm dann, wenn ich mich recht erinnere, ein wertvolles Gemälde direkt nach Singapur, wo er sich zu Neujahr bei einem internationalen Stadtväterkongreß aufhielt. Auf die Karte schrieb ich:

»In Dankbarkeit und Rührung wünscht Ihnen, lieber Kollek, ein glückliches und erfolgreiches neues Jahr Ihr ergebener Schützling, der Kraft und Ermutigung aus dem Zeichen Ihrer ungebrochenen Zuneigung schöpft.«

Danach kam der polnische Zirkus nach Tel Aviv.

Ich liebe diese Art der Volksbelustigung, vor allem weil ich stets Freikarten für die Premiere bekomme. Ich hatte also viel Spaß im Zirkus, vor allem bei der Affennummer, und schilderte meine Begeisterung einem Bekannten, der für die PR des Zirkus verantwortlich war:

»Es war köstlich, drücken Sie bitte den Künstlern meine Bewunderung aus.«

»Vielen Dank«, antwortete der Mann, »aus Ihrem Mund ist das ein großes Kompliment. Ich weiß ja, wie sparsam Sie mit Glückwünschen umgehen.«

Ich hatte keine Ahnung, wovon er sprach.

»Was meinen Sie damit?«

»Nun ja«, sagte mit gequältem Lächeln der Werbefachmann, »stur wie ein Esel schicke ich Ihnen jedes Jahr eine Neujahrskarte, und bisher haben Sie mir noch nicht einmal geantwortet oder mir wenigstens ein kleines Dankeschön gesagt. Aber ich weiß ja, daß Sie prominentere Kontakte haben.«

»Das ist unmöglich«, brauste ich auf, »ich beantworte jede Karte ... Herr ... Herr ...«

»Kollek«, sagt der Mann, »Teddy Kollek, Gaulstr. 4, Jerusalem.«

Ich hatte das Gefühl, als bräche das Zirkuszelt über mir zusammen. Ich erinnerte mich schlagartig, Teddy Kollek war der Name dieses verantwortungslosen Betrügers, der nicht davor zurückschreckt, sich des Namen eines Bürgermeisters zu bedienen. Während ich ganz langsam in den Erdboden versank, fielen mir die unzähligen, schnulztriefenden Glückwunschkarten wieder ein, die ich dem unerzogenen Funktionär nach Jerusalem geschickt hatte. Die Erinnerung an gewisse verschmitzte Lächeln verschlechterte meinen seelischen Zustand erheblich, und die Erinnerung an Singapur strich ich ein für allemal aus meinem Gedächtnis.

Der polnische Zirkus ist auch nicht mehr das, was er einmal war.

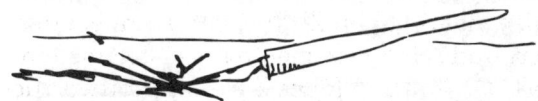

Die epochale Erfindung unseres Exodus war das ungesäuerte Brot, in der Mehrzahl »Mazzoth« genannt, im Sprachgebrauch »Mazzes«. Begreiflicherweise hatten unsere Vorfahren auf der Flucht aus Ägypten keine Zeit, sich mit der Zubereitung von Sauerteig abzugeben, und zur Erinnerung daran essen wir noch heute während des Pessachfestes ausschließlich ungesäuertes Brot, um uns darüber zu freuen, daß wir damals der ägyptischen Sklaverei entronnen sind und heute mit den Ägyptern einen Friedensvertrag haben.

Wir freuen uns volle acht Tage lang, denn so lange dauert das Pessachfest. Falls irgend jemand einmal versucht haben sollte, acht Tage lang von purem Pappendeckel zu leben, wird er begreifen, warum wir für den Rest des Jahres nur noch auf gesäuertes Brot Wert legen.

DAUERHAFTES ERGEBNIS
EINES ÜBERSTÜRZTEN EXODUS

An einem dieser Nach-Pessach-Tage, einem Mittwoch, wenn ich nicht irre, nein, an einem Dienstag traf ich in der Stadt meinen Freund Jossele, der unter seinem Arm ein großes, viereckiges, in braunes Packpapier verpacktes Paket trug. Wir gingen ein Stück miteinander und unterhielten uns über verschiedene Probleme der Philosophie und über die aktuellen Börsenkurse. Plötzlich blieb Jossele stehen und reichte mir das Paket:

»Bitte sei so gut und halt mir das eine Minute. Ich muß in diesem Haus etwas abholen. Bin gleich wieder da.«

Nachdem ich eine Stunde mit dem Paket in der Hand gewartet hatte, ahnte ich Böses und ging Jossele suchen. Die Bewohner des Hauses, in dem Jossele verschwunden war, waren empört. Jossele hatte die Rückmauer des Hauses gewaltsam durchbrochen und war verschwunden. Meine Ahnungen verstärkten sich. Nervös riß ich das braune Packpapier auf und fand darin eine Schachtel Mazzes mit dem noch unversehrten Siegel des Rabbinats.

Zunächst schien mir Josseles Vorgehen rätselhaft. Was hatte ihn zu seiner Verzweiflungstat veranlaßt? Vor allem aber, was sollte ich mit den Mazzes anfangen? Ich brauchte sie nicht. Ich hatte noch sechs Schachteln zu Hause.

Kurz entschlossen schloß ich das Paket und reichte es einem Hausbewohner:

»Entschuldigen Sie«, sagte ich. »Könnten Sie das einen Augenblick halten?«

Der Mann drückte das Paket gegen sein Ohr, was ein verräterisches Knacken zur Folge hatte, und riß die Verpackung wieder auf.

»Dachte ich's doch!« rief er triumphierend. »Da sind Sie aber an den Falschen gekommen, mein Herr. Ich habe selbst noch neun Pakete, die ich nicht loswerde. Verschwinden Sie mitsamt Ihren Mazzes und lassen Sie sich hier nie wieder blicken.«

Jetzt begann ich Josseles Verzweiflung zu verstehen, ja nachzufühlen. Aber das änderte nichts daran, daß ich mich der Brösel entledigen mußte.

In der nächsten Grünanlage legte ich das Paket unauffällig auf eine Bank und machte mich hastig aus dem Staub. Aber schon nach wenigen Schritten meldeten sich die ersten Gewissensbisse. »Schande über dich!« hörte ich meine traditionsbewußte innere Stimme flüstern. »Läßt man Mazzes in der Wildnis liegen? Dazu sind wir aus Ägypten ausgezogen? Hat uns der Herr dazu aus den Banden Pharaos befreit?« Es war also die Erkenntnis, etwas Unrechtes getan zu haben, die mich in den Park zur verwaisten Mazzesschachtel zurückzog.

Zu meiner Verblüffung lagen jetzt zwei auf der Bank. Irgend jemand hatte meine kurze Abwesenheit schamlos ausgenutzt. Was blieb mir übrig, als beide Schachteln mitzunehmen. Ich wunderte mich nur, daß ein Jude einem andern Juden so etwas antun kann.

*

In Schweiß gebadet kam ich zum Haus meines Onkels Jakob, in das ich durchs Küchenfenster einsteigen mußte, weil die Haustüre von großen, viereckigen Paketen in braunem Packpapier verbarrikadiert war. Wir plauderten ein Weilchen über dies und das, dann tat ich, als wäre mir etwas sehr Dringendes eingefallen, entschuldigte mich ganz plötzlich und sprang zum Fenster hinaus. Unten auf der Straße lachte ich mich halb tot, meine Mazzes waren jetzt beim guten alten Onkel Jakob bestens aufgehoben.

Ich war noch keine zehn Minuten zu Hause, da klopfte es. Ein Jemenite stand vor der Tür, schob sechs Schachteln Mazzes herein, warf einen Brief hinterher und verschwand.

»Sende Dir die sechs Schachteln Mazzes, die Du bei mir vergessen hast«, schrieb der gute alte Onkel Jakob. »Möchte Dich nicht berauben. Gib nächstens besser acht.«

Am nächsten Tag mietete ich einen dreirädrigen Lieferwagen, beförderte die Pakete zum nächsten Postamt und schickte sie anonym an Schlomo, der in einem weit entfernten Kibbuz lebt. Ich war sehr stolz auf diesen Einfall.

Aber ich war nicht der einzige, der ihn hatte. Drei Tage später brachte mir die Post, gleichfalls anonym, 14 Schachteln Mazzes. Vier wurden mir von einer internationalen Transportgesellschaft zugestellt, und durch ein Fenster, das ich unvorsichtigerweise offen gelassen hatte, flogen mir zwei weitere herein.

*

Mühevoll bahnte ich mir am nächsten Morgen durch Berge von Mazzespaketen den Weg ins Freie. Da erblickte ich einen betagten Bettler, der an der Hausmauer ein kleines Schläfchen in der Frühjahrssonne hielt. Munter pfeifend, pirschte ich mich an ihn heran:

»Haben Sie Hunger, mein Alter? Möchten Sie nicht etwas Gutes essen?«

Der Bettler sah mich prüfend an.

»Wie viele Schachteln?« fragte er.

»Sechsundzwanzig«, flüsterte ich. »Kleines Format, dünn, gut erhalten.«

Der alte Bettler dachte über meinen Vorschlag nach. Dann entschied er sich:

»Im allgemeinen bekomme ich fünf Schekel pro Schachtel. Aber bei größeren Mengen gebe ich Rabatt. Macht also 300 Schekel, mit Garantie.«

Ich kann mich jetzt in meiner Wohnung wieder frei bewegen, wenn ich auch gestehen muß, daß mir die Mazzes irgendwie fehlen. *Eine* Schachtel hätte ich vielleicht behalten sollen. Moses soll schließlich nicht dafür büßen müssen, daß er Ägypten so rasch verlassen hat.

W ir lieben Moses, wir lieben Mazzes, beide aber sind der Anlaß für eine Untergrundbewegung, die heute zum ersten Mal ans Licht der Öffentlichkeit tritt. Wir befinden uns in einer schizophrenen Lage. Einerseits versorgen wir uns zu Pessach, wie schon erwähnt, mit Unmengen von Mazzes und machen auch dem letzten gesäuerten Brotkrümel den Garaus, andererseits schaffen wir für das Pessachmahl heimlich Reserven von Brotbergen an. Das beeinträchtigt die feierliche Stimmung nicht im mindesten, was aber ein wenig stört, ist der ohrenbetäubende Krach aus den benachbarten Bäckereien.

Es geht soweit, daß manche Bäckereien in Jaffa vier Schichten einlegen, um die Nachfrage zu stillen. Denn Pessach, das ehrwürdige Fest, ist, wie gesagt, auch das Fest des heimlichen Brothamsterns. Im ganzen Land sind jüdische Mütter, der unangefochtene Mittelpunkt der Familie, unterwegs, um für die heiligen Tage gerüstet zu sein, wobei die Achsen der Kinderwagen unter der Last der 22 versteckten Brotlaibe ächzen.

»Wehe, ihr schneidet mehr als einen Laib auf«, verscheucht die Mutter dann zu Hause die Hungrigen, »daß mir ja nichts austrocknet.«

Für die Brote wird umgehend ein sicherer Platz gesucht, und so landen sie vorübergehend hinter den Handtüchern im Schrank oder überall dort, wo sich sonst noch ein brauchbares Versteck auftreiben läßt.

Die jüdische Mutter weiß zwar, daß von den 22 Laibern nur etwa zwei Drittel das Fest überstehen, während der Rest auf der Strecke versauert, aber Tradition ist Tradition und Hamsterfest ist Hamsterfest. Unter 20 Laibern geht nichts. Drei Laiber verschwinden in der Tiefkühltruhe, in der Hoffnung, daß sie das Fest unverschimmelt überstehen.

»Zuerst«, sagt Mutter, »zuerst werden die Brötchen gegessen.«

Und tatsächlich, die Brötchen gehen weg wie warme Semmeln, wodurch zwei wertvolle Tage gewonnen werden. Die Krise setzt meistens am dritten Tag dieses langen Festes ein, obwohl das Brot dann noch jeden Frischetest besteht.

Das Schöne an dieser großartigen Tradition aber ist, daß der jüdische Phantasiereichtum dem Brothamstern jedes Jahr neue Seiten abgewinnt. So haben es sich die Gläubigen seit einigen Jahren zur Gewohnheit gemacht, ihre Vorräte durch Pittabrot aufzufrischen, das von arabischen Götzendienern gebacken und an einschlägigen Orten, wie zum Beispiel im Busbahnhof, verkauft wird.

Immer beliebter wird auch das System eines jungen Architekten ungarischer Abstammung, »Schwimmendes Brot« genannt und bei manch einem auch als »Das Fünf-Tage-System« bekannt, da es dem gehamsterten Brot eine Haltbarkeit von genau dieser Zeitspanne sichert. Dieses geniale System beruht auf Frischekonservierung durch Einwickeln des Brotes in feuchte Frotteetücher. Etwaige Nebenwirkungen, wie Verlust der Bißfestigkeit oder Schimmelbildung, müssen leider in Kauf genommen werden.

Im vergangenen Jahr kamen die »Schwarzbäckereien« in Mode. Inzwischen aber machen sich jüdische Großmütter mit einer neuen Sitte einmal mehr unentbehrlich. Umgeben von ihren Lieben als Aufpasser kneten sie jetzt selbst den Teig und bereiten im Untergrund schmackhaftes Brot für die ganze Familie zu. So geben sie dem Hamsterfest seine inhaltliche Würde zurück, denn »Sklaven waren wir in Ägypten, und heute essen wir hausgebackenes Brot nach Großmutterart«.

U m das Dritte Gebot auch auf fremdem Terrain kennenzulernen, nahm ich eine Einladung an und erlebte ein Fest nach Großvaterart.

DER TAG, ALS
DER HASE EIER LEGTE

Das Schicksal wollte es und niemand anderer, daß ich voriges Jahr über Ostern wegen Theaterproben in Hamburg bleiben mußte. Die beste Ehefrau von allen ergriff die Gelegenheit und fuhr mit ihrem Wagen für drei Tage nach dem schönen Italien, um sich am vierten Tag von der Versicherung ein nagelneues Autoradio besorgen zu können. Ich blieb also in der Hansestadt allein zurück.

In diesem trostlosen seelischen Zustand griff das befreundete Ehepaar Linsmeyer aus humanitären Gründen ein und schlug mir vor, das Osterfest im Kreise ihrer Familie zu verbringen. Unter vier Augen wies ich Viktor Linsmeyer darauf hin, daß meine streng mosaische Religion keine diplomatischen Beziehungen zu Osterhasen zuließe. Aber er beruhigte mich:

»Es ist für jedermann ein unvergeßliches Erlebnis«, meinte er, »wenn unser süßer kleiner Klaus-Dieter sein Osternest sucht.«

Ich ließ mich also nicht mehr länger bitten, sondern stieß am Ostersonntag als neutraler Beobachter zu den Linsmeyers. Der feierliche Akt der Osternestsuche sollte im Salon stattfinden, der neben dem überwältigenden Osterbaum mit seltenen venezianischen Spiegelimitationen und in den Ecken mit zwei imposanten Barockfauteuils ausgestattet war. Ein reich geschmückter Tisch deutete darauf hin, daß das Fest bereits seinen Lauf genommen hatte. Leise fragte ich Viktor, wo er als amtierender Osterhase die Eier versteckt hätte.

»Dafür ist seit dem Ersten Weltkrieg mein Vater zuständig«, korrigierte mich Viktor und stellte mich Opa

Ludwig vor. Ich bemerkte sofort, daß der 90jährige Opa seine grauen Zellen nicht immer gut behandelt hatte. Dementsprechend verlief unser Gespräch.

»Opa, Opa«, brüllte Viktor Opa ins Ohr. »Herr Kishon ist unser Gast.«

»Was?«

»Der Herr – bleibt – heute – bei uns!«

»Gelobt sei der Name des Herrn«, bestätigte Opa und maß mich mit feindlichem Blick: »Aber was, zum Teufel, sucht der hier?«

*

Glücklicherweise brachte Opas volle Blase eine erfreuliche Wende in unsere kurze Plauderei. Frau Linsmeyer nutzte die Erholungspause und schickte den kleinen Liebling Klaus-Dieter schnell auf Eierjagd.

»Wie ich meinen klugen Jungen kenne, wird er das Osternest im Nu finden«, prophezeite mit unverhülltem Stolz Mutter Gunhild und flüsterte mir zu: »Der verkalkte Alte versteckt es Jahr für Jahr im linken Fauteuil.«

»Eiskalt. Kalt. Lauwarm. Warm. Heißer. Heiß«, plapperte Klein-Klaus-Dieter dem Ritual folgend auf seinem Routinegang zum Fauteuil herunter, angefeuert von den aufmunternden Zurufen seiner beiden Erzeuger. Mit der Sicherheit jahrelangen Trainings griff Klaus-Dieter tief in die Polster des Fauteuils und nestelte mit steigender Unruhe darin herum.

»He, was soll das?« hob das Kind schließlich seinen Blick. »Da ist nichts!«

»Aber es muß da sein, es ist doch immer da«, insistierte Mutter Linsmeyer und begann, die Polster systematisch auseinanderzunehmen. Viktor stürzte ins Vorzimmer und trommelte hysterisch an die Klotür:

133

»Opa, Opa«, hörten wir ihn brüllen. »Wo hast du es versteckt?«

»Was?« hörte man aus dem Klosett. »Wie?«

»Wo – sind – die Eier?«

»Was für Eier?«

Panik brach aus. Mutti und Klaus-Dieter arbeiteten sich tief ins Unterbewußtsein des Fauteuils; bis eine gelöste Feder ihre Selbstbeherrschung verlor und Klaus-Dieter kurzerhand hinauskatapultierte.

»Scheiße«, meinte der Kleine nach seiner Notlandung. »Jemand hat mein Nest gestohlen«, und schickte einen drohenden Blick in meine Richtung.

Um von mir abzulenken kroch ich suchend unter den Fauteuil. Viktor kam mit einem mittelgroßen Küchenmesser zurück und begann die Nähte des Stoffes aufzutrennen. »Sechs Schokoladeneier können sich doch nicht so mir nichts, dir nichts in Luft auflösen«, murmelte das Familienoberhaupt und spuckte Holzwolle.

Kein Zweifel, dieses Osterfest würde mir unvergeßlich bleiben.

»Jedes Jahr derselbe Mist«, heulte Klaus-Dieter, während seine Eltern den unglücklichen Fauteuil in Scheiben schnitten. Opa Ludwig erschien für einen Augenblick an der Tür, schaute verständnisvoll zu und stimmte bewegt das Lied an:

»O Tannenbaum, o Tannenbaum . . .«

Es war wirklich einmalig. Nach einer weiteren Viertelstunde gaben wir unsere ergebnislose Suche auf.

»Nächstes Jahr klappt es bestimmt«, tröstete mich Gunhild Linsmeyer. Während sich ihr Gatte erfolglos gegen die Schläge von Klein-Klaus-Dieter wehrte, legte sich Opa Ludwig zum Mittagsschläfchen in die Badewanne . . .

Ich zog mich auf Zehenspitzen vom Schlachtfeld in eine entfernte Ecke zurück und ließ mich erschöpft in den zweiten Fauteuil fallen.

Kratsch . . .!

Sechs stramme Schokoladeneier gaben unter mir ihren Geist auf. Ich wagte nicht, mich zu rühren, und sann mit geschlossenen Augen darüber nach, daß ich künftig fremde Feste nicht ohne Gebrauchsanweisung feiern würde.

Zur Abwechslung wollen wir uns jetzt mit einem Feiertag beschäftigen, der nicht der anstrengenden Ruhe gilt und uns nicht Jahr für Jahr daran erinnert, daß unsere Vorväter die Pyramiden gebaut haben. Ich bin stolz und glücklich, daß es auch für Juden einen fröhlichen Feiertag gibt. Die Bibel nennt ihn Purim.

EIN MELANCHOLISCHER FREUDENTAG ODER KARNEVAL DER NETZSTRÜMPFE

Vor vielen, vielen Jahren, so erzählt das Buch Esther, töteten die Juden Persiens ihre Häscher und hängten ihren hinterhältigen Anführer, Haman den Gemeinen, an einem hohen Baum auf. Seither gedenken wir unserer wundersamen Rettung mit großer Freude und Heiterkeit. Aus den Quellen läßt sich entnehmen, daß dieses Fest auf dem Marktplatz der persischen Hauptstadt Susa damals besonders gut organisiert war. Das Thema der Party hieß »Law and Order«. Königin Esther erschien in schwarzem Mini und Netzstrümpfen, ihr Onkel Mordechai als Verkehrspolizist, und es steht ge-

135

schrieben, daß viele Völker der Erde aus Angst zum Judentum übertraten, was ich ein wenig bezweifle. Es war eine besonders gelungene Veranstaltung, leider wollte aber keine echte Freude aufkommen, und zum Schluß gingen alle ziemlich deprimiert nach Hause.

Auch während der darauffolgenden Jahre in der Diaspora wurde die Tradition des Purimfestes hochgehalten. Unsere Väter verkleideten sich als Verkehrspolizisten, unsere Mütter als Königin Esther in schwarzem Mini und Netzstrümpfen, man trank Wein und tanzte bis zum Morgengrauen, aber die Freude war gedämpft, und zum Schluß gingen alle ziemlich deprimiert nach Hause.

Mit der Unabhängigkeitserklärung des jüdischen Staates trat die erhoffte Wende ein. Man feierte das erste Purimfest im eigenen Land. Die Männer verkleideten sich als Verkehrspolizisten, die Frauen als irgend jemand in Netzstrümpfen, und Judy Glück, die Gemahlin von Ingenieur Glück, sprang auf den Tisch und legte in ihrem schwarzen Mini einen hemmungslosen Chachacha hin. Endlich war das ganze Land von Heiterkeit erfüllt, wenn auch keine echte Freude aufkommen wollte. So ganz trostlos wurde es wenigstens erst nach Mitternacht. Die Straßen leerten sich, und alle schlichen frustriert nach Hause.

*

In den Jahren danach aber wurde alles anders. Die Kostüme wurden kostbarer, wir trugen Helme und königliche Schlafanzüge, während unsere Frauen sich in schwarze Minis und Netzstrümpfe hüllten. Ich war immer zu mehreren Partys geladen, ging jedoch meist mit dem sympathischen Ingenieur Glück aus, der sich zu einem wahren Partyhengst gemausert hatte. Wir tanzten und sangen bei schummriger Beleuchtung, aber mit der Fröhlichkeit war es nicht so weit her. Wir fühlten, daß irgend etwas fehlte. Manch einer weinte, und andere sprachen von tiefen Depressionen.

Ich erinnere mich an eine einzige wirklich gelungene Purimparty. Die Stimmung schäumte über, wir klatschten rhythmisch und mit jugendlichem Elan zum hemmungslosen Chachacha von Judy Glück, aber rechte Fröhlichkeit wollte einfach nicht aufkommen. Im Gegenteil, um halb zwei verzog sich unser Gastgeber ins Bad und hängte sich an der Dusche auf. Jedenfalls war es eine der miesesten Partys überhaupt.

»Wir haben offenbar unsere Traditionen noch nicht gefestigt«, meinte eine Dame in schwarzen Netzstrümpfen, »deshalb freut sich das Volk nicht.«

Einige behaupteten, uns sei Traurigkeit bereits in die Wiege gelegt worden. Außerdem begnügten wir uns mit alkoholfreiem Malzbier, statt uns einmal richtig vollaufen zu lassen.

Nur unsere süßen Kleinen lieben das Purimfest, aber schließlich ist es doch kein Fest für Kinder.

Ingenieur Glück gab in einer schwachen Minute zu, er hätte regelmäßig drei Tage vor Purim schwere Anfälle von Melancholie. Wenn keiner ihm zusähe, ließe er sogar seinen Tränen freien Lauf. Seiner Frau hingegen passiere das nicht, sie begibt sich noch vor dem Fest in fachärztliche Kontrolle.

»Wir sind ein merkwürdiges Volk«, meinte ein als König verkleideter Verkehrspolizist. »Wenn wir uns freuen sollen, sind wir traurig, und wenn wir traurig sein sollen, sind wir aufgeräumt. So sind wir eben, verdammt noch mal.«

Das leuchtete uns ein. Ein Friedensrichter gestand, er werde vor dem Trauerfest Jom Kippur von unbezwingbarer Heiterkeit befallen. Dagegen wird berichtet, daß sogar die Chassidim, deren Religion sie zu Lebensfreude verpflichtet, am Purimfest für 48 Stunden ihre gewohnte Fröhlichkeit unterbrechen. Das soll natürlich nicht heißen, daß hier nicht hin und wieder Freude aufkommt. Aber sie ist nicht echt. Vielleicht ist sie sogar echt, aber keine Freude.

*

Dieses Jahr aber war Purim wieder einmal so richtig heiter. Ich verkleidete mich als Streifenpolizist und die Beste als ägyptische Bauchtänzerin mit schwarzem Mini. Wir tanzten Twist und Menuett, und danach sprang Judy Glück auf den Tisch. Mitten in ihrem hemmungslosen Chachacha schluchzte sie jedoch auf:

»Ich kann nicht mehr«, stöhnte die arme Frau, »ich kann einfach nicht mehr.«

Es tat mir in der Seele weh, und ich streichelte beruhigend die Netzstrümpfe der Besten.

»Liebste«, fragte ich meine Frau, »empfindest du Freude?«

»Kann schon sein, aber ist sie auch echt?«

Schwer zu sagen. Warten wir ab, wie die nächsten Purimpartys ausfallen. Wenn sie genauso danebengehen, dann sollten wir endlich die Konsequenzen ziehen und Purim zum Volkstrauertag erklären.

Wie gesagt, Purim ist ein Fest für Kinder, weil sie noch richtig fröhlich sein können. Sie haben den Tag für sich vereinnahmt und feiern ihn in den Straßen mit ungeheurem Krach. Überhaupt können die Kinder zu Purim machen, was sie wollen, sie verkleiden sich als Erwachsene, manchmal auch als Piraten oder Astronauten, aber meistens als Verkehrspolizisten.

Sonderwünsche benötigen jedoch eine Sonderbehandlung.

GÖTTIN IN WEISS
ODER DR. WEISSBERGER KOMMT GEGEN MITTAG

E phraim«, sagte meine Schwiegertochter, »dein Enkel ist sauer.«

Die Vorbereitungen für die Purimfeier befanden sich auf ihrem Höhepunkt. Der gesamte Kindergarten zog in einer ordentlichen Formation aus Piraten und Polizisten an unserem Haus vorbei, nur unser kleiner Rudi zog einen Fluntsch und sah zornig auf sein herrliches Kostüm, das seine Mami ihm in mühevoller Handarbeit angefertigt hatte, Hosen mit Fransen, Gummistiefel, ein breitkrempiger Hut, der Gürtel mit der goldenen Schnalle und als Höhepunkt das verdammte Schießeisen. Die perfekte Ausrüstung eines waschechten Cowboys lag verschmäht in einer Ecke des Zimmers, und unser kleiner John Wayne wurde von Minute zu Minute grantiger.

»Was ist denn los«, erkundigten wir uns, »willst du denn kein Cowboy sein?«

»Nein«, schluchzte Rudi los, »will Steffi Graf sein.«

Unser Kleiner hatte, wie wir alle, am Bildschirm die Siegesserie Steffis mitverfolgt und war tief beeindruckt gewesen.

»Nicht weinen«, die gesamte Familie stand um den Kleinen herum. »Mal sehen, was sich da machen läßt.«

»Ganz genau«, mischte sich nun auch die Beste ein, »wir werden bestimmt eine Lösung finden.«

*

Wir beriefen den Familienrat ein und gelangten zu der Einsicht, daß Rudis Reaktion eigentlich ganz normal ist. Wer möchte heutzutage nicht Steffi Graf sein, Superstar, Grand-Slam-Siegerin, Pokalsammlerin. Wir einigten uns auf einen Kompromiß.

»Dieses Jahr gehst du als Cowboy«, schlugen wir Rudi vor, »und nächstes Jahr dann als Steffi Graf.«

»Nein«, brüllte das aufgeweckte Kind. »Jetzt! Sofort Steffi!«

Die medizinische Diagnose lautet in so einem Fall, wenn ich mich nicht täusche, auf Hypertrophie, auch Tobsuchtsanfall genannt.

»Gut«, wir gaben schweren Herzens nach, »du gehst als Tennismeisterin. Wir setzen dir einen großen Topf auf und schreiben mit roter Farbe drauf: Ich bin Steffi.«

»Das ist pfui«, Rudi steigerte die Frequenz, »das ist nicht Steffi!«

»Ja, was ist denn Steffi?«

»Weiß ich nicht«, schluchzte das arme Kind, »das müßt doch ihr wissen . . .«

Warum konnte die Australian-Open-Übertragung denn um Himmels willen nicht erst nach Purim gesendet werden? Kann man von einem Fernsehintendanten nicht ein Minimum an Rücksicht auf geplagte Eltern und Großeltern erwarten?

Das Kind brüllte, und wie es brüllte:

»Steffi«, brüllte es, »Steffi Graf!«

Jetzt versuchte ich mein Glück.

»Ich ziehe dir schöne Turnschuhe an.«

»Schuhe, pfui!«

»Ganz weiße Schuhe.«

»Hat jeder!«

Eine grobe Verantwortungslosigkeit von Steffi. Wie kann eine erwachsene Tennisspielerin nur ohne jedes erkennbare Markenzeichen an ihren Tennisschuhen auftreten?

»Ich habe eine Idee«, sagte die beste Ehefrau von allen, »Rudi zieht seine kurzen weißen Höschen an, ja?«

»Höschen, pfui«, quietschte das Kind, »eklig!«

»Laß mich doch ausreden. Du ziehst deine kurzen weißen Hosen an, und in die Tasche stecken wir dir einen ganz echten Tennisball.«

»Ball, pfui!«

»Und einen kleinen Schläger.«

»Will keinen kleinen. Steffi hat großen!«

Um es ganz deutlich zu sagen, die zweifelhaften Siege des Fräulein Graf wogen die bitteren Tränen meines Enkelsohnes nun wirklich nicht auf. Wo kämen wir denn hin, wenn sich jeder zweitrangige Tennisspieler in unserem Purimfest breitmachen würde?

»Steffi, Opa. Steffi!«

Das Kind wälzte sich nun bereits auf dem Teppich. Nur Enkel können so weinen, vorwärts und rückwärts, ohne Luft zu holen. Nun galt es, das Kind zu retten, bevor seine zarten Lungen bleibenden Schaden erlitten.

»Ist doch überhaupt kein Problem«, sagte Opa Ephraim, »wir beide rufen Steffi jetzt einfach an und fragen sie!«

Rudi verstummte. In seinen wunderschönen, großen, tränenfeuchten Augen glänzte ein Hoffnungsschimmer. Ich ging zum Telefon und wählte irgendeine Nummer in der Stadt:

»Guten Tag, ist dort die Weltmeisterschaft«, rief ich in den Hörer, »könnte ich bitte Steffi Graf sprechen?«

»Wen?« fragte eine ältere Frau am anderen Ende der Leitung. »Hier wohnt Doktor Weißberger.«

»Ja, hallo Steffi«, sagte ich erfreut, »wie geht's Ihnen denn? Rudi möchte wissen, als was Sie sich zu Purim verkleiden?«

»Verkleiden?« fragte die ältere Frau. »Hier wohnt Doktor Weißberger.«

»Moment bitte, Steffi, ich hole mir schnell einen Stift«, unterbricht Opa. »Was sagen Sie, was haben Sie an? Hosen mit Fransen, Gummistiefel, einen breitkrempigen Hut . . .«

»Ich kann Sie nicht gut verstehen. Sprechen der Herr vielleicht Polnisch?«

»Ja, ich notiere, Steffi, ich notiere. Einen Gürtel mit goldener Schnalle und eine Pistole. Alles klar, Fräulein Graf, vielen Dank. Grüßen Sie bitte den Tennisverband.«

»Doktor Weißberger kommt gegen Mittag nach Hause.«

»Vielen Dank. Tschüs.«

Mit besorgter Miene legte ich den Hörer auf.

»Hast du das gehört?« wandte ich mich an meine Schwiegertochter Orith, Rudis Mami. »Wo zum Teufel kriegen wir nun für Rudolf all die Sachen her, die Steffi anhat?«

»Dummer Opa«, jubelte der dümmste aller Enkel siegestrunken, »dort liegen sie ja!«

So wurde die Krise im letzten Moment telefonisch gemeistert. Sollte der geneigte Leser also in den nächsten Feiertagen einem sehr kleinen Cowboy begegnen, der mit einem Tennisschläger durch die Straßen flitzt, dann möge er doch bitte lauthals rufen: »Seht doch nur, dort geht Steffi Graf!«

Danke schön und frohes Fest.

IV. DU SOLLST DEINEN VATER UND DEINE MUTTER EHREN

Dieses Gebot ist eines der gefühlvollsten, auch wenn es nicht mehr ganz zeitgemäß ist. Denn heute ist es eher umgekehrt: Zu unserem Wohlergehen auf Erden müssen wir, die Eltern, den unerzogenen Nachwuchs ehren.

Wem das noch nicht aufgefallen ist, der hat entweder keine Kinder oder keine Ahnung. Der Autor dieses Buches hat eine Menge Kinder und zu viel Ahnung.

GENERATIONSKONFLIKT
AUF LITERARISCHER EBENE

Vor einigen Jahren, eigentlich ist es noch länger her, baute sich eines Morgens mein mittlerer Sohn Amir, drohend vor meinem Schreibtisch auf:

»Stimmt es«, fragte das aufgeweckte Kind, Aggression in den Augen, »daß du schon wieder ein Buch über deine Kinder geschrieben hast?«

»Ja«, antwortete ich, »das habe ich, und es ist mein angestammtes Recht.«

»Vielleicht, vielleicht auch nicht«, antwortete mein Sohn, »aber meinst du nicht, du hättest uns fragen müssen?«

»Das muß ich bestimmt nicht. Ihr seid schließlich noch minderjährig.«

»Wie du meinst.« Und verschwindet. Er ist rothaarig, der Knabe.

»He«, rufe ich ihm nach, »wohin gehst du?«

»Zu meinem Anwalt.«

Ausgelöst wurde die Debatte durch ein 340 Seiten langes, vielbeachtetes Werk aus meiner Feder, das in jenen Tagen unter dem harmlosen Titel »Beste Familiengeschichten« veröffentlicht wurde. Die Enthüllungen schrieb ich über, genauer gesagt, gegen meine drei Kinder, die beste Mami von allen, die Hündin Max und die Nachbarn von nebenan. Das Familienepos beginnt mit der Geburt meines Sohnes Rafael vor vielen Jahren und endet niemals. Man könnte es auch provokativ »Die Meuterei der Eltern« nennen, denn ich verfaßte es als Beleg dafür, daß die Selbstaufgabe der Eltern gegenüber ihren Kindern eine pathologische Erscheinung darstellt, die auch durch das gnadenlose Regime der Kinder im häuslichen Alltag nicht gerechtfertigt wird.

Ein Beispiel: Vor kurzem war ich bei einem meiner klügsten Freunde zu Gast, und sein kleiner Avigdor, der etwa zwei Meter mißt, lief wortlos durchs Zimmer. Der Vater wußte, was von ihm erwartet wird:

»Avi«, flötete er, »hast du dem Onkel guten Tag gesagt?«

»Nein«, sagte Klein-Avi und verschwand in Richtung Videogerät.

Mein kluger Freund strahlte vor väterlichem Stolz:

»Siehst du, das Kind kann einfach nicht lügen.«

Ist mein Freund wirklich so dumm? Vielleicht. Aber es ist nun einmal so, daß wir, die israelischen Väter, die Früchte unserer Lenden, die uns, dank der Sonne und der Jaffa-Orangen, im Durchschnitt um eineinhalb Köpfe überragen, derart vergöttern, daß wir einfach verliebt sind in diese erste nationale Generation des internationalen Judentums, in diese herrlichen Wesen, die, zugegeben, hier und da ein wenig frech, manchmal auch unhöflich oder ungezogen, ein kleines bißchen aggressiv, kurz völlig unausstehlich, aber dennoch unsere Kinder sind?

Sicherheitshalber befragte auch ich meinen Anwalt. Ich wollte wissen, ob Meinungsfreiheit und künstlerische Freiheit auch in Familienangelegenheiten gelten?

Mein Anwalt, der selbst ein paar dieser herrlichen Wesen zu Hause hat, sagte zu, die heikle Angelegenheit gründlich zu prüfen. Er studierte die einschlägigen Akten und zog einen zweiten Rechtsexperten zu Rate. Bereits zwei Tage später meldete er sich:

»Ich konnte in Großbritannien einen Präzedenzfall ermitteln. Eine Waliserin aus Cardiff verklagte im Jahre 1664 ihren Mann, der sie im Lokalblatt als ein ›Musterexemplar von Hexe‹ bezeichnet hatte. Der Fall gelangte bis zum Obersten Gericht vor König Karl II.«

»Und wie ging die Sache aus?«

»Der Mann konnte Beweise erbringen.«

Ich war sehr erleichtert, nun habe ich in meiner Familie einen besseren juristischen Stand. Obwohl ich selbst meine Frau niemals in aller Öffentlichkeit als »Musterexemplar einer Hexe« bezeichnet hätte, dazu verehre ich sie und die Früchte ihres Leibes zu sehr.

Natürlich erlaube ich mir dann und wann, meine Lieben für literarische Zwecke zu nutzen und will auch nicht verschweigen, daß mir meine Familie schon aus mancher Notlage geholfen hat. Wenn in meinem ausgedorrten Gehirn nämlich gar kein satirischer Gedanke mehr zündet, stürme ich in das Zimmer meines mittleren Sohnes Amir und frage:

»Ein Zimmer nennst du das? Ein Saustall ist das.« Oder: »Was trödelst du schon wieder herum? Hast du keine Hausaufgaben aufbekommen?«

»Nein«, kommt prompt die Antwort, »unser Latein-lehrer läßt sich morgen scheiden«.

»Immer diese dummen Ausreden«, antwortet Papi dann und kehrt beschwingt zu seinem Schreibtisch zu-rück, bewaffnet mit der Idee zu einer hervorragenden Humoreske über einen frustrierten Lateinlehrer, der sich scheiden läßt, weil ... weil seine rotzfrechen Schü-ler in seinem Namen eine Heiratsannonce in die Zei-tung gesetzt haben ...

Die lustige Geschichte erscheint in der Zeitung, und tags darauf erscheint der Rotschopf an meiner Türe und kündigt mir an:

»Der Lateinlehrer möchte mit dir sprechen.«

Meine Kinder geben sich aber keineswegs damit zu-frieden, literarische Quelle zu sein. Im Gegenteil, mei-ne schriftstellerischen Ergüsse werden von ihnen lau-fend kontrolliert, aber nicht etwa, weil sie meine Texte gern lesen. Keineswegs. Mit gerunzelter Stirn wird Wort für Wort geprüft, und nicht der Anflug eines Lächelns, geschweige denn ein anerkennendes Wort kommt über ihre Lippen, alles dient nur dem juristischen Ziel, eine Verleumdung zu entdecken. Und ihre Mutter macht mit ihnen gemeinsame Sache.

»Ich habe schon Klügeres gelesen«, lautet die Litera-turkritik, wenn ich Glück habe, der Lieblingskommen-tar meiner zartbesaiteten Gattin ist: »Die Schlußpointe ist dir aber total danebengeraten« und ein Standardzi-tat meiner Tochter: »Papa, gib's auf.«

Gern haben sie nur die Illustrationen, auf denen sie gut zu erkennen sind.

»Könntest du deinem Zeichner nicht endlich beibrin-gen«, klagt nur Rafael immer wieder, »daß ich noch nie Sommersprossen gehabt habe.«

Für die Kinder ist es ganz normal, daß sie in Zei-tungen abgebildet sind, daß ihre Porträts die Titelseiten von Büchern schmücken und daß ihr Vater manche abenteuerlichen Geschichten über sie schreibt. Es ist für sie nichts Besonderes, bekannt zu sein. Wenn Renana auf der Straße angesprochen wird: »Bist du nicht zufällig . . .«, antwortet die Kleine: »Selbstverständlich.«

Habe ich schon erwähnt, daß sie rote Haare hat?

Kritik höre ich auch, wenn ich meine literarische Gunst ungleich verteile.

»Papa«, klagt dann Amir vorwurfsvoll, »als Rafi in meinem Alter war, hast du viel öfter über ihn geschrieben als über mich heute.«

Ja, sie sind ziemlich eingebildet, diese Ministars an meinem Familienhimmel. Aber da ich sie auf dem Altar des hebräischen Humors geopfert habe, kann ich keine große Dankbarkeit erwarten.

Ich werde mich dem Wunsch der besten Ehefrau von allen endlich beugen, die kürzlich ein Machtwort sprach:

»Ephraim«, meinte sie zu ihrer größtmöglichen Höhe aufgerichtet, »hör auf, uns zu Allgemeingut zu machen. Suche dir gefälligst neue Helden.«

Ich werde wirklich aufhören. Nach dem nächsten Buch, meine ich.

Mein neues Familienbuch aber widme ich demonstrativ unserer treuen Hündin Max, dem einzigen Wesen im Hause, von dem das Vierte Gebot manchmal befolgt wird.

*

Ja, so war das vor vielen Jahren. Inzwischen ist viel Wasser den Jordan hinabgeflossen, die Kinder sind groß und Doktoren geworden, haben das eine oder andere Mal geheiratet, und alles ist noch genauso chaotisch, wie ich es oben beschrieben habe.

D as Bestechende an der Bibel ist, daß sie nicht nur Gebote auftischt, sondern auch deren Notwendigkeit erläutert. Auch die Notwendigkeit, daß Kinder ihre Eltern ehren.

Nehmen wir zum Beispiel Isaaks Geschichte. Wie allgemein bekannt, war Abraham auf Gottes Anweisung kurz davor, seinen Sohn abzuschlachten, als das Unternehmen in letzter Minute abgeblasen wurde und Isaak das schöne Alter von 180 Jahren erreichte, weil er seinen Vater ehrte.

Aber nicht nur Väter sind zu Opfern bereit. Auch Mutterliebe währt ewig, wie in meiner klassischen Satire nachzulesen ist, die ich als Anwalt der siegreichen Mutter an den Vorsitzenden des Königlichen Gerichtshofes in Jerusalem geschrieben habe.

Euer Ehren!

Als Anwalt der Mutter, zu deren Gunsten das seither berühmt gewordene »Salomonische Urteil« ergangen ist, lege ich hiermit gegen dieses Urteil Berufung und Nichtigkeitsbeschwerde ein.

Wie aus dem Verhandlungsprotokoll hervorgeht, wurde meine Mandantin vor 17 Jahren vor dem Königlichen Gericht einem Kreuzverhör unterzogen, das Seine Majestät mit dem Rechtsentscheid beschloß, den Streitgegenstand, ein Kleinkind unbestimmter Herkunft, in der Mitte zu teilen und jeder der beiden Mütter, die das Kind für sich in Anspruch nahmen, je eine Hälfte zu übergeben. Bei Bekanntgabe dieser Entscheidung stieß meine Mandantin einen Schreckensschrei aus, der eindeutig erkennen ließ, daß sie unter solchen Umständen ihren Anspruch auf das Kind zurückziehe. Aus Gründen, in die wir keinen Einblick haben, sprach König Salomon daraufhin meiner Mandantin das Kind zu.

Das Kind ist inzwischen 17 Jahre alt geworden. Es ist männlichen Geschlechts, unrasiert, ungewaschen, tätowiert und trägt löchrige Jeans. Politisch tendiert der minderjährige junge Mann zu den Anarchisten, verbringt jedoch die meiste Zeit in sogenannten »Diskotheken« und raucht ein nach hier importiertes Kraut, das in seinen Kreisen als »Joint« bezeichnet wird. Das alles tut er auf Kosten meiner Mandantin, die infolge des seinerzeit ergangenen Urteils zur finanziellen Unterstützung ihres angeblichen Sohnes verpflichtet ist, obwohl nicht der geringste Beweis für ihre Mutterschaft vorliegt.

Ich beantrage daher die Aufhebung und Ungültigkeitserklärung des oben erwähnten Salomonischen Urteils. Meine Mandantin ist bereit, vor dem Königlichen Gerichtshof unter Eid zu erklären, daß sie sich mit ihrem damaligen Aufschrei von jeder verwandtschaftlichen Bindung an das fragliche Kleinkind für alle Zeiten distanziert hat.

Sollte meinem Antrag nicht stattgegeben und der Punker nicht jener anderen Frau, seiner wirklichen Mutter, zugesprochen werden, behält sich meine Mandantin vor, den widerwärtigen Bengel, mit dem sie nichts zu tun haben will, vor die Tür zu setzen.

Daraus lernen wir, daß Mutterliebe keine Grenzen, aber manchmal ein Ende hat, besonders wenn der Sohn eigentlich älter ist als die Mutter.

SABINE
ODER HEIRATE DEINE MUTTER

Der Tatort ist ein Straßencafé. Er sitzt allein und nervös an einem Tisch, plötzlich springt er auf und winkt:

Er: Mutter, Mutter, hier bin ich ... Mutter! Mutter! ...

Eine attraktive Frau nähert sich, sie trägt einen Hosenanzug, Sonnenbrille und einen Greta-Garbo-Hut:

Sie: Wie oft habe ich dich schon gebeten, mich nicht Mutter zu nennen, wenn wir unter Leuten sind! Schließlich habe ich einen Namen.

Er: Verzeih, das vergesse ich immer.

Sie setzt sich.

Sie: Du bist ein gräßlicher Kerl! Gib mir Feuer, bitte.

Er zündet ein Streichholz an.

Sie: Warum bist du so nervös?

Er: Ich habe ein Rendezvous.

Sie: Du solltest dich zusammenreißen. Schließlich bist du kein kleiner Junge mehr. In deinem Alter war dein Vater schon zum zweitenmal verheiratet.

Er: Das ist genau das, was ich ...

Sie: Wenn sich die Leute nach dir erkundigen, schäme ich mich in Grund und Boden. Mein 30jähriger Sohn, der Junggeselle. Wir hatten noch nie einen Junggesellen in der Familie, außer einem Cousin in Paris, und sogar der war verheiratet.

Er: Mutter ...

Sie: Warum machst du das? Warum quälst du mich so?

Er: Verzeih . . .

Sie: Nimm doch diese Kleine, die Karla. Ein nettes, reizendes Mädchen aus guter Familie. Jeder junge Mann würde sich glücklich schätzen, mit ihr verheiratet zu sein. Aber ausgerechnet ich muß einen so mißratenen Sohn haben.

Er: Ich bin nicht mißraten. Ich will Karla ja heiraten.

Sie: Sie heiraten?

Er: Ja.

Sie: Karla?

Er: Ja.

Sie: Wozu in aller Welt?

Er: Wir lieben einander, Mutter, pardon, es tut mir leid, wir sehen einander täglich. Jetzt muß ich mich aber beeilen, wir haben uns für 12 Uhr verabredet.

Sie: Wohin rennst du? Deinetwegen gehe ich von der Kosmetikerin früher weg. Kannst du nicht wenigstens ein paar Minuten mit deiner Mutter zusammensitzen?

Er: Sie wartet.

Sie: Sei dir dessen nicht so sicher. Hast du den Hund hinausgeführt, bevor du von zu Hause weggegangen bist?

Er: Natürlich.

Sie: Hast du den Tierarzt wegen des Ohrenstutzens angerufen?

Er: Ja, ich habe ihn angerufen, aber er war nicht daheim.

Sie: Das gibt es nicht, daß ein Tierarzt nicht zu Hause ist.

Er: Aber Mutter . . .

Sie: Warum tust du mir das an? Ist es wirklich so schwer, mich beim Namen zu nennen?

Er: Schön, ich werde dich beim Namen nennen.

Sie: Ich will es hören!

Er: Frau Fleischer.

Sie: Beim Vornamen!

Er: S ... S ... Sabine ...

Sie: Na siehst du.

Er: Es ist fast zwölf. Ich komme zu spät.

Sie: Warum mußt du ihr nachlaufen? Laß doch sie dir nachlaufen! Glaub mir, das ist viel besser. Warum starren mich alle so an!

Er: Wer starrt?

Sie: Merkst du das denn nicht? Es ist wahrscheinlich mein neuer Hut, glaubst du nicht auch?

Er: Ja, er ist reizend, ganz reizend, er macht dich um zehn Jahre jünger.

Sie: Psst! Es täte dir nicht weh, taktvoller zu sein, selbst wenn du ein Kompliment machst. Möchtest du mir nicht einen Eiskaffee bestellen?

Er: Ich muß gehen. Es ist nicht fair, Karla warten zu lassen.

Sie: Laß sie doch warten, es wird sie nicht umbringen. Wer hat dich in diese Welt gesetzt, sie oder ich? *(ruft)* Oskar! Eiskaffee und Coupe Danmark.

Er: Mir auch ...

Sie: Warum schaust du ständig auf die Uhr?

Er: Du hast selbst gesagt, Mutter ...

Sie: Herrgott!

Er: Du hast selbst gesagt ... Sabine, ... daß Karla sehr süß ist und aus einer guten Familie kommt.

Sie: Was für eine gute Familie? Wer hat gesagt, daß sie aus einer guten Familie kommt? Kenne ich dieses Mädchen?

Er: Es ist Viertel nach zwölf. Ich habe das Gefühl, daß sie ungeduldig wird ...

Sie: Diese Hitze bringt mich noch um. Oskar, ich bitte Sie.

Er: Wenn ich jetzt nicht gehe, wird sie gekränkt sein ...

Sie: Daran geht die Welt nicht zugrunde. Es ist schon passiert, daß Leute ein paar Minuten zu spät gekommen sind. Würdest du mir vielleicht zuhören, wenn ich mit dir rede, ja? Wie oft habe ich dir schon einen guten Rat gegeben, und es hat sich herausgestellt, daß ich hundertprozentig recht hatte? Wie oft?

Er: Immer. Es ist bereits zwanzig nach zwölf ...

Sie: Wer zum Teufel hat dir ein Feuer unterm Hintern angezündet?

Er: Niemand. Karla und ich hatten einfach eine Verabredung für 12 Uhr ...

Sie: Es wird noch viele Karlas geben, viele andere Karlas. Sie ist nicht die einzige Karla auf der Welt!

Er: Du hast mir selbst gesagt, ich soll sie heiraten.

Sie: Heiraten, ja, aber deshalb brauchst du nicht so rücksichtslos zu sein. Warum dich kopfüber in etwas hineinstürzen? Brauchst du unbedingt eine Frau an deiner Seite, die dir sagt, was du tun sollst und was nicht? Wozu brauchst du das? Wie oft habe ich dich vor den Frauen gewarnt? Sie wollen einzig nur die Männer beherrschen. Ihr Egoismus, ihr selbstsüchtiger, krankhafter, pathologischer Egoismus, mit dem sie einen Mann eisern im Griff halten, was weißt du schon davon? Außerdem bist du noch immer ein junger Mann. Unterhalte dich, mach dir einen Spaß aus dem Leben.

Er: Ich bin fast 33.

Sie: Ich habe dich gebeten, in der Öffentlichkeit kein Alter zu erwähnen.

Er: Ich spreche von meinem Alter.

Sie: Wir sind verwandt!

Er: Schon gut, es hat ja niemand gehört ... Was werde ich nur Karla sagen?

Sie: Sag ihr gar nichts! Sag ihr: »Ich bin zehn Minuten mit meiner Mutter zusammengesessen. Ich habe zehn ganze Minuten meines Lebens meiner eigenen

Mutter geschenkt, die mir ihr ganzes Leben geopfert hat, die mich gepflegt hat, wenn ich krank war, meiner Mutter, die mich durch alle die schweren Jahre geleitet hat.«

Er: Mutter . . .

Sie: Ich bringe dich um!

Er: Entschuldige, Sabine.

Sie: Erinnere dich, als du die Masern hattest, bin ich drei Tage und drei Nächte lang nicht von deiner Seite gewichen. Erinnerst du dich?

Er: Nein, ich erinnere mich nicht.

Sie: Siehst du! Und du fragst mich, was du Karla sagen sollst? Bist du ihr etwas schuldig? Was für eine Unverschämtheit! Wer ist sie denn schon?

Er: Was hast du gegen sie?

Sie: Ich habe sie satt!

Er: Du hast gesagt, daß du Karla nicht einmal kennst.

Sie: Ich sie nicht kennen? Oh, ich kenne sie sehr gut, zu gut! Ich kenne alle die billigen Tricks, die sie in petto hat, um dich einzufangen, mein armer Liebling. Hinter diesem unschuldigen Gesicht mit diesen grünen Augen und den roten Haaren . . .

Er: Das ist Doris.

Sie: Die auch! Alle miteinander! Ich kenne sie, mit ihren Minis, ihren Sonnenbrillen, mit ihren lächerlichen Hüten. Mich können sie nicht zum Narren halten. Ein Mutterherz durchschaut alle hübschen Worte und das ganze schöne Getue. Ein Mutterherz weiß alles.

Er: Karla hat kein Wort gesagt . . .

Sie: Das hätte mir noch gefehlt! Ist es nicht genug, daß sie mir das Einzige rauben will, das ich in diesem elenden Leben noch habe? Daß sie um dich herumtanzt und sich wie eine Vogelscheuche anmalt, nur um einer Mutter den Sohn wegzunehmen, die letzte Stütze, die sie noch hat? Was liegt ihr schon daran, dieser Prostituierten, wenn sie mich zu einer Großmutter macht. Heiraten, um jeden Preis heiraten, das will sie. Und du Dummkopf, du hast keine Ahnung, was sich abspielt . . .

Er: Sprich nicht so, du weißt, daß das nicht wahr ist. Mutter, ich steh' sofort auf und gehe. Die Leute hören zu, Mutter, sie können alles hören . . .

Sie: Laß es sie ruhig hören. Für mich gibt's sowieso keine Freude mehr im Leben. Nein, nein, nein, ich habe dir noch nicht alles erzählt. Gestern sagte der Arzt zu mir: »Gnädige Frau, Sie sind eine gesunde Frau. Ihr Körper ist eisern, aber Ihr Herz blutet. Sie sind so einsam, von allem ausgeschlossen. Gibt es niemanden, gnädige Frau, keinen einzigen Menschen auf der Welt, an den sie sich um Hilfe wenden können?« *(sie weint)* Ich habe niemanden, Herr Doktor, niemanden . . .

Er *(weint auch)*: Nein, Mutter . . . bitte, ich flehe dich an . . . bitte.

Sie: Nein, nein, du bist nicht mehr derselbe. Es hat eine Zeit gegeben, es ist noch gar nicht so lange her, da warst du fünf Jahre alt, wie hast du da darauf bestanden, wie hast du gebettelt, daß ich bei dir bleibe, bis du einschläfst. Wie hast du dich verändert! Gott im Himmel, wie hast du dich verändert . . .

Er: Ich habe mich nicht verändert. Alles ist genauso, wie es war.

Sie: O nein, Karla »wartet« auf dich.

Er: Sie ist schon längst weggegangen.

Sie: Geh nur, es ist nicht höflich, zu spät zu kommen. Ich bleibe hier, einfach nur mit mir allein. Keine Angst, ich gehe schon nicht verloren. Wie viele einsame, alleinstehende Menschen gibt's doch auf der Welt, ich werde eben einer von ihnen werden. Ich werde einfach nur dasitzen, in meinem kleinen Winkel, und meinen Erinnerungen leben . . . Gib mir ein Taschentuch . . .

Er *(gibt ihr das Taschentuch)*: Nein, ich werde immer bei dir bleiben . . . Ich werde dich nie verlassen . . .

(nimmt ihr das Taschentuch wieder weg und schneuzt sich) Nie ...

Sie: O nein, ich will dich nicht beeinflussen ...

Er: Ich bin nicht beeinflußt ... Es ist mein freier Wille ...

Sie: Gut, wenn das so ist. Aber ich will dich nicht zwingen. Sag, zwinge ich dich?

Er: Nein ...

Sie: Ja, du mußt dich selbst entscheiden ... Komm, mein Sohn ... Gehen wir nach Hause ...

Er: Ja, Sabine ... Entschuldige, Mutter ...

Sie: Komm, gehen wir ... Du bist ein braver Junge ... ein sehr braver Junge ...

Er *(führt seine alte Mutter hinaus. Sie stützt sich auf seinen Arm, ihr Schritt ist unsicher)*: Vorsicht ... langsam ... immer nur hübsch vorsichtig ... einen Fuß vor den anderen ... gut so Mutti, schön ...

Das Vierte Gebot muß man genau unter die Lupe nehmen. Hier geht es um Nuancen. Es heißt nämlich: »Du sollst« Papi und Mami ehren, nicht: »Du mußt«. Meine aufgeweckten Sprößlinge entdeckten diesen kleinen Unterschied sehr früh und entwickelten zu ihrem Vater ein Verhältnis, das Moses besser nicht zu Ohren kommen sollte.

Renana, meine rothaarige Tochter, hat in dieser Beziehung Spitzenleistungen erbracht. Sie stellte alle Bibelgesetze auf den Kopf und entschied, daß Eltern für die Sünden ihrer Kinder bis ins vierte Geschlecht zu büßen hätten.

Das läßt sich am besten an einer Schlüsselgeschichte erläutern. Es ging nämlich um Autoschlüssel, die sich Renana bis Mitternacht ausgeborgt hatte und die sie mir auch, verläßlich wie sie ist, auf die Minute genau zurückgab. Leider ohne Auto.

Sie hatte nämlich vergessen, die Türen zuzusperren, um den Beginn von »Batman II« nicht zu versäumen. Teile meines Wagens wurden am nächsten Tag auf einem Schrottplatz bei Jericho gefunden, und die Versicherung zahlte auch für die Teile, die nicht gefunden wurden, aber ich war wütend und hielt mit meiner Empörung nicht hinter dem Berg.

»Was willst du von mir?« antwortete das reizende Kind. »Was kann ich denn für vererbte Eigenschaften. Es sind doch schließlich Deine Gene?«

»Aber das ist der Gipfel der Schlamperei«, regte ich mich auf. »Eine unglaubliche Fahrlässigkeit!«

»Was du nicht sagst«, antwortete Renana trocken. »Deine Selbstkritik wird dich noch weit bringen.«

So lernte ich auf schmerzhafte Weise, daß man Kinder nicht mit kleinkarierten Dingen quälen darf. Sonst werden sie aggressiv und pfeifen auf das Vierte Gebot. Und wie schädlich elterliche Haarspalterei sein kann, zeigt folgende Kriegsberichterstattung.

DISZIPLIN FÄNGT BEI DEN ELTERN AN

Der vorletzte unserer leider so zahlreichen Kriege, der vor einem runden Dutzend Jahre stattfand, hinterließ bei meinem halbwüchsigen Sohn Amir deutliche Spuren. Unter dem Eindruck der historischen Ereignisse weigerte sich das aufgeweckte Kind zum Beispiel, fortan seine Zähne zu putzen. Auch den Friseurbesuch lehnte es mit dem überzeugenden Argument ab, in einer Zeit, in der unsere tapferen Krieger für uns kämpften, dürfe man sich nicht mit solchen Lappalien beschäftigen. Der völlige Verzicht auf Mundhygiene beunruhigte uns nicht sehr, denn auch Gelb ist eine hübsche Farbe. Was aber die rote Mähne unseres Sprößlings betraf, so ließ sich der Pony, unter dem er mühsam hervorblinzelte, eigentlich nur mit dem eines reinrassigen Hirtenhundes in der Wintersaison vergleichen. Während jedoch Hunde die schlechte Sicht durch ihren Geruchssinn ausgleichen, tapste unser Sohn wie blind herum.

»Ephraim«, sagte die beste Ehefrau von allen, »dein Sohn sieht bereits aus wie Mowgli aus dem ›Dschungelbuch‹, als er von den Wölfen großgezogen wurde.«

Der kleine Wolf aber hatte unumstößliche ideologische Prinzipien: Kein Frieden – kein Haarschnitt. Ich schlug ihm eine Alternative vor: Haarschneiden bis zum Kriegsende, kein Friseurbesuch mehr nach Friedensschluß mit dem Irak. Amir aber war nicht zu erschüttern. Die beste Mami und ich standen vor einer schwierigen Entscheidung. Einerseits wollten wir aus pädagogischen Gründen den Willen des zarten Kindes nicht brechen, denn er schlägt zurück, andererseits lehnen wir einen Penner in der Familie ab.

Bereits vor dem Jom-Kippur-Krieg war es mit Amir nicht leicht gewesen. Wenn ich mich nicht irre, hatte Amir schon im Alter von sechs Jahren, ganz in der Tradition der weltweiten Anti-Alles-Bewegung, eine innere Abscheu gegen jede Art von Scheren. Das ging soweit, daß er um jede Locke, die von seinem Köpfchen fiel, trauerte, als wär's die letzte. Auch Marathoneinkäufe im Spielzeugladen halfen schließlich nicht mehr.

»Der Sohn eines Schriftstellers«, sagte seine Mutter mit erhobenem Zeigefinger, »muß kurze Haare tragen.«

»Warum?« fragte Amir zu Recht.

Wie ein Todeskandidat saß Amir dann beim Friseur, und der waidwunde Blick seiner großen Augen wird uns Zeit unseres Lebens verfolgen. Ein wenig entschädigte uns, daß er, als er vom Folterstuhl stieg, zum ersten Mal wieder einem normalen Kind ähnelte. Vor der Tür aber kehrte Amir noch einmal um und trat dem Friseur zweimal kräftig gegen das Schienbein. Wir hielten uns raus.

*

Und dann kommt dieser Krieg.

Die Fernsehberichte kamen Amir wie gerufen. Siegestrunken deutete er auf die Soldaten:

»Seht ihr, die waren auch nicht beim Friseur!«

Das konnten wir leider nicht abstreiten, denn selten wurde ein Krieg von derart langhaarigen Soldaten geführt. Es lag sicher an der Eile, mit der man unsere Reservisten eingezogen hatte. Die wilden Haarbüschel quollen unter den Helmen unserer tapferen Kämpfer hervor, ohne Rücksicht auf die geplagten Eltern Amirs, ganz zu schweigen davon, daß die blutjungen Samsons auch völlig unrasiert im Fernsehen auftraten. Kein Wunder, daß das Kind beeindruckt war. Mein Schwiegervater versuchte, wirtschaftliche Repressalien einzusetzen:

»Wenn du dir die Haare nur ein bißchen schneiden läßt«, wollte er seinen Enkel überreden, »kaufe ich dir ein Tierlexikon.«

»Nein«, antwortete Amir, »ich will die Haare.«

Wir legten ein Fahrrad oben drauf. Das Kind zögerte einen kleinen Augenblick und entschied dann in unsere atemlose Spannung hinein:

»Kommt nicht in Frage.«

Die Lage war ernst.

»Diesmal wird er kämpfen«, prophezeite die Beste. Sie behielt wieder einmal recht. Als wir ihn mit der tatkräftigen Unterstützung meines Schwagers auf dem Badezimmerhocker festbinden wollten, lieferte das zerbrechliche Kind einen verzweifelten Kampf und schaffte es, uns mit seinem haarsträubenden Gebrüll zu vertreiben. Immerhin war der erste Schritt getan, denn wir hatten es ihm endlich einmal gezeigt oder es zumindest probiert.

*

Nach dem Vorfall im Badezimmer provozierte uns Amir, wo er konnte. Er kämmte sich die Locken in die Augen und verkroch sich stundenlang im Schrank. Ich versuchte ein versöhnendes Gespräch von Familienvater zu minderjährigem Sohn:

»Warum läßt du dir die Haare nicht schneiden, mein Liebling?«

»Weil ich sie lang will.«

»Warum?«

»Weil der liebe Gott es so möchte.«

»Dann bist du wohl auch dafür, die Fingernägel wachsen zu lassen?«

»Natürlich. Schließlich ist Krieg.«

»Wenn du die Haare so lang trägst«, nahm ich einen neuen Anlauf, »werden die Leute glauben, du bist ein Mädchen.«

»Na und?«

»Du bist aber doch ein Junge.«

»Muß ich dafür bestraft werden?«

Das Gespräch war nicht sehr aufschlußreich.

Die Beste und ich verzogen uns in die Küche und entschieden uns für den letzten Ausweg, Narkose: Eine

164

durchaus natürliche Lösung, die auch vom Logistischen her einleuchtete: Papi packt Amir von hinten und hält ihn fest in seinen Armen, während Mami dem aufgeweckten Kind ein mit Äther getränktes Tuch auf Näschen und Mündchen preßt. Danach bleiben uns zehn Minuten, das Werk mit der Schere zu vollenden. Man könnte ihm bei dieser Gelegenheit auch die Zähne putzen oder frische Socken anziehen. Mal sehen. Schließlich sind wir im Krieg.

Amir, der hochintelligente Sprößling, roch die Gefahr. Er schlich nur mehr an der Wand entlang durchs Haus. Vielleicht war er bewaffnet. Die Entscheidung würde in den nächsten Tagen fallen. Noch war alles offen . . .

*

Inzwischen aber sind die Jahre ins Land gegangen, und der Frieden mit unseren Nachbarn steht hoffentlich vor der Tür. Vorgestern klagte der Physiker Dr. Amir Kishon darüber, daß ihm die Haare so stark ausgehen.

Man kann nicht umhin festzustellen, daß im Vierten Gebot immer nur von Vater und Mutter die Rede ist. Als ob es keine Großeltern gäbe. Dabei hat doch jeder Vater selbst mindestens ein oder zwei Väter. Sonst gäbe es ihn schließlich nicht.

Großeltern sind ein wichtiges Glied in der Familienkette und garantieren, daß die längst vergessenen Uralttraditionen nicht untergehen. Darum auch ihnen alle Ehre, wie es das Vierte Gebot befiehlt, auch wenn wir selbst dabei untergehen.

DER ARCHAISCHE GROSSVATER
ODER SCHONZEIT FÜR REGENSCHIRME

Es war einmal eine Großfamilie, die in einer ziemlich engen Wohnung hauste. Sie bestand aus Vätern und Müttern, Kindern und Enkeln und einem Großvater. Sie alle lebten glücklich und in Eintracht, obwohl Großvater schon 529 Jahre alt war und einige Macken hatte, die in diesem Alter jedoch nicht ungewöhnlich sind.

Großvater hatte zum Beispiel ein Zimmer, in das niemand hineindurfte. Deshalb war dieses Zimmer in den letzten 200 Jahren auch nicht mehr sauber gemacht worden. Auch die Fensterläden waren immer geschlossen. Großvater fühlte sich eben nur in seinem dunklen Kämmerchen wohl. Mühsam war nur, daß er auch von den anderen Familienmitgliedern verlangte, die Fensterläden vor der verdammten Sonne zu schließen, die sich seiner Meinung nach nicht nur um die Erde drehte, sondern auch die Nacht verkürzte. Er verbot auch elektrischen Strom im Hause, denn Großvater hatte schließlich anno 1465 das Licht der Welt erblickt, und damals war Kerzenlicht in Mode gewesen.

Die Familie litt schwer unter Großvater, aber niemand wagte, ihm zu widersprechen, da der kleinere, erst 400jährige Bruder Großvaters immer ein wenig Geld aus dem Ausland schickte. Man tröstete sich: »Nur Geduld. Wir sind jung, er ist alt. Irgendwann wird uns Großvater ja doch einmal, Gott behüte, verlassen.«

Nein, es war nicht einfach, mit Großvater auszukommen. Er hatte recht sonderbare Ansichten, und war man damit nicht einverstanden, so fluchte er ganz schrecklich, zertrümmerte Fensterscheiben und verbrannte die Möbel. Er verbot der Familie auch Kartoffeln zu essen, da sie in seiner Jugend noch nicht entdeckt worden waren. Und er verlangte, daß bei Regen niemand auf die Straße gehen dürfe, damit die Regenschirme nicht naß würden. Viele Familienmitglieder, gelobt sei ihr Andenken, hatten sich lebenslang getröstet: »Wozu mit ihm streiten, die Zeit arbeitet für uns . . .«

Kürzlich erst ordnete Großvater an, seine Urenkel in Einmachgläsern aufwachsen zu lassen, damit sie nicht zu groß würden und sich etwa den Kopf am Türrahmen stießen. Als die Eltern dagegen protestierten, schickte Großvater seinem kleinen Bruder ein Fax und informierte ihn über den Familienaufstand. Der Bruder stellte sofort die Zahlungen ein und verlangte eine umgehende Rückzahlung aller bisherigen Überweisungen. Die Familie verzweifelte jedoch nicht. »Wozu mit Großvater streiten?« sagten sie. »Dann ziehen wir eben eine Generation in Einmachgläsern auf. Irgendwann wird er ja doch einmal das Zeitliche segnen.«

Und sie sitzen noch immer im Dunkeln, essen heimlich Kartoffeln, ziehen Kinder in Einmachgläsern auf und warten und warten und warten . . .

V. DU SOLLST NICHT TÖTEN

Kein Zweifel, hier haben wir es mit dem elementarsten, ja mit dem unerläßlichsten Gebot zu tun, das Moses erlassen hat. Ohne das Fünfte Gebot wäre das Überleben der menschlichen Rasse vermutlich in Frage gestellt worden, denn Onkel Kains Erben lernten überraschend schnell, wie praktisch Töten ist, wenn jemand eine andere Meinung hat. Wie weise war Gott doch, dieses Gebot als das fünfte in die Mitte zu stellen, um so seine Hauptrolle in der Geschichte der Menschheit zu unterstreichen.

Ein Glück nur, daß der Herr nicht ins Kino geht. Aber um diese Tatsache wirklich schätzen zu können, muß man weiterlesen.

SPIEL MIR DAS LIED VOM TOD

Gestatten Sie, daß ich mich vorstelle. Soeben mache ich einen Abenteuerfilm, betitelt »Wo sich die Adler paaren«. Es ist eine der kühnsten Unternehmungen in der Geschichte unserer Filmindustrie, geschrieben und inszeniert von mir, finanziert durch eine Regierungssubvention. Die Handlung beruht auf einer wahren Geschichte aus meiner Phantasie. Ein israelischer

171

Kommandotrupp sprengt die Raketenbasis von Tanger und kehrt ohne Verluste ins Atelier zurück, was gar nicht so einfach ist, denn die Schauspieler müssen Ägypten, Libyen und Algerien zu Fuß durchqueren. Aber dafür zahle ich ihnen ja auch ein Vermögen.

Bei den ersten Szenen ging alles glatt. Der Kommandant des Kommandotrupps, Jarden Podmanitzki in der Rolle des grimmigen Grischka, rief seine Leute zusammen und führte sie durch die Sahara, für die der Kibbuz Ejn-Schachar im Negev als Double einsprang. Am vierten Tag kam Podmanitzki vor meiner Hütte an, trat ein und sagte:

»Morgen muß ich nach Tel Aviv zurück.«

»Verrückt geworden?« fragte ich. »Sie sind der Kommandant. Morgen geraten Sie in einen feindlichen Hinterhalt, das wissen Sie doch.«

»Tut mir leid. Die Sekretärin der Theaterdirektion hat vorhin eigens angerufen. Wir beginnen morgen mit den Proben zu ›Hamlet‹. Ich spiele den Geist des Vaters. Auf diese Rolle habe ich ein Leben lang gewartet.«

»Sie wollen also kontraktbrüchig werden?«

»Ich will nicht, ich muß. Ich bin Mitglied eines Kollektivs. Wenn ich kann, komme ich wieder. Alles Gute.«

Damit entfernte er sich in nördlicher Richtung.

Ich beschloß, die Dreharbeiten planmäßig weiterzuführen und nur in den Dialog einen Satz einzufügen, eine kurze Erklärung für das plötzliche Verschwinden des Truppenkommandanten wegen der »Hamlet«-Proben. Der Dialog fand zwischen einem Sergeanten namens Trippoli und dem Funker statt.

Funker: »Wir nähern uns Tanger. Aber Grischka ist nirgends zu sehen. Wo steckt er?«

Sergeant Trippoli (mit vielsagendem Lächeln): »Er wird rechtzeitig da sein, verlaß dich auf ihn . . .«

Leider konnte man sich nicht auf ihn verlassen. Noch

in der Nacht rief Podmanitzki mich an. Das Kollektiv hatte eine zusätzliche Rolle für ihn erarbeitet, und zwar den Geist des Großvaters, für die er den Text selbst schreiben sollte. Damit hatte er das Wochenende über zu tun.

»Podmanitzki«, sagte ich, »Sie sind entlassen.«

Er wollte noch wissen, welche Abfindung ich ihm zahlen würde, aber ich ließ mich auf keine Diskussion ein und legte auf.

Meine Lage war selbst für nahöstliche Begriffe schwierig. Laut Drehbuch sollte die ganze Einheit ohne Verluste zurückkehren, aber als ich es schrieb, hatte ich nicht mit »Hamlet« gerechnet.

Es gab nur eine einzige Lösung, Grischka mußte sterben. Um seinen Tod künstlerisch zu gestalten, forderte ich bei der Requisite einen jüngeren Aasgeier an, der schaurig krächzend in den Lüften kreisen und dann herunterstoßen sollte.

Podmanitzkis Tod wurde vom Sergeanten Trippoli mit einem neuen Text gemeldet:

»Sie haben Grischka getötet, das werden sie teuer bezahlen!«

Und dazu hob er wie zum Schwur seine nervige Rechte.

Dann setzte der Kommandotrupp den vorgesehenen Weg durch die Wüste fort, geführt von Zipi Weinstein als der Tochter des Beduinenscheichs, die sich ursprünglich in Grischka und jetzt nach seinem Heldentod in Sergeant Trippoli verlieben sollte. Der Trupp durchquerte die Sahara und war erschöpft, aber mit ungeminderter Kampfeslust soeben im Kibbuz angekommen, als auf einem Sandhügel Grischka erschien und uns zurief:

»Das Ganze halt! Der Regisseur hat Grippe! Ich bin bis Dienstag beurlaubt!«

»Ihr Pech, Podmanitzki«, rief ich zurück. »Sie sind gestern gefallen. Der Aasgeier ist schon bestellt.«

Dann fiel mir ein, daß Podmanitzki für diesen Film eine enorme Gage bekam und daß es reine Geldverschwendung wäre, ihn nicht voll einzusetzen. Da sein Tod bereits abgedreht war, entschied ich, er sollte auch für uns einen Geist spielen, der das Lagerfeuer seiner einstigen Kameraden umschwebt und ihnen den richtigen Weg durch die Sahara zeigt.

Im übrigen war Podmanitzki genau im richtigen Augenblick eingetroffen, denn Trippoli war noch nicht aus Eilat zurück. Er war der Publikumsliebling und spielte immer gleichzeitig in mindestens drei Filmen mit. Augenblicklich begann er seine Tätigkeit kurz vor Mitternacht in Galiläa, traf in der Morgendämmerung bei uns ein, drehte bis Mittag und wurde dann vom Jeep eines amerikanischen Fernsehteams nach Eilat abgeholt, wo er bis Mitternacht vor der Kamera stand. Heute war er auf dem Weg von Galiläa zu uns abhanden gekommen, vielleicht eingeschlafen oder von Beduinen entführt worden, wer konnte das wissen. Jedenfalls mußte ich ihn töten.

Ein Mitglied der Kommandoeinheit, im Hauptberuf Kuhhirt und vom Kibbuz zur Verfügung gestellt, übernahm die Aufklärung:

»Leute«, sagte er mit gepreßter Stimme, »Sergeant Trippoli ist gefallen.«

»Er hat unsern Rückzug gedeckt«, ergänzte ein anderer in Großaufnahme. »Er ganz allein. Er hat bis zur letzten Kugel gekämpft.«

Erst jetzt fiel mir auf, daß ich nach Grischkas und Trippolis tödlichem Abgang keinen einzigen bekannten Schauspieler mehr in der Produktion hatte. Aber dagegen ließ sich nichts mehr machen.

Die nächste Szene war sehr wirkungsvoll. Zipi Weinstein trat hinter einem Sandhügel hervor und stellte sich den Soldaten in den Weg: »Ich übernehme die Führung«, sagte sie in militärisch knappem Ton. »Mir nach!«

Damit war das Kommandoproblem provisorisch gelöst, nicht aber das Problem ihres Vaters, des edlen Beduinenscheichs. Kurz entschlossen ließ ich ihn statt des gefallenen Trippoli hinter dem Hügel hervortreten.

»Kapitän Lollik Tow, Jerusalem«, stellte er sich vor und nahm die Kefiah vom Kopf. »Gegenspionage. Vorwärts!«

Und an allem war nur Trippoli schuld, der vermutlich in irgendeiner Raststelle schnarchte.

Immerhin waren die Reihen der tapferen Krieger jetzt wieder vollzählig, an ihrer Spitze die neue Kommandantin Zipi Weinstein. Die Wüstensonne aber brannte herab, und am Abend hatte Kapitän Lollik Tow einen Sonnenstich.

»Für den Film«, entschied ich, »hat er keinen Sonnenstich, sondern Malaria. Er wird dem Trupp auf einer Bahre vorangetragen.«

Der Kuhhirt und der Funker übernahmen diese anstrengende Aufgabe, gaben aber rasch auf. Der Gegenspionage-Kapitän war ihnen zu schwer und hörte nicht zu fressen auf.

Es half nichts, auch Lollik Tow mußte dran glauben. Kleine Änderung im Drehbuch und ein Dumdum-Geschoß tötete ihn aus dem Hinterhalt.

Die Tochter warf sich über die väterliche Leiche und schluchzte herzzerreißend, mitten in der Szene wurde sie aber von den verzweifelten Rufen eines plötzlich auftauchenden Managers abberufen:

»Fräulein Weinstein! Wo stecken Sie, Fräulein Weinstein? Ihr Solo! Wir warten auf Sie! Schnell, schnell!«

Wie sich herausstellte, hatte Zipi Weinstein inzwischen bei einer neuen jemenitischen Tanzgruppe in Haifa angeheuert. Auch sie, sagte mir eine innere Stimme, würde ich bei unseren Dreharbeiten nie wieder sehen. Folklore schlägt Film.

Ich beförderte sie durch einen tödlichen Sturz von einem nahe gelegenen Felsen ins Jenseits. Natürlich konnte man sie nicht wirklich stürzen sehen, weil sie ja bereits in Haifa war. Also verlegte ich die Kamera ins Kommandozelt, wo man von fern den Todesschrei einer weiblichen Stimme hörte. Kurz darauf trat mit gesenktem Kopf der Kuhhirt ein:

»Sie hat sich zu weit vorgewagt ... aber sie mußte nicht lange leiden ... ihr letztes Wort war Tanger.«

An dieser Stelle machte der Funker die freche Bemerkung, daß wir ausgezeichnete diplomatische Beziehungen zu Spanien hätten, warum dann in Tanger Raketenbasen sprengen? Ich brachte den drittklassigen Komparsen, dem ich eine geradezu lächerlich hohe Gage zahlte, durch einen tödlichen Blick zum Schweigen.

Für Zipi schrieb ich ein würdiges Begräbnis ins Drehbuch. Begräbnisse kommen immer gut an. Man kann sie auch ohne Schauspieler drehen. Grischkas Geist hielt die Grabrede, die ich, meine Schreibmaschine auf den Knien, noch rasch gedichtet hatte.

Nach dem Begräbnis nahm mich Grischka beiseite:

»Ich habe nachgedacht«, erklärte er. »Meine Rolle als Geist gefällt mir nicht. Wer stirbt schon gerne unsichtbar. Es wäre vom dramatischen wie vom filmgeschichtlichen Standpunkt besser, wenn ihr mich im Wüstensand begrabt. Eine Art neuer Moses, dem es nicht mehr vergönnt war Tanger zu erreichen.«

»Podmanitzki«, unterbrach ich ihn, »was soll das?«

»Mein Sohn bekommt morgen vormittag das Abgangszeugnis vom Kindergarten, und ich habe ihm versprochen, dabei zu sein. Lassen Sie mich heute nacht endgültig sterben. Ich werde Ihnen mein Leben lang dankbar sein.«

Ich geriet außer mir:

»Wollen Sie mir um Gottes willen sagen, wer eigent-

lich Tanger erobern soll, wenn mir alle Eroberer weg-
sterben?«

»Das Kind«, fuhr Podmanitzki fort, »hat eigens für
diese Feier ein Gedicht auswendig gelernt.«

»Hol Sie der Teufel!«

Der Teufel holte ihn in Gestalt einer Mine, mit der
ich Grischka endgültig den Garaus machte.

Als auch Podmanitzkis Geist von uns gegangen war,
fühlte ich plötzlich eine neue, verhängnisvolle Lust. Mein
Blick fiel auf den für fünf Drehtage engagierten Funker. Es scheint ein unheilverkündender Blick gewesen
zu sein, denn er verkroch sich zitternd hinter einem ro-
stigen Weinfaß, das in der Ecke des Produktionsbüros
stand. Ich ging langsam auf den Funker zu.

»Nein«, flüsterte er mit angstverzerrtem Gesicht.
»Nein, das können Sie mir nicht antun ... Ich habe noch
für zwei Tage Vertrag ... Ich bin jung ... Ich will leben!
N-e-i-n!«

Am nächsten Tag ließ ich ihn in der Wüste verdur-
sten. Ein grausamer Tod, gewiß, aber wer sich mir gegenüber auf Verträge beruft, verdient kein Mitleid.

Jetzt war nur noch der Kuhhirt übrig.

»Tanger!« stieß er hervor, während die Kamera sich
auf den Wasserturm des Kibbuz richtete. »Tanger!« Und
mit scharfer Kommandostimme rief er sich selber zu:
»Mir nach!«

In diesem Augenblick, kurz vor der Einnahme der
Raketenbasis, wurden wir von der Leitung des Kibbuz
brutal unterbrochen. Der Kuhhirt würde dringend im
Stall gebraucht, wo ihn zwei Kühe mit geschwollenen
Bäuchen erwarteten.

»Freunde«, beschwor ich das Kibbuzsekretariat, »laßt
ihm doch wenigstens Zeit für einen ehrenvollen Abgang.«

Ungern erfüllte man meine Bitte. Eine der in Tanger
so seltenen Giftschlangen biß meinen einzigen Überle-

benden ins Bein. Ich selbst, als UN-Beobachter verkleidet, gab ihm das letzte Geleit in der Wüste. Außer mir nahm nur noch der Kibbuzkoch, der zufällig einen freien Tag hatte, am Begräbnis teil.

Im Synchronraum mischte ich noch ein paar Kanonensalven dazu, auf dem Hügel oben stand Grischkas Geist habtacht, denn der Kindergarten hatte die Feier aufs Wochenende verschoben, und hoch in den Lüften kreiste ein schaurig krächzender Geier.

Ich änderte den Titel des Films in »Das Geisterkommando«. Die Kritiker, die ich zu einer ersten Vorführung einlud, weinten den ganzen Film hindurch und überschlugen sich danach in Lobeshymnen. Daß kein einziger Mann das Ziel erreichte, daß alle Helden grausam getötet wurden, meinten die Filmhistoriker, hätte dem Film zu einer symbolischen Aussage verholfen und ihn zu einem bewegenden menschlichen Dokument gemacht.

Wie gesagt, ein Glück, daß der Herr nicht ins Kino geht.

C herchez la femme«, sagen die Modezaren und tatsächlich, was hätten sie ohne Adams Rippe angefangen. Oder ohne die Möglichkeit, Evas unbekleidete Rippe als Blickfang zu benutzen. Das gilt natürlich ebenso für die Kosmetikproduzenten und die Schuhfabrikanten. Erfahrungsgemäß sterben alle Frauen gleich gern für Schuhe, die in der Farbe zu ihrer Tasche passen. Manchmal sterben auch die Männer. Ungern.

DER HERR
HAT DEN SCHUHLÖFFEL BEREITS ABGEGEBEN

Die Menschenschlange vor der Bushaltestelle reicht
bis zum Schaufenster eines Schuhgeschäfts. Ein
junges Paar steht vor der Auslage. Die Frau betrachtet
die Schuhe, der Blick ihres Gatten verliert sich irgendwo im blauen Nichts.

»Wie gefallen dir diese hübschen grünen dort«, sagt sie.
»Die Farbe würde genau zu meiner neuen Handtasche
passen, aber die Stöckel sind zu niedrig, und ich würde
mir zu klein vorkommen, schau, diese roten dort drüben
wären nicht schlecht, es ist nur schade, daß die Schnalle
auf der Seite ist, außerdem gefallen mir diese schwarzen
dort drüben viel besser, obwohl sie aus Wildleder sind,
und Wildleder wirkt nach kurzer Zeit so schäbig, daß man
sich nicht mehr unter die Leute trauen kann, aber dieses
gelbe Paar da drüben mit dem grauen Futter würde mir
doch gut passen, wenngleich ich wetten könnte, daß sie
sie nicht in meiner Größe haben, ich werde es nie verstehen, warum sie diese hübschen Schuhe nie in den kleinen
Größen anfertigen, aber schau, diese blauen da drüben,
die wären genau das Richtige, das ist genau die Farbe von
meinem neuen Kaschmirkostüm, aber ich kann diese hohe
Verschnürung nicht leiden, das rutscht beim Gehen immer herunter, darum werde ich mich für diese lila Schuhe
mit der Kreppsohle entscheiden, obwohl Kreppsohlen in
der Hitze nicht angenehm zu tragen sind, schade, diese
braunen dort in der linken Ecke dürften aus Lack sein,
wenn man damit in den Regen kommt, bleiben scheußli-
che Flecken, und die silbernen da rechts oben sind besonders lieb, aber die haben so Löcher auf der Seite, und da
bekommt man immer Sand in die Schuhe und kleine Kieselsteine, und diese türkisen da drüben sind auch nicht

gut, weil sie zu flache Absätze haben, überhaupt mag ich
mehr Schuhe, die weniger auffällig sind, wie diese kana-
riengelben dort, die wären bezaubernd, aber die Lasche
hier stört mich, ich versteh' nicht, warum die Schuherzeu-
ger nicht ein bißchen mehr Geschmack entwickeln können, das einzige, was sie interessiert, ist Geld, und diese
weißen da wären auch nicht schlecht, nur ist weiß furchtbar empfindlich und schwer sauber zu halten, und dieses
kreidige Zeug, das man darüber schmiert, das färbt immer auf die Strümpfe ab, und diese giftgrünen da wären
wunderbar, aber ich habe gehört, daß die spitzen Modelle
nicht mehr ›in‹ sind, und überhaupt trägt man demnächst
Schuhe ganz ohne Verzierungen, und hinten kommt irgendein Gummiband hinein, damit man sie beim Gehen
nicht verliert, so wie diese hellblauen dort drüben, aber
ich vertrage den Gummi nicht, und die da mit dem oran-
gefarbenen Knopf sehen ja ganz gut aus, aber die werden
nicht einmal einen Monat lang halten, weil die Stöckel zu
hoch sind, und überhaupt das einzige, wofür ihr Männer
euch interessiert, ist, daß man gut ausschaut darin, wie
man damit geht, ist euch ganz egal, und jetzt komm auf
die andere Straßenseite, weil ich habe drüben bei Rothmann ein unwiderstehliches Modell gesehen, und zwar in
hahnenkammrot, wie meine alte Handtasche mit einem
kleinen Rosenmuster rundherum, was ist mit dir, warum
kommst du nicht, um Gottes willen, was ist passiert, Hilfe, mein Mann fühlt sich nicht gut, das muß gewiß die
Hitze sein, er bewegt sich nicht mehr, würden Sie ihn bitte aufheben und rübertragen zu Rothmann, danke sehr.«

Täglich melden die Zeitungen Flugzeugunglücke, aber die Menschen fliegen weiterhin, als ob nichts geschehen wäre, in der Hoffnung, das Schicksal buche nur Royal Papua Airlines.

Dennoch treffen die Fluggesellschaften alle denkbaren Vorsichtsmaßnahmen, Katastrophen in der Luft zu vermeiden. Auf Katastrophen am Boden sind sie weniger gut vorbereitet.

DRAMA IM KINDERGARTEN
ODER RUFMÖRDER FLIEGEN NICHT

Hier ist endlich der genaue Sachverhalt der dramatischen Ereignisse, die sich kürzlich auf dem Flughafen zugetragen haben und auch in der Presse kurze Erwähnung fanden.

Es war 9 Uhr morgens, als der Kapitän des Jumbos, Hans-Joachim Hierspricht, die Wartungscrew vorsorglich darauf hinwies, daß der Countdown für den Abflug nach New York liefe.

»Beeilt euch, Jungs«, sagte er zu ihnen, »die Passagiere warten.«

Die Arbeiter wurden blaß, ließen die Luft aus den Reifen und wandten sich an Ginzburg.

»Ginz«, sagten sie zum Gewerkschaftssekretär, »der Hansi Hierspricht hat unterstellt, das Schicksal der Passagiere wäre uns scheißegal. Das geht gegen unsere Ehre.«

Auch Ginzburg wurde blaß und berief unverzüglich den Betriebsrat ein. Die Dienstleistungen am Flughafen wurden auf das Notwendigste beschränkt.

»Genossen«, teilte Ginzburg dem Betriebsrat mit, »Kapitän Hierspricht hat etwas an unserer Wartungscrew

181

auszusetzen. Jeder weiß doch, daß für uns das Wohl der Passagiere an allererster Stelle steht. Sie werden mir recht geben, daß dies ein eklatanter Fall von Rufmord ist.«

Es erfolgte eine Abstimmung, und der Betriebsrat bestätigte den Eindruck des Sekretärs mit neun zu acht Stimmen. Der Abflug des Jumbos wurde auf unbestimmte Zeit verschoben. Die 300 Passagiere warteten bereits seit eineinhalb Stunden in der Abflughalle. Um 10 Uhr 30 erklärte ihnen eine Stewardeß, daß die Nackenstützen im Flugzeug noch ausgewechselt werden müßten, man aber gleich abfliegen würde. Um 11 Uhr 30 kam zufällig der Vorsitzende der Flugbegleitergewerkschaft vorbei und regte eine Verhandlung zwischen den Beteiligten an. Ginzburg blieb fest.

»Der Betriebsrat läßt nicht mit sich spaßen«, erklärte er, »der Jumbo fliegt nicht ab, bis sich Hierspricht öffentlich entschuldigt hat.«

Hiersprichts Entschuldigung, schlug er vor, sollte vor dem gesamten Flughafenpersonal, einigen Regierungsmitgliedern, sowie Vertretern der Lufthansa und der El-Al erfolgen, die zu diesem Zweck mit Sonderbussen von München, Berlin und Düsseldorf herbeizuschaffen seien. Weiterhin forderte er, daß der UN ein ausführlicher Bericht über den einmaligen Vorfall vorgelegt wird.

Kapitän Hierspricht wies die Forderungen hohnlachend zurück:

»Entschuldigen?« fragte er. »Wofür? Die sind wohl nicht ganz dicht.«

»Hansi«, warnte Ginzburg, »keine Entschuldigung, kein Flug.«

»Dann eben nicht Ginz!«

Der Kapitän zog sich zu einem kleinen Nickerchen ins Cockpit zurück, und die Wartungsmannschaft spielte eine Runde Volleyball. Die 300 Passagiere lümmelten in ihren Sitzen herum und warteten auf Getränkeboys, während die Tatkräftigen eine Stellungnahme der Flughafendirektion erzwangen. Gegen 14 Uhr 15 bat der Generaldirektor der Fluglinie um eine Aussprache. Ginzburg forderte, der schuldige Kapitän müsse folgendermaßen Abbitte leisten: »Es tut mir sehr, sehr leid.« Hierspricht stimmte der Entschuldigung zu, wehrte sich aber nachdrücklich gegen das zweite »sehr«. »Alles hat seine Grenzen«, sagte er. Um 15 Uhr 30 ging die Wartungscrew ins Kino. »Entweder man nimmt zur Kenntnis, daß uns nichts mehr am Herzen liegt als das Wohl der Passagiere, oder ihr könnt den Flug vergessen.« Um 16 Uhr starb die erste Passagierin, eine ältere kanadische Heiratsvermittlerin, und einige Touristen zertrümmerten die Einrichtung der Abflughalle. Die Fluggäste, die umbuchen wollten, wurden von den Trägern daran gehindert, die sich aus Solidarität weigerten, die Koffer aus dem Jumbo zu holen. Die Verluste der Fluggesellschaft wurden mittlerweile auf 30 Millionen geschätzt. Die Krankenwagen, die das Ehepaar abtransportieren sollten, das sich die Pulsadern aufgeschnitten hatte, kamen nicht, da sich auch die Krankenhäuser im Solidaritätssitzstreik befanden. Um 17 Uhr wurde die Besatzung nach aufreibender Acht-Stunden-Schicht abgelöst. Das Gewerkschaftssekretariat berief eine Notstandssitzung für kommenden Montag ein. Der Verkehrsminister schlug einen Kompromiß vor, der vorsah, daß Hansi erkläre, es täte ihm »wirklich leid«, mit der Betonung auf »wirklich«.

»Lächerlich«, reagierte Hierspricht, »wir sind doch nicht im Kindergarten.«

Bei dieser Gelegenheit erinnerte er an die Gehaltszulagen der Piloten und die bevorstehenden Beförderungen.

Um 19 Uhr 30 hatten sich die meisten Passagiere am Boden zur Ruhe gelegt, so daß man über sie hinwegsteigen mußte. Ein belgischer Wissenschaftler stürzte sich auf Ginzburg, um ihn zu erwürgen, wurde aber von dessen Bodyguards brutal zusammengeschlagen. Einige Passagiere hatten sich zusammengetan und waren in die Imbißhalle eingebrochen, um sie zu plündern. Die Polizei erhielt Verstärkung vom Grenzschutz. Um Mitternacht wurde die Besatzung erneut abgelöst, der Navigator hatte eine beachtliche Summe beim Pokern gewonnen. Auf Anweisung Ginzburgs wurde der Jumbo zerlegt, und man nahm aus Sicherheitsgründen Einzelteile mit nach Hause. Die Verluste beliefen sich auf 1,8 Milliarden Mark. Das Arbeitsministerium bat um eine Stellungnahme des Regierungsjustitiars.

»Aus rechtlichen Gründen kommt eine Schließung des Flughafens und die Eröffnung eines anderen durchaus in Frage«, teilte der Justitiar mit. »Die Alternative wäre, daß die Passagiere auf den Flug verzichten und sich im Lande niederlassen.«

Um 6 Uhr morgens kam die Stunde der starken Hand. Der Staatspräsident schaltete sich ein und bot an, persönlich im Namen der Regierung und ihrer Ministerien, eine Entschuldigung auszusprechen. Ginzburg antwortete höflich aber entschlossen:

»Immer mit der Ruhe, mein Freund«, sagte er dem Präsidenten, »der Hierspricht Hansi hat uns schlecht gemacht, also muß er zugeben, daß uns das Wohl der Passagiere am Herzen liegt.«

Der Präsident bekam einen Weinkrampf. Der Gewerkschaftsboß berief eine Pressekonferenz ein und stellte die ultimative Forderung nach dem 15. Monatsgehalt. Die hungrigen Passagiere versuchten, sich wenigstens an dem Lagerfeuer zu wärmen, für das sie die Einrichtung angezündet hatten. Ein dicker Kaufmann aus Neuseeland war am Morgen spurlos verschwunden. Er hatte sich auf dem Klo aufgehängt. Der Innenminister bot sich als Geisel an, um eine Freilassung der Frauen und Kinder zu erwirken ...

»Wegen ein paar ausgeflippter Passagiere werden wir doch nicht unseren Prinzipien untreu«, war die Reaktion Ginzburgs.

Um 9 Uhr morgens trat die dritte Schicht zum Pokern an. Die Passagiere schlossen Blutsbruderschaft und gründeten den IBzEsF (»Internationalen Bund zum Erschlagen streikenden Flugpersonals«). Um 11 Uhr 30 beugte sich Hierspricht starkem gesellschaftlichen Druck und war bereit, zweimal »Es tut mir leid« zu murmeln, wobei er sich jedoch weiterhin standhaft weigerte, »wirklich« hinzuzufügen. Der Vorstand der Fluglinie bat um die Ernennung eines Konkursverwalters.

Die Verluste belaufen sich auf 2,3 Milliarden Dollar. Resümee: drei Todesopfer und 102 Verletzte.

Eine umgehende Steuererhöhung ist zu erwarten.

S oviel ich weiß, sind Soldaten vom Fünften Gebot freigestellt. Aber die Zivilschützer hat Moses vollkommen vergessen.

ZWEI SIND EINER ZUVIEL
ODER
ZIVILSCHÜTZER LEBEN GEFÄHRLICH

Z unächst kam ein Rundschreiben, unterzeichnet von Dr. Wechsler mit folgendem Wortlaut: »Alle Männer in unserem Häuserblock haben sich freiwillig gemeldet. Und was ist mit Ihnen?«

Kurz darauf kam es ein zweites Mal.

Dann kam die beste Ehefrau von allen: »Was werden

die Nachbarn sagen? Du mußt dich zum freiwilligen Zivilschutz melden.«

Ich rief Wechsler an.

»Hallo«, sagte ich.

»Sie sind heute um 3 Uhr dran«, antwortete Wechsler. »Um 3 Uhr nachts. Oder um 3 Uhr früh. Ganz wie Sie wollen. Um drei.«

Meine Vereidigung verlief feierlich. Als ich im Hauptquartier ankam – es war im Werkzeugschuppen unserer Volksschule untergebracht –, fand ich auf dem Tisch ein beinahe neues Notizbuch sowie zwei Flinten aus der Zeit der Französischen Revolution, daneben, zusammengekauert vor sich hin dösend, ein Zivilschützer, der soeben seine Wache beendet hatte. Er übergab mir das Kommando und murmelte schlaftrunken:

»Immer um den Häuserblock herum . . . und wenn du fertig bist, laß alles auf dem Tisch liegen . . . gute Nacht . . .«

Dann stieß er zwei undeutliche Flüche aus, den einen gegen die Terroristen, den anderen gegen unsere Regierung, und döste weiter.

Das Problem war, daß unsere Dienstzeiten viel zu lange dauerten, nämlich vier volle Stunden. Und das taten sie deshalb, weil sich außer mir noch niemand freiwillig gemeldet hatte. Ich fragte nach Wechsler und erfuhr, daß er schlief. In seinem Bett. Er hätte die Zwischenzeit von drei bis sieben übernehmen sollen, aber er schlief, und so war ich dran, gemeinsam mit Isachar. Kamerad Halbschlaf händigte mir die Flinte aus. »Sie hat zwei Magazine«, grunzte er. »Der Ingenieur auf Nummer acht weiß, wie man das Zeug bedient, laß mich schlafen.« Kurz darauf erschien Isachar. Ich warf noch rasch einen Blick in das Logbuch. Die letzte Eintragung lautete: »Stellte um 01.35 einen Verdächtigen. Er behauptete, auf Nr. 14 zu wohnen. Wurde nachgeprüft. Wohnt auf Nr. 14. Das ist alles, glaube ich. Ende.«

*

Wir begannen unsere Wache. Isachar hatte seine Französische Revolution geschultert, ich trug die meine in der Hand. Sie besaß einen kräftigen Kolben, und wer damit eins über den Schädel bekam, war nicht zu beneiden.

»Gehen wir ein wenig«, schlug Isachar vor. »Es regnet nicht.«

Wir fielen in Marschtritt, um militärischer zu wirken. Die Patronen in meiner Tasche zogen meine Hosen hinunter und ließen meine Moral steigen. Achtung, hier kommen wir, links-rechts, links-rechts, schlaft ruhig, Nachbarn, wir schützen euch.

Das einzige, was meine patriotische Hochstimmung ein wenig trübte, war die Monotonie des Unternehmens. Die trostlose Eintönigkeit. Wie lange kann man denn als erwachsener Mensch um einen Häuserblock herummarschieren, herum und wieder herum, und wenn's vorbei ist, nochmals herum?

»Dauert's noch lange?« fragte ich nach einer Stunde des Rundumstapfens meinen Waffenbruder.

Er sah auf seine Armbanduhr: »Noch drei Stunden und 54 Minuten.«

Wir waren also erst sechs Minuten auf Wache. Merkwürdig. Ich hatte den Eindruck, daß es schon zu Ende ging. So kann man sich täuschen.

Isachar sagte mir, daß er sowieso früh aufstehen müsse. Eine dringende Arbeit. Er ist in der chemischen Isolierungsbranche tätig. Das heißt, er stopft Mauerlöcher, damit's nicht hineinregnet.

»Es gibt jetzt eine Menge neue Präparate«, belehrte

er mich. »Wir verwenden keinen Kitt mehr, sondern eine großartige neue Flüssigkeit. Polygum. Auf Polyesterbasis. Wirklich hervorragend. Klebt nicht an der Kelle und trocknet in zwei Tagen. Wenn's nicht regnet.«

Ich hing an seinen Lippen und warf von Zeit zu Zeit eine fachmännische Frage dazwischen, zum Beispiel über die Widerstandskraft von Polybumsti oder wie das heißt. Man kann ja nicht stundenlang mit einem Menschen herummarschieren, ohne ein Wort zu sprechen.

»Es stimmt, die Belgier haben ein Isolationsmaterial auf den Markt gebracht, das keine Luftblasen macht«, gestand Isachar. »Aber das taugt meiner Meinung nach nur für undicht gewordene Grundmauern, die keiner direkten Feuchtigkeit ausgesetzt sind. Wenn's um große, luftige Räumlichkeiten geht, käme für mich nur Polyesterbasis in Frage.«

Man sah ihm an, nicht für ein Vermögen würde er dieses belgische Zeug anrühren. Er ist ein Fachmann, er muß auf seinen Ruf achten, ein Fels in der Isolierbrandung. Glücklich der Mann, den Isachar isoliert!

Leider wurde ich mit der Zeit ein wenig nervös. Ich interessiere mich sehr für alles Chemische, aber nicht die ganze Nacht lang. Vorsichtig sah ich auf meine Uhr, 40 Minuten vergangen. Also noch drei Stunden und 20 Minuten gründlicher Isolierung.

»Dubček«, ich versuchte, dem Gespräch eine scharfe Wendung zu geben, »Dubček wollte seinerzeit protestieren, als die Russen damals in die Tschechoslowakei einmarschierten, du erinnerst dich . . .«

Mir schwebte ein Themawechsel zum Politisch-Historischen vor. Ich hoffte bis zu Gorbatschow und Havel zu gelangen. Das heutige Tschechien schien mir ein guter Ausgangspunkt zu sein.

Isachar ging bereitwillig darauf ein: »Ganz in der Nähe

von hier wohnt ein tschechisches Ehepaar. Vorige Woche habe ich ihnen das Dach repariert. Mit einem Spezialsilikonmantel auf Polyesterbasis.«

Verzweifelt hielt ich nach irgend etwas Ausschau, was für Zivilschutz geeignet gewesen wäre, aber die Gegend war niederschmetternd friedlich. Isachar erzählte mir weiter von seinen glorreichen Isolationsmanövern. Es gab im weiten Umkreis nichts, was er nicht zugestopft hätte, ausgenommen seinen Mund. Ich versuchte es nochmals mit dem Dubček-Gambit, aber nach zwei Zugwechseln waren wir wieder auf der Polyesterbasis. Meine Uhr zeigte 4.15, und schon um mich wachzuhalten, stellte ich immer weitere Fragen, und Isachar gab gern immer weitere Auskünfte.

»Einmal«, so erzählte er um 5.20 Uhr, »verkaufte mir Schechter eine Gallone Plastikzement. Auf halbem Weg zur Stadtmitte sehe ich nach, und was muß ich sehen? Das Zeug ist hart wie Granit. So etwas kann mir mit amerikanischem Polyester nicht passieren. Aber wie willst du feststellen, ob die Flüssigkeit, die du kaufst, aus Amerika kommt? In einem neutralen Behälter? Wie willst du das feststellen?«

Ich wollte gar nichts feststellen, schon längst nicht mehr. Wenn zwei Eheleute eines Tages entdecken, daß sie nicht zueinander passen, lassen sie sich scheiden. Auch langjährige Geschäftspartner gehen gelegentlich auseinander. Nur ein Zivilschützer wie ich bleibt hoffnungslos einzementiert. Und es fehlten noch anderthalb Stunden.

»Halt!«

Ich stellte eine verdächtige Katze und verjagte sie aus unserem Revier. Dann lehnte ich mich erschöpft an die Hausmauer.

Ich muß stehend eingeschlafen sein. Isachar klopfte mir auf die Schulter, um mich zum Weitermarschieren aufzufordern. Aber er schwieg. Offenbar hatte ich die fällige Gegenfrage versäumt.

»Und was passiert«, fragte ich, und ich weiß nicht warum, »wenn das Zeug nicht rechtzeitig trocknet?«

Es war einer der größten Fehler meines Lebens. Isachar kam mit der Beantwortung meiner Frage bis 6.15 Uhr aus. Ich betete zu Gott, Er möge uns ein paar Terroristen über den Weg schicken, damit ich endlich etwas anderes zu tun hätte, als dieses Isolierseminar über mich ergehen zu lassen.

»Und was das beste ist«, fuhr Isachar erbarmungslos fort, »als Schechter mir das nächste Mal so einen Kanister kanadischer Polyestermasse mit 35 Prozent Epoxitkonglomerat andrehen wollte . . .«

An dieser Stelle geschah es.

Nach Augenzeugenberichten begann ich wild in Isachars Richtung zu schießen und brüllte jedem, der sich mir näherte, allerlei unverständliche Befehle zu wie: »Polyester in Deckung!«, »Zement!«, »Dubček!«, »Feuer!« und dergleichen mehr. Ich war fast nicht zu beruhigen.

Bei dieser Gelegenheit erfuhr ich, daß ich nicht das erste Zivilschutzopfer war. Schon vor mir hatte ein Zivilschützer, nach vierstündigem Wachtdienst mit einem Tiefbauingenieur, durch Gewehrsalven größeren Sachschaden an den Fensterscheiben der umliegenden Häuser verursacht.

Um 7 Uhr früh deponierten wir unsere Ausrüstung im Hauptquartier. Isachar entkam nach Hause und wollte, wie Wechsler mir ein paar Tage später ganz nebenbei erzählte, nie wieder mit mir zusammen Wache schieben. Ich hätte ihn, so sagte er, mit meinen Fragen zu Tode gelangweilt.

Es gibt auch im privaten Bereich Methoden, das Fünfte Gebot legal zu umgehen. In den Kriminalfilmen nennen es die Kommissare das perfekte Verbrechen. Aber am Ende muß die Gerechtigkeit siegen, sonst kommen die Zuschauer auf dumme Gedanken.

Um das perfekte Verbrechen wirklich zu begehen, muß man einen ausgeruhten Kopf haben. Wie meinen.

Es gibt doch
Das perfekte Verbrechen

Es war Abend. Draußen wurde es langsam dunkel, drinnen begannen sich die Mütter über den Verbleib ihrer Sprößlinge zu sorgen. Plötzlich wurde meine Wohnungstür aufgerissen, und Schultheiß stürzte herein. Aber war das noch Schultheiß? Schultheiß der Großartige, Schultheiß der Manager, der Mann mit den eisernen Nerven, der Mann mit dem herausfordernd unerschütterlichen Selbstbewußtsein? Vor mir stand ein geknicktes, zerknittertes Geschöpf, atemlos, bebend, die stumme Furcht eines gejagten Rehs im Blick.

»Schultheiß!« rief ich aus. »Um Himmels willen. Was ist los mit Ihnen?«

Schultheiß warf irre Blicke um sich, und seine Stimme zitterte: »Ich werde verfolgt. Er will mich in den Wahnsinn treiben. Er will mich umbringen.«

»Wer?«

»Wenn ich das wüßte! Es muß der Teufel in Person sein. Er richtet mich systematisch zugrunde. Und was das schlimmste ist, er tut es in meinem eigenen Namen.«

Schultheiß ließ sich in einen Sessel fallen und erzählte seine Leidensgeschichte:

»Vor einem guten Jahr wurde ich eines Morgens durch das penetrante Hupen eines Taxis vor meinem Haus geweckt. Als der Fahrer merkte, daß sich nichts tat, begann er mit den Fäusten gegen meine Türe zu trommeln. Ich öffnete. Was mir denn einfiele, brüllte er mich an, warum ich ein Taxi bestellte, wenn ich keine Absicht hätte, es zu benutzen?«

Schultheiß holte tief Atem.

»Natürlich hatte ich kein Taxi bestellt. Aber in zivilisierten Ländern vertrauen die Leute einander, und das ist das Unglück. Wenn man ein Taxi bestellt, wird nicht lange gefragt, die Bestellung wird erledigt, und die Taxis fahren zu der angegebenen Adresse. Jedenfalls fuhren sie zu der meinen. Um 8 Uhr früh waren es bereits 14, und meine Nachbarn sprechen heute noch von dem Höllenlärm, den die 14 Fahrer damals veranstalteten ... An diesem Morgen wurde mir klar, daß irgend jemand meinen Namen mißbraucht, um mich zu töten.«

Ich bekam eine Gänsehaut. Schultheiß fuhr fort:

»Die Geschichte mit den Taxis war nur der Anfang. Seither gibt mir mein Verfolger keine Ruhe. In meinem Namen antwortete er auf Zeitungsannoncen, bestellt Lotterielose, Fachbücher, Enzyklopädien, Haushaltsartikel, kosmetische und medizinische Präparate, Pornovideos, Sprachlehrer, Möbel, Särge, Blumen, Bräute, alles, was man per Fax oder durch die Post bestellen kann. Damit nicht genug, hat er mich auch beim ›Verband abessinischer Einwanderer‹, bei der ›Interessengemeinschaft ehemaliger Rumänen‹ und beim ›Verein für die Reinhaltung des Familienlebens‹ angemeldet.

Und vor kurzem hat er zwei marokkanische Waisenkinder für mich adoptiert.«

»Aber wie ist das möglich? Wieso merkt denn niemand etwas?«

»Weil niemand auf den Gedanken kommt, daß meine Briefe nicht von mir geschrieben wurden oder daß nicht ich telefoniere, sondern mein Mörder.«

Bei den letzten Worten rannen Tränen über seine eingefallenen Wangen.

»Und es wird täglich schlimmer. Mein Name ist allmählich ein Synonym für Betrug und Scheinheiligkeit geworden. Bis zum Juni dieses Jahres galt ich wenigstens noch als Mitglied der jüdischen Religionsgemeinschaft. Aber auch damit ist es vorbei.«

»Wie ist ihm denn das gelungen?«

»Eines Tages, während ich ahnungslos im Büro saß, erschienen zwei Franziskanermönche aus Nazareth in meiner Wohnung und besprengten, für die ganze Nachbarschaft sichtbar, meine koschere Kücheneinrichtung mit Weihwasser. Der Schurke hatte monatelang in meinem Namen kleine Spenden an das Kloster gelangen lassen und die beiden Mönche zu mir eingeladen.«

Schultheiß verfiel vor meinen Augen. Seine Zähne klapperten.

»Er hat meinen Schwiegervater denunziert. Eine von mir unterschriebene Anzeige beschuldigte meinen eigenen Schwiegervater, Schweizer Uhren, in Thunfischkonserven versteckt, ins Land zu schmuggeln, und was das schlimmste ist, die Anzeige erwies sich als begründet. Es ist unglaublich, mit welch satanischer Schläue dieser Schuft zu Werke geht. Zum Beispiel schickte er unserem Abteilungsleiter einen Brief mit meinem Absender, aber der Brief war an einen meiner Freunde gerichtet und enthielt die Mitteilung, daß unser Abteilungsleiter ein Volltrottel sei. So als hätte ich irrtümlich die Briefumschläge vertauscht. Jede Woche schaltet er eine Anzeige, ich würde für acht Schekel monatlich ein möbliertes Zimmer vermieten. Ohne Ablöse. Oder daß ich dringend eine ungarische Köchin suche. Alle zwei Monate sperrt mir die Elektrizitätsgesellschaft den Strom ab, weil er sie verständigt hat, ich hätte vor, nach Ruanda auszuwandern. Ich werde von der National-Bank überwacht, weil ich angeblich meinen Briefen ins Ausland Hundertdollarscheine beilege, was doch streng verboten ist. Und meine Frau ist in der Nervenheilanstalt, seit man sie telefonisch informiert hat, daß ich in einem Puff mit sehr schlechtem Ruf in Jaffa Selbstmord begangen habe . . .«

Ein Weinkrampf schüttelte Schultheiß' ausgemergelten Körper. Allmählich wurde ich von Panik erfaßt. Schwarze Gedanken überfielen mich.

»Vor den Wahlen«, fuhr Schultheiß stöhnend fort, »verschickte er ein Rundschreiben an meine Bekannten, in dem ich erklärte, ich würde für die Partei der Hausbesitzer stimmen, die einzige mit einem fortschrittlichen Programm. Niemand grüßt mich mehr. Seit er die Scientologen verständigt hat, ich würde sie zu meinen Universalerben einsetzen, drehen sich meine besten Freunde weg, wenn sie mich nur von weitem sehen. Letzte Woche haben mich zwei Militärpolizisten in aller Herrgottsfrühe aus dem Bett gezerrt, weil ich die Armeeverwaltung verständigt hatte, daß ich als Nachtmensch nicht daran dächte an der nächsten Waffenübung als Reservist teilzunehmen . . .«

»Schluß«, rief ich. Ich hielt es einfach nicht mehr länger aus. »Wer ist der Mörder, der Ihnen das alles antut?«

»Wer? Woher soll ich das wissen?« wimmerte Schultheiß. »Jeder kann es sein. Vielleicht sind Sie's.«

Ich? Das ist nicht ausgeschlossen.

E in in den USA geborener junger Filmemacher drehte vor einiger Zeit einen Film über den schrecklich-
sten und unverständlichsten Verstoß gegen das Gebot
»Du sollst nicht töten«.

Dieser Film handelte auch von meinem Schicksal, und
deshalb habe ich einige Zeilen an Steven Spielberg geschrieben.

EIN BRIEF,
DER IHN ERREICHTE

D er Verfasser dieses Briefes befindet sich in einer
paradoxen Lage, lieber Steven, er ist ein Überle-
bender des Holocaust und ein Humorist zugleich, ein
Filmregisseur, der durch seine Bücher bekannt wurde.
Und im Namen all dieser Berufe drückt er Ihre Hand.
Eigentlich wollte ich es schon in der Kinopause tun.

»Schindlers Liste« sah ich bisher zweimal, zuerst in
Europa, wo ich verstohlen meine Tränen abwischte, und
nun zu Hause in Israel, zusammen mit meiner Frau und
meinen Kindern. Ich dachte, diesmal hätte ich mich in
der Gewalt und könnte mich als Kollege auf die vorzüg-
liche technische Leistung konzentrieren, doch wieder
mußte ich ganz unprofessionell weinen. Wider Willen
wurde ich von neuem in die Handlung hineingezogen,
entdeckte mich selbst im verriegelten Waggon, und aus
der Kinderkolonne zur Gaskammer erklang die helle
Stimme meiner kleinen Tochter.

Jeder Überlebende hat seinen Schindler. Und doch berührten mich nicht die meisterhaft inszenierten großen Szenen am stärksten, sondern die erschütternde Wahrheit auf der Leinwand. Ja, so war es, unverständlich, unmöglich und doch die Wahrheit.

Die Wahrheit hat ihre eigenen Gesetze. Vielleicht sind auch Sie, lieber Herr Spielberg, überrascht von der weltweiten Reaktion und vielleicht auch von Ihren eigenen Gefühlen bei der Premiere in Jerusalem, aber es gibt eben eine Grenze, wo der Mechanismus der Technik stehenbleibt und das Schlagen des Herzens beginnt. Wahre Gefühle übertragen sich. Weint der Regisseur während der Aufnahmen, weinen auch seine Zuschauer.

Eigentlich war Schindler ein menschlicher Hochstapler inmitten eines unmenschlichen Systems, aber die Botschaft Ihres Films reicht weit darüber hinaus. »Schindlers Liste« zeigt, was in der Bibel steht: »Der Menschen Bosheit ist groß auf Erden und alles Dichten und Trachten ihres Herzens.« Sobald man die Schranken der Moral aufhebt, wenn man den schlechten Instinkten die Angst vor der Bestrafung nimmt, dann wird die Krone der Schöpfung zum Ungeheuer.

Ihr grandioses Werk durchleuchtet die Greuel des Rassismus, schildert den 2000jährigen Spießrutenlauf des jüdischen Volkes. Während der Dreharbeiten empfanden Sie bestimmt, daß mit der Offenbarung dieses historischen Traumas nicht nur der wahnsinnige Leiter des Vernichtungslagers gemeint ist, sondern die pathologische Krankheit der Welt, Antisemitismus genannt, daß der irrationale Haß deutlich wird, der sich von Generation zu Generation vererbt. Sie geben keine Antwort auf dieses erschreckende Phänomen. Es gibt auch keine.

Die Menschheit leidet seit Menschengedenken an einem unheilbaren Juden-Komplex. Allem Anschein nach hat ihn die Kirche ausgelöst, die von Juden selbst gegründet wurde. »Schindlers Liste« stellt aufs neue die schmerzhafte Frage, wie es möglich war, daß die Verfolgten der »Religion der Liebe« selbst zu Verfolgern und die Opfer von Neros Löwen zu Inquisitoren wurden. Auf ihren Scheiterhaufen hätten sie ohne Bedenken auch die jüdischen Apostel verbrannt.

In Auschwitz haben sie es getan. Dort kreuzigten sie Jesus zum zweiten Mal, in jedem Menschen ermordeten sie Gott selbst.

Der Rassenhaß existiert aber auch noch außerhalb der Mauern der zahlreichen Kinos, die es gewagt haben, »Schindler« in Deutschland aufzuführen. Diese Haltung tritt in einigen persönlichen Angriffen zutage, die man zu Unrecht als Filmkritiken bezeichnet. Unverschämte Grobheit führte das Wort. Ein Publizist machte sich ausgerechnet in der Zeitung »Die Welt« lustig und nennt Ihr einmaliges Werk »Indiana Jones im Ghetto von Krakau«. Himmler wird in diesem Artikel rehabilitiert, da »die SS dazu verdonnert war, die Endlösung des Judenproblems streng ideologisch, das heißt, völlig gefühllos und so sachlich wie eine Ungeziefervernichtung, zu bewerkstelligen«.

Wort für Wort stand das so da.

Auch in Ihrem großen Land sind einige renommierte Journalisten darüber außer sich geraten, und in Washington vergleicht man Ihr historisches Werk mit der Comedy-Serie »Addams Family«. Der Kritiker findet »keine Einsicht in Antisemitismus, Rassismus oder irgendeinen ethnischen Haß« und fragt empört: »Warum hat Steven Spielberg diesen Film gemacht?«

Mit Ihrer Erlaubnis beantworte ich diese Frage. Sie, Steven, haben diesen Film gemacht, weil Sie etwas sagen wollten, was Ihnen wichtig ist, weil Sie einer archaischen Pflicht nachkommen wollten, und gewiß nicht, um von Ihren mit schlechtem Gewissen geplagten Kollegen Preise einzuheimsen.

Sie sind ein eigenartiger Mensch, Steven Spielberg, introvertiert und dynamisch, junger Amerikaner und alter Jude, ein Hohepriester der Unterhaltungsindustrie und schlauer Magier der Werbung, der schüchtern und kindisch wirkt, jedesmal, wenn er seinem Publikum persönlich begegnet.

Sie sagten in Jerusalem, daß Sie wiederkommen wollen, um Hebräisch zu lernen. Sie brauchen es nicht, Sie haben schon zu uns gesprochen. Und wenn es sich bisher gelohnt hat, Ihre bunten Filme anzuschauen, diesen schwarzweißen Streifen muß man einfach sehen. Es ist vielleicht der erste Film, den Sie nur für sich selbst gemacht haben, und vielleicht spricht er gerade deshalb zu allen Menschen.

Gott segne Sie, Steven.

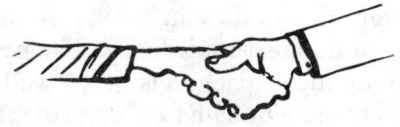

Steven Spielberg antwortete mir mit einem sehr persönlichen Brief, welcher mich ebenso berührte wie sein Film, der nicht nur mir eine langerwartete Genugtuung verschaffte. Wenn auch die Schuldigen nicht alle bestraft wurden, so hat dieser Film zumindest ihr wahres Gesicht enthüllt.

Eine absurde Szene fiel mir aus diesem Anlaß ein, die ich im Obersten Gericht in Jerusalem miterlebt hatte. Aus einer gläsernen Zelle antwortete damals der Henker der ungarischen Juden auf die haarsträubendsten Anschuldigungen mit der aalglatten Logik einer gut erzogenen Ratte.

NICHTS ALS DIE WAHRHEIT
ODER ADOLF IM SALZKAMMERGUT

STAATSANWALT: Wieviel ist Ihrer Ansicht nach zwei mal zwei?

ADOLF: Herr Staatsanwalt, ich bin kein Mathematiker.

STAATSANWALT: Ich möchte trotzdem wissen, wieviel Ihrer Ansicht nach zwei mal zwei ist.

ADOLF: Ich habe mich mit solchen Dingen nie beschäftigt. Wenn ich mit derartigen Problemen zu tun hatte, habe ich sie an die zuständige Abteilung weitergeleitet. Die Entscheidungen wurden in jedem Fall von Schulze getroffen.

STAATSANWALT: Sie wissen also nicht, wieviel zwei mal zwei ist?

ADOLF: Ich kann darüber keine Angaben machen, Herr Staatsanwalt.

STAATSANWALT: Und wenn ich Ihnen auf den Kopf zusage, daß Sie es wissen?

ADOLF: Ziffern waren die Sache von Schulze.

STAATSANWALT: Immer, wenn Sie wissen wollten, wieviel zwei mal zwei ist, haben Sie nach Schulze geschickt?

ADOLF: Nicht immer. Manche Frage konnte auch telefonisch geklärt werden. Ich möchte bei dieser Gelegenheit zu Protokoll geben, daß Schulze Ende 1943 in das Salzkammergut versetzt wurde und daß ich ihn erst dort zusammen mit Lehmann getroffen habe.

STAATSANWALT: Wußte auch Lehmann, wieviel zwei mal zwei ist?

ADOLF: Daß weiß ich nicht. Danach habe ich ihn nie gefragt. Mein Vorgesetzter war, wie schon erwähnt, Schulze.

STAATSANWALT: Wußte Schulze die richtige Antwort auf die Frage: »Wieviel ist zwei mal zwei?«

ADOLF: Das kann ich nicht sagen. Ich hatte keine Möglichkeit, in sein Inneres zu sehen.

STAATSANWALT: Aber Sie waren sicher, daß er die Antwort wußte?

ADOLF: Ich habe mir niemals ein Urteil über meine Vorgesetzten angemaßt.

STAATSANWALT: Wieso wissen Sie dann, daß Schulze für diese Dinge zuständig war? Er kann doch nur dann zuständig gewesen sein, wenn er wußte, wieviel zwei mal zwei ist? Woher wissen Sie, daß er das nicht wußte? Oder daß er es wußte?

ADOLF: Ich wußte es nicht. Wenn ich mich richtig erinnere, habe ich sogar daran gezweifelt. Ich bin kein Mathematiker.

STAATSANWALT: Dann erklären Sie mir, wieso das Dokument Nr. 6013 in Ihrer Handschrift den Vermerk »2 x 2 = 4« trägt.

ADOLF: Das ist unmöglich.

STAATSANWALT: Hier *(reicht ihm ein Dokument)*. Haben Sie das geschrieben?

ADOLF *(nach sorgfältiger Prüfung des Dokuments)*: Ja.

STAATSANWALT: Das ist also Ihre Handschrift?

ADOLF: Nein.

STAATSANWALT: Nein? Wieso nicht?

ADOLF: Zu dem auf diesem Dokument angegebenen Zeitpunkt war ich nicht in Berlin.

STAATSANWALT: Das Dokument wurde in München ausgefertigt.

ADOLF: Ich war auch nicht in München. Ich hatte damals gerade in Dachau zu tun.

STAATSANWALT: Was hatten Sie in Dachau zu tun?

ADOLF: Mir fällt soeben ein, daß ich in Linz war.

STAATSANWALT: Wie kommt dann Ihre Unterschrift auf dieses Dokument?

ADOLF: Sie wurde später hinzugefügt. Ich möchte darauf hinweisen, daß die Ziffern auf diesem Dokument nicht genau zu erkennen sind. Besonders die Ziffer 4 ist undeutlich und kann sehr leicht mit der Ziffer 7 verwechselt werden.

STAATSANWALT: Zwei mal zwei wäre dann also sieben?

ADOLF: Das habe ich nicht gesagt. Ich bin kein Mathematiker. Meine Bemerkung bezog sich ausschließlich auf die Form der Ziffer 4, die mich an die Form der Ziffer 7 im Dokument Nr. 6013 erinnert.

VORSITZENDER: Angeklagter, Sie sollen die Frage beantworten, wieviel zwei mal zwei ist.

ADOLF: Nicht sieben. Ich habe nie gesagt, daß es sieben ist. Ich habe nur gesagt, daß mich die Ziffer 4 auf manchen Dokumenten an die Ziffer 7 erinnert.

STAATSANWALT: Wir sprechen jetzt nicht über »manche Dokumente«. Wir sprechen über das Dokument Nr. 6013.

ADOLF: Für dieses Dokument bin ich nicht verantwortlich, weil ich zur Zeit seiner Ausfertigung in Dachau war.

STAATSANWALT: Also doch Dachau und nicht Linz?

ADOLF: Soweit ich das aus dem Gedächtnis rekonstruieren kann.

STAATSANWALT: Für mich besteht nicht der geringste Zweifel, daß Sie ganz genau wissen, wieviel zwei mal zwei ist.

ADOLF: Ich muß wiederholen, daß ich kein Mathematiker bin.

STAATSANWALT: Heben Sie zwei Finger Ihrer rechten Hand.

ADOLF *(tut es)*: Ich schwöre bei Gott dem Allmächtigen ...

STAATSANWALT: Ich habe Sie nicht dazu aufgefordert,

einen Eid zu leisten, sondern nur dazu, zwei Finger zu heben.

ADOLF: Darf ich in diesem Zusammenhang noch eine Aussage machen?

STAATSANWALT: Ja.

ADOLF: Lehmann wurde 1943 ins Protektorat versetzt, so daß ihn Schulze in diesem Jahr unmöglich im Salzkammergut treffen konnte.

STAATSANWALT: Ich verstehe den Zusammenhang nicht.

ADOLF: Wenn ich einen Eid ablege, dann lege ich einen Eid ab, um die Wahrheit zu sagen. Lehmann hatte mit Schulzes Angelegenheiten nichts zu tun.

STAATSANWALT: Schön. Er hatte nichts mit Ihnen zu tun. Aber darum handelt es sich nicht. Es handelt sich darum, wie viele Finger Lehmann gehoben hat.

ADOLF: Soweit ich mich erinnern kann, hat Lehmann niemals irgendwelche Finger gehoben.

STAATSANWALT: Das weiß ich. Es war ja auch nicht Lehmann gemeint, sondern Sie. Wie viele Finger sind es, die Sie jetzt gehoben haben?

ADOLF: Ich glaube: zwei. Vorsorglich und in jedem Fall möchte ich mich dagegen verwahren, für etwaige Ungenauigkeiten auf diesem Gebiet verantwortlich gemacht zu werden. Ich bin kein Mathematiker.

STAATSANWALT: Lassen wir das. Heben Sie jetzt noch zwei Finger Ihrer linken Hand.

ADOLF: *(tut es)*

STAATSANWALT: Wie viele Finger sehen Sie jetzt?

ADOLF: Zehn.

STAATSANWALT: Ich meine erhobene Finger.

ADOLF: Aber ich kann auch die anderen sehen.

STAATSANWALT: Uns interessieren jetzt nur Ihre erhobenen Finger.

ADOLF: Auch die nicht erhobenen Finger gehören mir. Sie stellen insgesamt 60 Prozent meiner Fingeranzahl dar, also eine Majorität von 50 Prozent im Vergleich zu den erhobenen Fingern.

STAATSANWALT: Ich möchte von Ihnen nichts anderes hören als die Gesamtanzahl der zwei mal zwei Finger, die Sie gehoben haben.

ADOLF: Jetzt?

STAATSANWALT: Ja. Zählen Sie.

ADOLF (*versucht es erfolglos*): Ich kann nicht.

STAATSANWALT: Warum nicht?

ADOLF: Ich bin gewohnt, so zu zählen, daß ich den Finger über die zu zählenden Gegenstände gleiten lasse. Im vorliegenden Fall ist der Finger, mit dem ich zählen soll, identisch mit einem der zu zählenden Finger, was mich sehr verwirrt. Außerdem könnte es zu Ungenauigkeiten führen, und da ich unter Eid stehe, muß ich auf größte Genauigkeit bedacht sein. Darf ich noch eine Aussage machen?

STAATSANWALT: Ja.

ADOLF: Ich möchte nicht die Möglichkeit, daß zwei mal zwei unter bestimmten Voraussetzungen das Ergebnis vier oder ein annähernd ähnliches Ergebnis haben kann, vollkommen von der Hand weisen. Dennoch lege ich Wert auf die Feststellung, daß ich mich mit Arbeiten auf diesem Gebiet niemals beschäftigt habe, weil das eine Überschreitung der mir übertragenen, genau festgesetzten Zuständigkeit bedeutet hätte. Ich beantrage daher die Einvernahme des Zeugen Schulze, der zum fraglichen Zeitpunkt Gauleiter in Wuppertal war.

STAATSANWALT: Wenn ich Sie richtig verstehe, sind Sie mit Schulze im Prinzip einer Meinung darüber, daß zwei mal zwei vier ist?

ADOLF: Ich habe bereits wiederholt ausgesagt, daß ich über diesen Punkt nicht aussagen kann, solange ich unter Eid stehe. Ich werde aber selbstverständlich alle Folgen meiner Aussage auf mich nehmen, um nicht den

Eindruck zu erwecken, daß ich mich meiner Verantwortung entziehen will.

STAATSANWALT: Schön. Wieviel ist zwei mal zwei?

ADOLF: Wenn ich mich nicht irre, habe ich darüber bereits ausgesagt.

STAATSANWALT: Ich möchte es noch einmal hören.

ADOLF: Ich habe darüber bereits ausgesagt, wenn ich mich nicht irre.

STAATSANWALT: Wiederholen Sie Ihre Aussage.

ADOLF: Bitte sehr. Ich kann nach bestem Wissen und Gewissen nur aussagen, daß das Ergebnis der hier wiederholt gestellten mathematischen Aufgabe annähernd dem entspricht, was Sie, Herr Staatsanwalt, vor einigen Minuten als Ergebnis festgestellt haben.

STAATSANWALT: Also vier.

ADOLF: Soweit ich das beurteilen kann.

STAATSANWALT: Vier!

ADOLF: Nach allgemeinem Dafürhalten.

STAATSANWALT: Zwei mal zwei ist vier! Ja oder nein?

ADOLF: Das erstere.

STAATSANWALT: Danke. Das ist alles, was ich wissen wollte.

VI. DU SOLLST NICHT EHEBRECHEN

M an könnte meinen, hier handle es sich im Vergleich zum Fünften Gebot um eine Lappalie. Keine Rede davon. Nein, die Geschichte des Ehebruches ist und bleibt eine unendliche. Gleichzeitig kann aber nicht behauptet werden, dem Sechsten Gebot sei ein fulminanter Erfolg beschieden gewesen.

*

Der erste Ehebruch wurde im Jahre 1 000 003 v. Chr. in Altamira auf der Iberischen Halbinsel beobachtet, der letzte vor einer halben Stunde beim Nachbarn gegenüber. Ehebrüche sind allerdings nur deshalb so beliebt, weil der Herr männlichen Geschlechts ist, wie die Theologen unbestreitbar festgestellt haben, und sich als männliches Wesen seinen Geschlechtsgenossen gegenüber recht großzügig zeigt und zumindest bei der einen oder anderen delikaten Situation schon mal wegsieht. Gegenüber dem schwächeren Geschlecht aber kennt er kein Pardon, was sich deutlich im vierten Buch Moses zeigt.

Moses hatte also grünes Licht für frauenfeindliche Maßnahmen, schmückte das Ganze aber noch auf seine Weise aus. Sein berüchtigtes Eifersuchtsgesetz ermöglicht es nämlich dem gekränkten Ehemann, der Gemahlin ohne weiteres ein Kreuzverhör zuzumuten,

»auch wenn ihm verborgen blieb, daß sie unrein geworden ist«.

So kann der gesetzlich angetraute Ehemann, mit Freibrief von höchster Instanz, jederzeit die Verdächtigte zum Priester schleppen. Im Zelt der Offenbarung, von Luther Stiftshütte genannt, »nimmt der Priester heiliges Wasser in ein irdenes Gefäß und Staub vom Boden« und befiehlt der Sünderin, »das bittere, fluchbringende Wasser« zu trinken. Diese hat juristisch gesehen zwei Möglichkeiten: Entweder trinkt sie das schlammige Gebräu und wartet, ob »ihr Bauch schwelle und ihre Hüften schwinden werden« als schlagender Beweis für ihre Untreue.

Oder sie weigert sich, den Stiftshütten-Cocktail zu schlürfen und bekennt sich damit gleich schuldig. Unverzügliche Steinigung und der Entzug aller politischen Rechte für drei Monate sind dann die unmittelbare Konsequenz. Wirklich keine leichte Entscheidung für das schwache Geschlecht.

Wer dieses Kapitel im vierten Buch Moses nachliest, kann aus heutiger Sicht diesen barbarischen Brauch mitleidig belächeln. Bei kurzem Nachdenken kann man aber auch feststellen, daß das Universalgenie Moses damals schon die Urversion des modernen Lügendetektors benutzte.

*

Mich beschäftigt heute ein Problem völlig anderer Art. Was geschieht, wenn nicht die Frau, sondern der Ehemann fremdgeht? Auch das soll vorkommen. Die endgültige Antwort auf diese Frage gibt nicht die Bibel, sondern die folgende Geschichte.

KEINE GNADE
FÜR UNKEUSCHE MÄNNER

Gloria ließ sich in unseren teuersten Fauteuil plumpsen und saß da, bleich, zusammengekauert, ein Bild des Jammers, ein Bündel Elend, ein Schatten ihres Wracks. Hatte ich wirklich dieselbe Gloria vor mir, die sich noch gestern zum Jet-set zählen durfte? Jene Gloria, eines der lebenslustigsten, attraktivsten Mädchen des ganzen Landes, es kann höchstens 30 Jahre her sein? Was ist mit ihr geschehen? Und warum war sie nicht mehr so jung wie früher? Sic transit Gloria Birnbaum, dachte ich, ihren Vornamen auf nicht ganz feine Art nutzend. Mit Birnbaum kommt man da nicht weiter. So hieß ihr Gatte.

Der war, wie sich herausstellte, der Grund ihres Kommens und ihrer Verzweiflung.

»Ich muß mit dir sprechen«, begann Gloria. »Mein Mann betrügt mich.«

Ich erstarrte. Nathan Birnbaum betrügt seine Frau? Dieser stille, stets korrekte Brillenträger, dieses Muster von Ordnung, Recht, Gesetz und Feigheit geht fremd? Das ist das Ende. Das bedeutet den Zusammenbruch unseres Staatsgefüges. Wenn sogar Nathan Birnbaum ...

Mir war elend zumute. Aber ich riß mich zusammen: »Hast du Beweise, Gloria?«

»Beweise? Pah! Ich habe meinen Instinkt. Eine Frau braucht für so etwas keine Beweise. Sie spürt es. Aus hundert kleinen Anzeichen spürt sie es.«

Das erste der hundert Anzeichen: Nathan war ihr gegenüber völlig gleichgültig. Er sprach kaum noch mit ihr.

»Wenn er sich wenigstens ab und zu eine kleine Aufmerksamkeit für mich einfallen ließe. Ein kleines Geschenk oder Blumen oder was auch immer. Aber damit ist es schon lange vorbei. Ich bin schon seit Monaten davon überzeugt, daß es eine andere Frau geben muß. Und vorige Woche wurde mein Verdacht bestätigt.«

»Bestätigt? Wie? Wodurch?«

»Nathan verwandelte sich plötzlich in den zärtlichsten aller Ehemänner. Bestand aus nichts als Liebe und Aufmerksamkeit. Kam mit kleinen Geschenken an, mit Blumen oder was auch immer. Das ist typisch. Da weiß man sofort, woran man ist.«

»Aber Gloria . . .«

»Das alles reicht für eine liebende Frau vollkommen aus, um Bescheid zu wissen. Oder daß er plötzlich einen Appetit entwickelt wie ein junger Wolf. Besonders für Fische. Der Fisch enthält bekanntlich diese gewissen Proteine, die für den Mann in gewisser Hinsicht so wichtig sind. Jetzt frage ich dich, wozu braucht ein verheirateter Mann Proteine? Ich kann dir sagen, wozu. Er will sich für seine billigen Nutten in Form bringen. Deshalb ißt er soviel.«

»Ich hatte den Eindruck, daß er in der letzten Zeit ein wenig abgenommen hat.«

»Natürlich hat er abgenommen. Er hält ja auch strenge Diät. Ißt nur noch Obst. Etwas anderes rührt er nicht mehr an. Damit er seinen Bauch wegbekommt. Geht in die Sauna. Läuft jeden Morgen vor dem Frühstück fünfmal um den Block. Macht Turnübungen. Liegt Tag und Nacht in der Sonne, um braun zu werden. Was tut ein Mann in seinem Alter mit Sonnenbräune?«

»Als ich ihn neulich traf, schien er mir eher blaß.«

»Stimmt. Glaub nur ja nicht, daß mir das entgangen wäre. Blaß? Krankhaft bleich. Sieht aus wie eine Leiche. Schleppt sich nur noch mühsam dahin. Bringt es vor Erschöpfung nicht mehr fertig, ums Haus zu laufen oder ein paar Turnübungen zu machen. Seine ganze Kraft geht für seine erotischen Abenteuer drauf mit diesen Drecksweibern. Ist doch klar.«

»Gloria, du übertreibst.«

»Ich übertreibe nicht. Ich bin eifersüchtig, das gebe ich zu. Aber wenn ich höre, wie er sich im Bett hin- und herwälzt, schwinden meine letzten Zweifel. Er kann nicht schlafen, weil er an seine Liebesaffären denkt. Vor ein paar Tagen hätte ich ihm beinahe die Hausschuhe an den Kopf geworfen.«

»Weshalb, um Himmels willen?«

»Stell dir vor, ich wache auf, mein Blick fällt auf meinen Gatten neben mir, und was sehe ich? Er schläft. Schläft wie ein sattes Baby. Ich, seine Frau, wälze mich nachts im Bett hin und her, krank vor Eifersucht, und er schläft! So friedlich und entspannt schläft nur einer, der sein Glück gefunden hat. Womöglich träumt er noch von dieser anderen. Oder gleich von mehreren.«

Gloria begann leise zu weinen, und auch in mir stieg allmählich dumpfer Zorn gegen Nathan auf. Konnte der Kerl nicht etwas vorsichtiger sein? Mußte er sich alles anmerken lassen?

Inzwischen hatte Gloria sich wieder gefaßt:

»Und wo finde ich ihn gestern? Ich finde ihn in der Garage, wie er gerade seinen Wagen wäscht und auf Hochglanz poliert. Ebensogut hätte er mir gestehen können, daß er eine neue Geliebte hat. Nein, mein Lieber, man muß wirklich kein Genie sein, um das alles zu durchschauen. Du kennst doch sicherlich diese Sorte von Ehemännern, die sich plötzlich zweimal am Tag rasieren und mit eingezogenem Bauch und einer neuen Krawatte vor dem Spiegel stehen, weil sie sich von ihrer verführerischen Wirkung überzeugen wollen?«

»Ja«, antwortete ich. »Ja, Gloria. Ich kenne diese Sorte von Ehemännern.«

»Siehst du.« Gloria triumphierte. »Und das alles macht mein Nathan nicht! Ich muß ihn zwingen, den Wagen zu waschen, ich muß ihm gut zureden, sich zu rasieren, sonst rennt er drei Tage lang mit Bartstoppeln im Gesicht herum. Damit will er mich täuschen, dieser raffinierte, niederträchtige, berechnende Lump.«

Gloria brach in Tränen aus:

»Ich liebe meinen Mann!« stieß sie hervor. »Was soll ich tun? Bitte sag mir, was ich tun soll!«

»Du mußt ihn eifersüchtig machen, Gloria«, sagte ich. »Du mußt ihn betrügen.«

»Das ist keine Lösung«, schluchzte Gloria. »Das tue ich doch seit 20 Jahren.«

Da außerehelicher Geschlechtsverkehr besonders verpönt ist, sucht die Menschheit seit dem Verlassen des Paradieses nach Schlupflöchern in der biblischen Mauer. Die erfolgreichste Ausrede ist und bleibt die patriotische Unternehmung, dem Feind in geheimer Mission hochbrisante Informationen zu entlocken. Kein Wunder also, daß Männer, die Lust auf fremde Jagdgründe verspüren, nach einer neuen Mata Hari Ausschau halten, der sie für eine möglichst langfristige Operation zum Opfer fallen könnten. In den Kontaktanzeigen heißt es dann: »Staatsbeamter, Anfang Vierzig, im Besitz wichtiger Top-secrets, wünscht Bekanntschaft mit erfahrener Blondine aus dem Agentenfach. Spätere Erpressung nicht ausgeschlossen.«

BEAMTENETHOS
ODER DIE HERZOGIN VOM MITTELMEER

Ziegler! Bitte kommen Sie einen Augenblick zu mir. Und machen Sie die Türe hinter sich zu, setzen Sie sich.«

»Danke, Herr Schultheiß.«

»Jetzt möchten Sie natürlich wissen, warum ich Sie hereingerufen habe.«

»Jawohl, Herr Schultheiß.«

»Im allgemeinen pflegen wir uns nicht in Dinge einzumischen, die außerhalb des Amtsgebäudes vor sich gehen. Trotzdem fühle ich mich als Leiter dieser Abteilung für mein Personal verantwortlich.«

»Gewiß, Herr Schultheiß.«

»Ich will ganz offen mit Ihnen reden, Ziegler. Es sind merkwürdige Gerüchte über Sie im Umlauf.«

»Über mich?«

»Und über die ausschweifenden Parties, an denen Sie teilnehmen. Immer am Wochenende.«

»Ich?«

»Ja, Sie. Ich rate Ihnen in Ihrem eigenen Interesse, alles zu gestehen.«

»Herr Schultheiß, ich weiß wirklich nicht, was es da zu gestehen gibt. Ein paar junge Leute kommen in einer Wohnung zusammen, das ist alles.«

»In einer Privatwohnung?«

»In einer Privatwohnung. Natürlich sind auch Mädchen dabei.«

»Es gibt Musik?«

»Zum Tanzen. Wir tanzen zur Musik.«

»Ich verstehe. Und die Kleidung, Ziegler?«

»Ganz normal. Hosen, Hemden, Pullis.«

»Ich meine, was die Callgirls tragen.«

»Wer?«

»Die Mädchen.«

»Sie tragen Röcke.«

»Miniröcke?«

»Auch.«

»Das wollte ich nur wissen. Erzählen Sie weiter.«

»Wie ich schon sagte, Herr Schultheiß, wir lassen den Plattenspieler laufen, wir tanzen, wir unterhalten uns, was ist denn schon dabei? Jeder macht das.«

»Möglich. Aber nicht jeder hat Einblick in vertrauliche Papiere und geheime Regierungsakten. Von hier zur Spionage ist nur ein kleiner Schritt. Oder wollen Sie vielleicht behaupten, Ziegler, daß Sie sich an alles erinnern, was Sie bei diesen Gelagen ausgeplaudert haben?«

»Gar so viel wird bei uns nicht gesprochen, Herr Schultheiß.«

»Wenig genügt. Wer an Orgien teilnimmt, ist erpreßbar. Was trinken Sie?«

»Hier und da einen Wodka. Mit Tomatensaft.«

»Ein Drittel zu zwei Dritteln?«

»Ja.«

»Dacht' ich's doch. Das nennt man ›Bloody Mary‹, mein Lieber. Wie Sie sehen, sind wir sehr genau informiert. Und jetzt habe ich eine kleine Überraschung für Sie. Hier, dieses Foto, ein Ausschnitt aus einer Zeitung, wurde gestern nacht in Ihrer Schreibtischschublade gefunden. Sie hatten es unter einem Bericht versteckt. Darf ich um eine Erklärung bitten?«

»Das . . . dieses Foto . . . Herr Schultheiß, es zeigt eines der Mädchen aus unserem Kreis. Sie hat auf einer Strandkonkurrenz einen Schönheitspreis gewonnen. Wir nennen sie deshalb die Herzogin des Mittelmeers.«

»Warum trägt sie einen Bikini?«

»Das ist kein Bikini, Herr Schultheiß. Das ist eine Art Spray.«

»Was heißt das?«

»Der Bikini wurde über sie gesprüht. Es gibt solche Präparate.«

»Und wovon werden ihre Brüste gehalten?«

»Von gar nichts.«

»Wollen Sie damit sagen, daß die Dame nackt ist?«

»Bis auf das Spray.«

»Also nackt. Ihrer Meinung nach sind nackte Damen ein geeigneter Umgang für Regierungsbeamte.«

»Nein, Herr Schultheiß.«

»Und die geeignete Unterhaltung besteht in Striptease, Bauchtänzen, Gruppensex . . .«

»Wieso Gruppen?«

»Unterbrechen Sie mich nicht! Ich kann mir gut vorstellen, wie es bei euch zugeht. Zuerst werden diese nackten Callgirls verlost, dann verschwindet ihr paarweise in verdunkelte Zimmer, wälzt euch mit ihnen auf Futons oder Wasserbetten, in wilder Ekstase, und laßt euch dabei die wertvollsten Staatsgeheimnisse entlocken.«

»Aber Herr Schultheiß . . .«

»Ein wahres Sodom und Gomorrha, das ist es. Erst

gestern habe ich mit meiner Frau darüber gesprochen. In Ihrem Alter, junger Mann, hat es für mich nichts dergleichen gegeben, nicht einmal im Traum. Wir haben an solche Perversitäten gar nicht gedacht. Wir haben uns durch keinen Gruppensex beschmutzt und erniedrigt. Wir haben keine nackten Mädchen unter uns verlost, um dann mit ihnen in dunkle Zimmer zu verschwinden und uns in wilder Ekstase auf Wasserbetten herumzuwälzen. Für uns, Ziegler, war die eheliche Moral noch ein ernstzunehmender Begriff. Ist sie blond?«

»Wer?«

»Die mit dem Spray. Die Herzogin vom Mittelmeer.«

»Sie ist rothaarig, Herr Schultheiß.«

»Aha. Wahrscheinlich grüne Augen?«

»Ja.«

»Das sind die Gefährlichsten.«

»Kann ich jetzt das Foto zurückhaben?«

»Es ist beschlagnahmt. Wir brauchen es für die Disziplinaruntersuchung, die gegen Sie eingeleitet wird.«

»Disziplinar . . . um Himmels willen . . .«

»Weinen Sie nicht. Es ist zwecklos.«

»Herr Schultheiß, ich verspreche Ihnen, daß ich nie wieder zu einer Party gehen werde, nie wieder!«

»Das ist keine Lösung, mein Junge. Ich bin gewohnt, den Dingen auf den Grund zu gehen. Und damit Sie es wissen, ich selbst habe die Untersuchung gegen Sie in die Hand genommen.«

»Sie, Herr Schultheiß, persönlich?«

»Jawohl. Solange ich diese Abteilung leite und das Vertrauen meiner Vorgesetzten genieße, trage ich die volle Verantwortung für alles. Ich werde Sie an diesem Wochenende begleiten.«

»Aber wir, wir sind ja nur ein paar junge Leute . . .«

»Seien Sie unbesorgt, Ziegler. Ich bin sehr flexibel und kann mich anpassen. Ich werde tanzen, ich werde trinken, ich werde notfalls auch an der Verlosung der nackten Mädchen teilnehmen und mit einer von ihnen verschwinden, um in einem dunklen Zimmer in wilder Ekstase auf einem Wasserbett . . .«

»Ich weiß, was Sie meinen. Herr Schultheiß.«

»Um so besser. Dann ist ja alles klar. Und jetzt kein Wort, zu niemandem. Diese ganze Angelegenheit muß streng vertraulich behandelt werden. Geheime Dienstsache, verstanden? Soll ich eine Flasche mitbringen?«

»Eine Flasche?«

»Gut, dann bringe ich also zwei Flaschen Champagner mit. Außerdem kann ich sehr gut Witze erzählen. Wird sie da sein?«

»Wer?«

»Die Herzogin.«

»Herr Schultheiß, ich bitte um meine Entlassung.«

»Abgelehnt. Wir treffen uns morgen nach Büroschluß am Ausgang.«

Die Dinge haben ihre Eigendynamik. Es ist nicht daran zu rütteln, daß sich in den letzten Jahren weltweit immer mehr Ehepaare für die Freiheit entscheiden. In den Großstädten sind es schon über 100 Prozent. Aber immer noch ist die Hochzeit das aufregendste, feierlichste und unvergeßlichste Ereignis für das glückliche Paar, die Familie und die Freunde. Alle, alle nehmen Anteil an dem großen Glück, in der Hoffnung, daß nur der Tod das Brautpaar scheidet. Oder zwei Anwälte.

WER GUTE FREUNDE HAT,
BRAUCHT KEINE FEINDE

Als wir den Saal betraten, in dem Hans und Grete den heiligen Bund fürs Leben schließen wollten, waren wir tief gerührt. Wochenlang hatten wir uns den Kopf zerbrochen, was wir dem jungen Paar schenken sollten. Eine Vase zum Beispiel schenkt jeder. Nein, wir wollten etwas ganz Besonderes finden, etwas, an das sie sich ein Leben lang erinnerten. Wir sparten keine Zeit und keine Mühe, durchkämmten einschlägige Geschäfte, bis wir eine hübsche Vase fanden. Wir legten sie auf den Gabentisch und schrieben unseren Namen mit großen Buchstaben darauf und auf ein ziemlich großes Paket, das gleich daneben lag.

Der Saal, einer der prächtigsten in der Stadt, war wundervoll geschmückt. Die Tische bogen sich unter den erlesensten Delikatessen, und ein vielköpfiges Orchester lieferte die musikalische Untermalung. Wir freuten uns von ganzem Herzen, daß unsere lieben Freunde in einer so herrlichen Atmosphäre heiraten würden. So etwas bleibt in ewiger Erinnerung und gibt Kraft in schweren Stunden. Auch alle anderen Freunde waren in Festtagsstimmung. Man fühlte deutlich, es war auch ihre Feier. Die älteren Semester zerdrückten sogar ein paar Tränen, wofür sie sich nicht einmal schämten. Wie oft heiratet man schließlich im Leben? Zwei, drei Mal, wenn's hoch kommt. Nicht so Hans und Grete natürlich, darüber waren sich alle einig, die beiden turtelten doch wie zwei Täubchen ...

»Ein klarer Fall von Liebesehe«, stellte Gusti, der Exfreund der Braut, fest. »Gut zu wissen, daß es noch Romantik auf dieser Welt gibt.«

Das konnte Lilli, die beste Freundin von Grete, nur

bestätigen, die beiden waren ja richtig vernarrt inein-
ander. Zwar waren Gretes Eltern anfangs dagegen gewesen, schließlich ist sie ja das einzige Kind, und man
wollte für sie einen Haupttreffer finden. Grete stellte
ihre Eltern aber vor die Alternative, entweder Hans oder
ihr werdet schon sehen, was passiert. So gaben sie schweren Herzens ihren Segen. Immerhin verdient der Junge
ja nicht schlecht, und die Vermögenslage von Gretes
Eltern kann man wirklich nicht als rosig bezeichnen.

*

Da kam Grete. Traumhaft. Das gertenschlanke Mädchen sieht wie ein Fotomodell aus. Ihr entzückendes
Profil ist vom Brautschleier und vom Glanz der ersten
großen Liebe überdeckt. Ja, dieses Mädchen strahlt eine
wundervolle Reinheit aus.
»Wie schön du bist«, ruft Klara ihr zu, während Lilli
sich nicht zurückhalten kann und sie umarmt und auf
beide Wangen küßt.
Das Brautkleid hat Susi genäht, Klara kann darauf
wetten. Nach der Hochzeit kann Grete es kürzen und
hat dann ein elegantes Abendkleid. Mindestens 60 Mark
der Meter. Französische Seide, versteht sich von selbst.
Aber wann kann ein Mädchen auch ein so sündhaft teu-
res Kleid tragen, wenn nicht am Tage ihrer Hochzeit?
Vor allem, wenn dieses Mädchen so viel durchgemacht
hat . . .
»Fragt bloß nicht«, flüstert Lilli, »es ist nicht zu fassen, wie das arme Ding gelitten hat. Ihre Eltern wollten
sie schon mit einem Basketballspieler verheiraten, bevor sie überhaupt sitzen bleibt. Das Aufgebot war bereits bestellt, und dann passiert im letzten Moment diese furchtbare Panne . . .«
»Was du nicht sagst«, staunen wir, »wirklich?«

221

»Das bleibt aber unter uns, versprochen? Eine Woche vor der Hochzeit tauchte bei dem Basketballspieler plötzlich eine der Freundinnen der armen Grete auf, ihr kennt doch diese Freundinnen, die euch so schrecklich gerne haben, in Wirklichkeit aber nur ständig über euch lästern, ja und die erzählte ihm alle möglichen Geschichten über Grete, er hat ihr aber kein Wort geglaubt und Grete nur gefragt, ob das denn wahr sei, und sie hat ihm geantwortet, wenn er das von ihr glaubt, dann sei er kein richtiger Mann, und man sollte sich wohl besser trennen. Der Junge hatte vor, sich das Leben zu nehmen, er wollte sich aufhängen, aber er war zu groß, wegen des Basketballs, versteht ihr, sein Kopf reicht fast bis zur Decke, und es hat nicht geklappt. Die arme Grete begann zu trinken, fragt bloß nicht, und zum Schluß wollte er doch noch, aber jetzt hat sie gesagt, zu spät, Armin. Ich glaube, die beiden lieben sich immer noch, aber da war sie schon mitten in der Affäre mit dem jungen Major und so fort von einem Bett zum anderen, das arme Ding, sie hat sich wirklich ein bißchen Glück mit dem armen Hans verdient.«

*

Inzwischen war auch Bräutigam Hans aufgetaucht. Elegant, im dunklen Anzug, ein brillant aussehender junger Mann, sehr sympathisch.

»Ist er jünger als sie?« fragt Gusti, aber alle fallen über ihn her, es könnte sich nur um Monate, höchstens ein paar Jährchen handeln. Was spielt denn das heute noch für eine Rolle, Grete sieht doch phantastisch aus und ist diplomierte Kosmetikerin. Aber was ist eigentlich ihr Hans von Beruf, was macht er denn?

»Gar nichts«, sagt ein Mann mit Pfeife, »er heiratet.«

»Kennen Sie ihn?«

»Klar kenne ich ihn, er ist ein Nobody. Wahrscheinlich ist sogar sein Anzug geborgt.«

»Die Arme«, bedauern wir Grete, »wovon werden sie leben?«

»Keine Sorge, er wird bestimmt bei ihrem Vater einsteigen«, kichert der mit der Pfeife. »Wird sich bei ihm im Büro rumtreiben.«

Ja, so funktioniert das heutzutage. Reine Vetternwirtschaft. Da kommt so ein Nobody dahergeschneit, der nichts hat und nichts kann, und liegt dann seinem Schwiegervater auf der Tasche. Der arme Vater der armen Grete. Jetzt steht er bereits neben dem armen Rabbiner und unterschreibt die Heiratsurkunde. Er wirkt etwas nervös.

»Ein typischer Neureicher«, flüstert Gusti. »Hat mit geschmuggelten Textilien ein paar Kröten gemacht und kauft jetzt einen Mann für seine Tochter.«

Hinter uns erzählt gerade jemand von den finsteren Geschäften des Vaters. Aber das ist heute doch ganz gleichgültig. Hauptsache, der Neureiche hat einen Blöden für die arme Grete gefunden, es sei ihm vergönnt. Geizig ist er aber schon. Das soll ein Saal sein? Eine Bruchbude. Hat er in der ganzen Stadt nichts Eleganteres oder wenigstens Gemütlicheres finden können? Und dieses Buffet, ein paar ausgetrocknete Kanapees, Salzhering, Kartoffelsalat und Orangensaft. Hans und Grete, dieses hübsche Paar, hätten wirklich etwas Besseres verdient.

»Grete sieht müde aus«, sagt Klara, »richtig eingefallen. Ich sag's doch immer, man sollte doch seine erste Liebe heiraten und nicht seine zwanzigste.«

»Aber sie ist glücklich, und das ist schließlich die Hauptsache«, verteidigt Lilli ihre Freundin. »Obwohl ich sie schon tausendmal gewarnt habe, kein helles Puder auf die Nase, das betont die Schönheitsoperation.« Wir umringen sie, was du nicht sagst. »Seht ihr denn das nicht? Eine Gemeinheit. Einsperren sollte man diesen Arzt, sage ich euch.«

*

Die Gäste versammeln sich vor dem Traualtar. Die Eltern des Nobodys sind sehr gerührt, umarmen die Neureichen, wechseln jedoch kein Wort mit ihnen. Seltsam. Es heißt, daß sie mit der Wahl ihres Sohnes nicht ganz einverstanden sind. Hatten sich etwas Besseres gewünscht. Unter uns gesagt, man kann sie schon verstehen.

»Warum«, wundert sich der mit der Pfeife, »warum hat es eigentlich mit der Hochzeit so pressiert?«

Das war nun wirklich eine naive Frage. Alle mokieren sich darüber.

»Jetzt darf man es doch ruhig verraten«, erklärt Gusti, »wo es doch stadtbekannt ist. Im Winter ist Hans von zu Hause weggegangen, die Eltern haben einen Detektiv angeheuert, und in einer verwahrlosten Kneipe fand man die beiden dann, total besoffen. Gretes Bruder wollte Hans umbringen, die Polizei kam, da war vielleicht was los. Ihr Vater schwor damals, er werde ihn wie einen räudigen Hund abknallen, sollte er sich jemals wieder an seine Tochter heranmachen . . .«

Hans tritt auf Grete zu und streichelt sie zärtlich. Danach wechseln sie einige Worte.

»Wie du willst, mein Liebling«, antwortet Grete.

Seht nur, sie streiten schon. Wie traurig.

Da beginnt die Trauung. Nobody steht da wie versteinert. Bleich wie der Tod. Die arme Grete schielt ein wenig. Lilli flüstert uns zu, daß sie eigentlich eine Brille trägt und jetzt so gut wie blind ist, die arme.

Die Brautjungfern umringen die Braut. Eine wunderschöne Feier. Nobody streift ihr den Ring auf den Finger, einen recht einfachen Ring, wenn man bedenkt, was der Mann verdient.

»Wohin geht die Hochzeitsreise?«

»Die ist schon vorbei . . .«

»Spielt doch keine Rolle«, witzelt die Pfeife, »diesmal bezahlt Vater Kirschner das Hotel.«

Wir werfen ein, daß Gretes Vater nicht Kirschner heiße. Es stellt sich heraus, daß die Pfeife aus Versehen auf der falschen Hochzeit ist. Aber wenn er schon einmal da ist, bleibe er auch. Hochzeiten ähneln sich doch alle. Hans zertritt das Glas, wie es Tradition ist, manche meinen, aus versteckter Wut.

»Wann wird er sie betrügen?«

Diese schicksalhafte Frage hat die ganze Zeit über im Raum gestanden, es war von historischer Notwendigkeit, daß sie endlich gestellt wurde.

»Ich persönlich«, sagt Pfeife, »also ich gebe ihnen allerhöchstens drei Monate.«

Gusti schätzt eine Woche, Lilli ist pessimistischer.

»Grete ist nicht so dumm, wie sie aussieht«, flüstert sie uns zu. »Sie hat gestern zu ihm gesagt, Hans, ich heirate dich zwar, lasse mich aber nicht übers Ohr hauen. Ich bin lieber geschieden als eine alte Jungfer. Glaubt mir, wo sie recht hat, hat sie recht.«

Die Wohnung ist auf ihren Namen geschrieben. Klara erinnert daran, daß sie einen guten Rechtsanwalt kennt, für alle Fälle.

»Wir werden sehen«, murmeln wir, »wir werden sehen.«

Wir sehen den beiden jungen Monstern zu. Sie lächeln einander verkrampft zu, tun, als küßten sie sich liebevoll, ziehen eine Schau ab, wo ihr unabänderliches Schicksal uns doch schon deutlich vor Augen steht. Die Trauung ist zu Ende, wir treten auf das junge Paar zu und überschütten es mit guten Wünschen und feuchten Küssen:

»Alles Gute! Alles Gute!«

»Glück und Gesundheit!«

»Ein langes, glückliches Leben!«

»Toi – toi – toi!«

Wahrscheinlich möchte der Leser jetzt wissen, wie ich persönlich mit dem Sechsten Gebot umgehe. Keine Frage, das hängt von einer Frau mit sechstem Sinn ab, im Volksmund die beste Ehefrau von allen genannt.

Entscheidend ist, daß die Beste und ich einander nicht anlügen. In Krisensituationen schweigen wir. Der große Vorteil dabei ist, daß, wer schweigt, auch nicht falsches Zeugnis geben kann.

Man sollte aber in jedem Fall den Mund halten, wenn Frauen sich mit feministischen Ideen beschäftigen, etwas, das vor 3000 Jahren absolut unmöglich gewesen wäre.

Die Situation spitzt sich zu, wenn der Ehefrau das Buch »Adieu Sartre« von Simone de Beauvoir in die Hände fällt, in dem die französische Schriftstellerin keinen Zweifel an ihrer Meinung über diesen perversen Lüstling läßt. Ich schenkte dieses Buch der besten Ehefrau von allen zu Chanukka, und das war ein schwerer Fehler.

Kurz nach dem Aufwachen ertappte ich meine Gattin dabei, wie sie nachdenklich ins Leere starrte.

»Ich hab' genug«, verkündete sie mißmutig, »ich bin es leid, jeden Morgen dieselben zwei Füße in meine Hausschuhe steigen zu sehen.«

Natürlich war mir sofort klar, daß sie den »de-Beauvoir-Virus« hatte. Es konnte gar nichts anderes sein, denn kurz danach fragte sie mich, während sie angestrengt ihr Spiegelbild betrachtete, ob es mir nicht aufgefallen wäre, daß wir seit urdenklichen Zeiten immer und immer wieder dieselben Dinge taten.

Ich gab ihr recht. Auch ich habe mich schon oft gefragt, ob ich nichts Besseres zu tun hätte, als immer wieder ein- und auszuatmen, von früh bis spät, ohne jede Abwechslung, genau wie ein hirnloser Roboter.

Noch während ich sprach, zog sich meine Gemahlin vollkommen in den Spiegel zurück. Ihr Blick schweifte weit über Berge und Einbauküchen hinweg und führte zu der unvermeidlichen Frage:

»Sag mir, Ephraim, was mache ich hier eigentlich? Und wer bin ich überhaupt?«

Ich mußte mir eingestehen, daß ich an dieses Problem noch nicht allzu viele Gedanken verschwendet hatte. Aber nun, da sie selbst die Rede darauf brachte, fragte ich mich ernsthaft: Tatsächlich, was sucht sie eigentlich in meinem Haus?

»Liebling«, bemerkte ich, »wenn du deine Haare blond färben willst, warum sagst du mir das nicht gleich?«

Sie ließ mich wortlos stehen und las weiter in ihrer neuen Bibel. Erst gegen Abend kam sie wieder. Ihre stoische Selbstbeherrschung machte mich unruhig.

»Ich habe nichts gegen dich, Ephraim«, informierte sie mich. »Das Problem bin nur ich und mein Ego. Weißt du, was ich den ganzen Tag lang getan habe? Ich habe nachgedacht. Was bin ich? Wer bin ich? Wo finde ich meine wahre Identität?«

»Du bist meine Frau«, sagte ich hilfreich. »Frau Kishon. Das steht in deiner Identitätskarte.«

»Ja, aber warum bin ich ich?«

Eine gute Frage. Wenn sie an jenem vernieselten Mittwoch vor 35 Jahren statt meiner Dr. Joseph Friedlaender geheiratet hätte, dann wäre die beste Ehefrau jetzt nicht meine Frau, sondern Frau Friedlaender, ohne Zweifel.

»Das ganze Leben«, sagte sie mit einem traurigen Lächeln, »ist nur Zufall.«

Wem sagt sie das? Ich hätte ihr genausogut auch das »Guiness-Buch der Rekorde« schenken können.

*

Die beste Ehefrau von allen erschien erst zur Abendschau wieder. Ein Blick in ihr Antlitz kündigte mir an, daß ich abermals mit Simone de Beauvoir konfrontiert würde. Die große französische Autorin kam tatsächlich daher, als ich gerade beim nächtlichen Zähneputzen war. Das heißt natürlich, meine Frau kam daher, und zwar mit einem früheren Buch von Simone in der Hand: »Das andere Geschlecht«.

»Voilà«, sagte sie, »diese fabelhafte Frau lebte 42 Jahre lang mit Sartre zusammen, und sie hat ihn nie geheiratet. Und warum glaubst du, tat sie es nicht?«

»Vielleicht hat Sartre nie um ihre Hand angehalten.«

Mein Weib blickte in den Spiegel und studierte eingehend das Profil ihrer Identität.

»Sehen wir doch den Tatsachen ins Auge, Ephraim.

Seit ich denken kann, lebe ich in Abhängigkeit. Zuerst war ich meinen Eltern hörig, dann meinen Kindern. Und du, gib's doch zu, du hast mich nur geheiratet, um mich zu deiner Haushälterin zu machen.«

»Das wollte ich nicht«, entschuldigte ich mich. »Das Leben ist voller Abhängigkeiten. Als ich dir beispielsweise ein paar Tage vor der Hochzeit sagte, daß ich noch etwas Zeit zum Überlegen brauchte, hast du, wenn ich mich recht erinnere, einen grandiosen Tobsuchtsanfall bekommen.«

»Schon möglich«, sagte die Beste, in süßen Erinnerungen schwelgend, »aber damals wußte ich noch nicht, worauf ich mich einließ.«

Mein Gott, betete ich lautlos, bewahre mich wenigstens vor Hare Krischna. Von mir aus kann sie blond, braun oder schwarz werden, aber ich will keine kahle Frau zu Hause haben.

»Ich glaube, ich werde meinen BH ausziehen«, teilte die nachdenklichste aller Ehefrauen ihrem Spiegelbild mit. »Ich muß mich selbst finden, Ephraim. Ich will mein eigenes Leben führen.«

Wir hätten auch zu einem Exorzisten gehen können. Der hätte gleich auch Frau de Beauvoir ausgetrieben.

»Ich will mich für keinen Mann schön machen müssen«, fuhr meine Gattin fort. »Es ist mir egal, was du davon hältst. Ich werde keine dummen grünen Striche mehr um meine Augen malen, und mein Haar wird nicht mehr mit Henna getönt. Ich will stolz sein auf den silbrigen Schimmer. Ab heute verstelle ich mich nicht mehr. Ich werde Torten und Eiscreme essen, bis ich platze. Ich bin nämlich keineswegs dein Sexobjekt, mein Lieber. Von nun an wirst du mich so nehmen müssen, wie ich wirklich bin.«

Ich wagte keine Widerrede. Mir war alles recht, solange sie sich nicht kahlscheren ließ.

»Simone«, sie war nicht zu bremsen, »Simone Signo-ret sagte: ›Meine Runzeln sind ein Teil von mir. Wer mich sucht, findet mich in meinen Runzeln.‹«

Ich muß feststellen, daß es zu viele Simones gibt.

»Ich will mich einmal von einer höheren Perspektive aus sehen. Ich muß mir beweisen, Ephraim, daß ich lebe, daß ich existiere, hier und jetzt. Ich will unabhängig werden, hörst du? Ich werde auf die Universität gehen und Literatur studieren. Und Teppichweben will ich ler-nen, eine einfache Kellnerin will ich sein, eine Saxopho-nistin, egal was, wichtig ist nur, daß *ich* es bin.«

Sie rauschte davon, sperrte ihr Ego gemeinsam mit den beiden Simones in ihr Zimmer und telefonierte die nächsten Stunden mit Freundinnen, die sich auch selbst suchten.

*

Am Freitag kam sie mit einem nagelneuen Koffer nach Hause, und ich machte mir ernste Sorgen. Wenn sie mich verläßt, bin ich verloren. Ohne sie würde ich im Kino immer pünktlich sein und mir die Werbung ansehen müssen. Ich ging zu meiner Mutter. Ich sagte ihr, daß meine Frau eben drauf und dran wäre, sich selbst zu suchen.

»Ja, ja«, sagte meine Mutter, »im Leben jeder reifen Frau kommt der Augenblick, da sie begreift, daß ihr Weg ins Nichts führt. Die Ideale der Jugendzeit sind verblaßt, und nun sucht ihr rastloser Geist neue Aufgaben.«

Meine Mutter war beinahe 90, aber sie war nicht nur im Vollbesitz ihrer geistigen Kräfte, sie wußte sie auch anzuwenden.

»Also«, fragte ich sie, »was soll ich machen?«

»Mein Junge«, sagte meine Mutter, »kauf ihr eine Louis-Vuitton-Handtasche.«

»Aber Mama«, schrie ich verzweifelt, »du weißt doch, daß sie Kisten und Kästen voller Handtaschen hat. Was ist das Besondere an Louis-Vuitton-Taschen?«

»Der Preis, mein Junge, der Preis.«

Ich fuhr in die Stadt und kaufte die Louis Vuittonste Tasche, die zu finden war. Ein Ding voller Ls und Vs. Was den Preis betrifft, so reduzierte er unser Bankkonto auf den Status von Rufen-Sie-möglichst-bald-Ihre-Bank-an-und-verlangen-Sie-Herrn-Rosenthal.

Zu Hause fand ich die Beste vor einem halb gepackten Koffer. Ihre Miene hatte etwas von »Adieu, Ephraim« an sich. Es war genau wie bei Frau de Beauvoir, nachdem die Wanderlust sie gepackt hatte. Schnell entfernte ich das Packpapier von den Ls und Vs und überreichte sie meiner Gemahlin. Was nun folgte, ist schwer zu beschreiben. Ein elektrischer Schlag ging durch ihren ganzen Körper, mit zitternden Fingern griff sie nach der Tasche, eine euphorische Röte verfärbte ihr Antlitz, und ein ekstatisches Lächeln flatterte um ihren Mund.

»Vuitton«, flüsterte sie, »echter Vuitton.«

Sie flog mir um den Hals und küßte mich, bis ich schwindlig wurde. Im Hintergrund rauschten die Geigen auf, eine Lerche sang, Blumen erblühten, und über dem endlosen Horizont dämmerte ein neuer Tag.

»Ich hab' schon immer davon geträumt«, sagte die beste Ehefrau von allen mit tränenerstickter Stimme, »aber ich hätte niemals gewagt . . .«

Sie warf dem wundersamen Plastikprodukt einen Blick voll inbrünstiger Leidenschaft zu. Und dann entdeckte sie in ihm, was sie tagaus, tagein gesucht hatte, ihre wahre Identität. Sie hatte plötzlich ihr eigenes Selbst wiedergefunden. Das selbsteste Selbst, das echte Zeugnis ihres Lebens, eine sündteure Handtasche.

Die Begünstigungen, die das Alte Testament dem Mann gewährt, werden am deutlichsten in der angenehmen Pflicht, mindestens vier Frauen zu heiraten. Ein leichtsinniger Rabbi befreite die Söhne der mosaischen Religion jedoch im Mittelalter von dieser süßen Last. Nicht genug damit, war er auch noch stolz darauf, daß die Juden nun wie jedes andere Kulturvolk nicht mehr vier legitime Ehefrauen, dafür aber ein paar geheime »Nebenfrauen« haben würden, wie sie Martin Luther genannt hat.

Die Mormonen hielten da länger an ihrem Glauben ans biblische Frauenquartett fest, aber man ist ja heutzutage vor keiner Überraschung mehr sicher.

Vor kurzem suchte mich nämlich in meinem Appenzeller Haus eine Delegation von Mormonen aus Salt Lake City auf, um mir die Bibellektüre schmackhaft zu machen. Ich nützte die Gelegenheit, mich nach den Nebenfrauen zu erkundigen. Sie beruhigten mich mit der Auskunft, daß die Mormonen seit der Jahrhundertwende monogam seien.

»Gut«, sagte ich, »wenn Sie die Polygamie wieder eingeführt haben, werde ich mich freuen, Sie wiederzusehen.«

Die Verbreitung der westlichen Kultur ist also nicht mehr aufzuhalten. 600 Millionen Islamgläubige schlagen sich jetzt allein in der Arena der Vielweiberei herum. Mohammed wußte, was er tat, als er den Koran nach dem Alten Testament verfaßte, aber auch, wo er bremsen mußte. Der Libyer Gaddafi hat vier gesetzlich angetraute Ehefrauen und noch ein paar in Reserve, und

König Faisal von Saudi-Arabien legt sich da gar keine Beschränkungen auf. Rings um Israel hält sich jeder, der es sich finanziell leisten kann, zu Hause einen ganzen Harem.

Es ist höchste Zeit, mit den Nachbarn Frieden zu schließen.

KURZER LEHRGANG
IN PRAKTISCHER POLYGAMIE

Istanbul ist eine große Metropole, trotzdem hat niemand auch nur ein Wort darüber verloren, bevor man dort einen Film mit dem Titel »Topkapi« drehte, in dem die Kronjuwelen gestohlen werden. Kein Wunder, daß die beste Ehefrau von allen während unseres Aufenthaltes in dieser Stadt den dringenden Wunsch hatte, den Ort des Geschehens zu besichtigen.

Wir mieteten uns einen Führer und begaben uns zum Topkapi, das heute das Nationalmuseum ist, und wandelten offenen Mundes durch das Labyrinth herrlicher Räume. Ich wage zu behaupten, daß an Pracht und Glanz nichts an Topkapi heranreicht.

»Hier befinden sich die berühmte kaiserliche Bibliothek und die umfangreichste Miniaturen-Sammlung der ganzen Welt«, rezitierte der amtliche Führer. »Was möchten Sie zuerst sehen?«

»Den Harem«, antwortete ich.

Die beste Ehefrau von allen meinte etwas pikiert, ich wäre wie gewöhnlich gewöhnlich, aber der Führer wußte natürlich, von wem er nachher das Trinkgeld bekommen würde, und begab sich mit uns auf direktem Wege in den schönsten Gebäudeteil der aufwendigen Anlage.

Das gesamte Topkapi schien nur zu diesem Zweck

gebaut worden zu sein. Jeder Raum des Harems war ein Juwel für sich. Die weichen Lager mit den schwellenden Pfühlen wirkten auf mich umwerfend, ebenso die reich ausgestatteten Boudoirs, in denen die süßen Bienchen in Schuß gebracht wurden, bevor sie zur Schichtarbeit mußten.

»Hier, an dieser Stelle, pflegte der Sultan zu stehen«, sagte der Führer und deutete auf ein Fenster, »um die Frauen im Bade dort unten zu betrachten, wenn er sich die wählen wollte, die er gerade wählen wollte.«

Ich trat an das Fenster und dachte an dies und auch an das, bis die beste Ehefrau von allen mich aus meinen polygamourösen Wunschträumen weckte, um mir mitzuteilen, daß sie nunmehr die Mosaiken besichtigen wollte. Ich erwiderte, sie möge nicht so ungeduldig sein, zu Hause hätten wir Mosaisches genug, und überhaupt müßte ich erst die gesellschaftspolitische Bedeutung dieser Einrichtung verinnerlichen. Während ich vom Fenster auf den antiken Swimmingpool hinunterschaute, der mit seinen riesigen Ausmaßen glatt für 1001 Dame gereicht haben mußte, überlegte ich mir, wie um alles in der Welt der Sultan das Ganze wohl seiner eigenen Besten erklärt hatte.

*

»Abdul Hamid«, wird seine Frau eines Abends zu ihm gesagt haben, »dürfte ich wohl wissen, warum du die ganze Zeit an diesem Fenster stehst?«

»Wer, ich?« fragte der Sultan. »Ich sehe nur mal nach, wie das Wetter wird, Schatzi.«

»Und was sind das für Frauen?«

»Sieht nach Regen aus.«

»Ich habe dich gefragt, was all diese Frauen da unten zu bedeuten haben.«

»Frauen? Welche Frauen?«

»Diese Badenixen da. Sag bloß, du hast sie noch nie gesehen.«

»Ich schaue immer nur zum Himmel, Herzchen. Abendrot, gut Wetter Bot', solche Sachen, weißt du. Ich schaue niemals runter. Aber, wenn du mich jetzt drauf aufmerksam machst, da scheint dort unten tatsächlich so eine Art Türkisches Bad zu sein. Nun ja, die Leute müssen sich auch einmal waschen, nehme ich an.«

»Und seit wann haben wir im innersten Bereich des Palastes eine öffentliche Badeanstalt?«

»Keine Ahnung, Schatziputzi, aber ich werde mich erkundigen. Falls der Architekt Mist gebaut hat, lasse ich ihn köpfen, glaub' mir.«

»Abdul Hamid, du verbirgst mir etwas!«

»Aber, aber Mausi, wir sind doch nicht schon wieder mißtrauisch, oder?«

»Dann erkläre mir bitte, was du eigentlich jede Nacht machst, wenn du dich hier wegschleichst.«

»Ich?«

»Ja, du! Du schnappst dir den Bademantel und ziehst los.«

»Nur aufs Klo, meine Süße.«

»Drei Tage lang?«

»Alles braucht eben seine Zeit. Außerdem, wenn ich nicht schlafen kann, spiele ich manchmal Schach mit den Eunuchen. Du kennst doch den Dicken mit dem Schwert? Kürzlich habe ich gegen ihn ein Remis geschafft. Er hatte zwar einen Springer mehr als ich, aber da habe ich meinen Turm geopfert . . .«

»Drei Tage!«

»Ich hatte Schwierigkeiten mit meinem Läufer.«

»Und dann kommst du völlig erledigt wieder zurück und kannst dich kaum noch auf den Beinen halten.«

»Wo er doch einen Springer mehr hatte . . .«

»Und die Musik?«

»Was für eine Musik?«

»Du weißt haargenau, was für eine Musik. Kein Mensch kann in diesem Palast auch nur ein Auge zumachen bei dem ständigen Bauchtanzkrach.«

»Denkst du etwa, ich tanze Bauch?«

»Nicht du. Die.«

»Wer?«

»Deine Mädchen.«

»Liebling, wirklich, ich muß schon bitten.«

»Letzte Nacht bin ich zum Fenster gegangen und habe runtergerufen, sie sollten gefälligst mit dem Krach aufhören, ich hätte Migräne. Da keifte eine von deinen Weibern hoch: ›Ruhe da oben, Sie stören den Sultan!‹ Was sollte das denn nun wieder bedeuten?«

»Was weiß ich? Vielleicht ist irgendein Mädchen mit einem Kerl namens Sultan verheiratet, Josef Sultan oder so ähnlich. Oder vielleicht ist das der Bademeister . . .«

»Ich habe dort unten noch keinen einzigen Mann gesehen.«

»Dann sind das sicherlich sehr keusche, schamhafte Mädchen.«

»Keusch, sagst du? Sie sind allesamt splitterfasernackt.«

»Wer?«

»Deine miesen Schlampen!«

»Mach keine Witze. Du meinst, ganz ohne Kleider?«

»Du hast mich genau gehört!«

»Na so was aber auch! Ich muß das Polizeiministerium informieren. Also wirklich, hier in meinem eigenen Palast! Ich bin dir so dankbar, daß du mich darüber aufgeklärt hast, Liebling. Nackt! Da muß man sofort etwas unternehmen. Ich werde gleich mal losgehen und die Sache persönlich untersuchen, und wenn ich herausfinde, daß die keine Genehmigung für ihre FKK-Anlage haben . . .«

»Abdul! Was willst du mit deinem Bademantel?«

»Ich muß gehen, Hasimaus, ich muß wissen, was diese Mädelchen so treiben. Das ist eine wichtige Angelegenheit, verstehst du. Ich komme in Windeseile wieder zurück, mein Täubchen, vielleicht sogar schon dieses Wochenende, bestimmt aber nicht später als im nächsten Frühjahr.«

Gott der Herr sagte seinerzeit: »Es wird der Mann seine Eltern verlassen und seinem Weib anhängen, und sie werden sein ein Fleisch«, aber, gestatten Sie, Gnädigste, Er sagte Weib, nicht Eheweib.

Alles, was der Allmächtige von den Menschen verlangt hat, war: »Seid fruchtbar, mehret euch und füllet die Erde.« In dieser guten Absicht hat uns der Schöpfer mit so viel erotischem Drang ausgestattet, daß wir fast daran zerplatzen. Dann aber kommt Er uns mit Seinem Sechsten Gebot und macht aus einer globalen Mission ein Ping-Pong-Spiel für zwei Teilnehmer.

Wie soll man sich da zurechtfinden?

Mein Cousin saß da und starrte zur Decke. Seine Stimme klang träumerisch:

»Es war Liebe auf den ersten Blick. Ein Hauch von geistigem Adel schwebte um diese Frau, ein Leuchten wie von innerer Heiterkeit. Sie hatte mich nur ein einziges Mal aus ihren geheimnisvollen dunklen Augen angesehen, und ich war ihr verfallen. Ich folgte ihr wie in Trance. Sie liebte mich nicht.«

»Was du nicht sagst.«

»Sie fand, ich sei nicht empfindsam genug. Sie ist eine Dichterin. Wir trafen einander ein paarmal und sprachen über ihre Pläne. Das war alles. Sie hatte eine Art Leibwächter, einen Jugoslawen. Ich saß nächtelang auf der Treppe vor ihrer Wohnungstür und beneidete ihn. Wenn sie mich am Morgen um ein Schinken-Käse-Sandwich schickte, war ich der glücklichste Mensch auf Erden.«

»Was du nicht sagst.«

»Sie nahm kleine Geschenke von mir entgegen, manchmal auch etwas Bargeld, aber dadurch wurde ihre Leidenschaft nicht geweckt. Ich litt wie ein Hund. Eines Nachts hatte ich eine fürchterliche Vision: Ich sah den Jugoslawen, wie er ihr in der Badewanne den Rücken einseifte. Damals faßte ich den Entschluß, mich von allem zu befreien. Ich rannte die ganze Nacht durch die Straßen. Wohin, war mir gleichgültig. Nur weg von ihr. Am Morgen fand ich mich vor ihrer Türschwelle mit drei Schinken-Käse-Sandwiches. Sie warf mich hinaus. Meine Freunde sahen mich zugrunde gehen und kamen mir zu Hilfe. Sie fesselten mich an einen Schaukelstuhl. Aber selbst dann erschien vor meinem geistigen Auge immer

238

wieder ihr geheimnisvoll lockendes Lächeln. Ich schaukelte zum Telefon und wählte mit der Nase den Polizeinotruf. Die Polizei kam und band mich los. Ich ließ mich zu ihrer Wohnung führen, um ihr einen Heiratsantrag zu machen. Ich wollte die Verbindung unbedingt legalisieren, ich bin ein tiefreligiöser Mensch.«

»Was du nicht sagst.«

»Sie war nicht zu Hause. Wahrscheinlich ausgegangen, mit ihrem Leibwächter. Ich ging zu einem Psychoanalytiker und sagte ihm alles. Er erklärte mir, daß ich als kleines Kind meine Mutter gehaßt hätte und mich jetzt dafür rächen wollte, oder es wäre auch möglich, daß ich als kleines Kind meine Mutter geliebt hätte und daß ich jene Frau mit ihr identifiziere. Was immer davon zutraf, ich brach jedesmal in Tränen aus, wenn ich ihren Namen nannte. Der Analytiker schrie mich an, ich sollte mich nicht wie ein kleines Kind benehmen. Ich sprang von der Couch und ging zu ihr. Ich war entschlossen, ihr meinen gesamten Besitz zu vermachen.«

»Was du nicht sagst.«

»Sie war im Prinzip einverstanden und ließ mich zum erstenmal in ihre Wohnung. Eine elegant möblierte Wohnung, voll kultivierter Atmosphäre. Wir lasen Lyrik. Als sie zu Bett ging, durfte ich die Kerze halten. Das Wachs tropfte auf meine Finger, und ich fühlte mich wie im Himmel. Dann kam der Jugoslawe. Er hatte Schlüssel in der Hand. Sie schlossen mich in die Speisekammer ein. Ich begann zu trinken. Whisky, Rum, Himbeersaft, alles, was ich fand. Aber es half nichts. Ich konnte nicht leben ohne sie, ohne ihre Stimme zu hören, ohne die vibrierende Ausstrahlung ihrer Persönlichkeit zu spüren. Ich bat sie, mich unter ihrem Bett schlafen zu lassen. Sie lehnte ab. Ich sprang aus dem Fenster.«

»Was du nicht sagst.«

»Ich hatte sterben wollen, aber ich brach mir nur das

Bein. Drei Monate lag ich im Gipsverband und lernte Serbokroatisch. Alle zehn Minuten rief ich sie an, bis sie den Stecker herauszog. Ich verfiel immer mehr. Aus dem Spiegel glotzte mir das Wrack meines Schattens entgegen. Eines Tages hielt ich es nicht mehr aus, schwindelte mich im Pyjama aus dem Krankenhaus und schleppte mich zu ihr. Sie öffnete die Türe, und seither habe ich jedes Interesse an ihr verloren. Der Jugoslawe kann sie haben.«

»Um Gottes willen, was ist denn geschehen?«

»Sie ist dick geworden.«

Alles schön und gut, aber es ist einfach nicht wahr, daß es keine glücklichen Ehen mehr gibt. Es ist höchste Zeit, dieses Vorurteil zu revidieren. Nicht unkeusches Benehmen und übereilte Trennung, nicht Eheberater und Scheidungsanwalt bringen die Lösung für Ehekrisen, sondern gegenseitiges Verständnis und ein klärendes Gespräch zwischen den beiden Märtyrern.

*

CLARISSA UND MANFRED ODER DIE FERNGESTEUERTE EHE

MANN: Guten Tag, liebe Leser. Ich möchte mich vorstellen. Ich bin der Ehemann dieser Dame.

FRAU: Und ich bin die Frau dieses Ehemannes. Guten Tag.

MANN: Wir wollen uns mit einem der größten Mißerfolge der Menschheit befassen.

FRAU: Gemeint ist die Ehe.

MANN: Letzte Umfragen ergaben folgendes: 80 Prozent finden die Ehe schlechterdings furchtbar.

FRAU: Elf Prozent unerträglich, jedoch gut.

MANN: Drei Prozent so-so-là-là.

FRAU: Ein Prozent der Befragten weiß es nicht.

MANN: Es kann sein, daß wir, die Männer, für diese bedauerlichen Ergebnisse verantwortlich sind.

FRAU: Vielleicht liegt die Schuld bei uns Frauen.

MANN: Man sollte aber keinesfalls verallgemeinern. Unser Nachbar ist seit 35 Jahren überaus glücklich verheiratet. Mit fünf Frauen, einer nach der anderen.

FRAU: Das ist natürlich der einfachste Weg. Sich scheiden lassen und wieder heiraten.

MANN: Zweifelsohne. Die Scheidung, die Flucht aus dem eigenen Heim, ja, so löst man heute Eheprobleme. Aber nicht bei uns. Wir sind seit über 20 Jahren verheiratet, wir leben in völliger Harmonie. Nicht wahr, Clarissa?

FRAU: Stimmt genau, Manfred. Nicht etwa, daß mein Mann perfekt wäre oder daß unsere Kinder weniger Geschrei machten. Nein, wir sind ganz einfach der wahren Ursache für zerrüttete Ehen auf die Schliche gekommen.

MANN: Es sind die kleinen Reibereien.

FRAU: Ja, die kleinen, täglichen Reibereien, die das Leben für zwei aneinandergekettete Wesen zur Hölle machen, auch wenn sie einander durchaus verbunden sind.

MANN: Ein Beispiel: Wenn ich abends schlafen will, möchte Clarissa ein Buch lesen.

FRAU: Und wenn er morgens aufsteht, bin ich noch hundemüde.

MANN: Beim Frühstück blättere ich gerne in der Zeitung.

FRAU: Und ich möchte mich unterhalten.

MANN: Ich liebe Karotten.

FRAU: Und ich hasse Lärm.

MANN: Ich gehe abends gern im Park spazieren und beobachte Schnecken.

FRAU: Ich bevorzuge klassische Musik.

MANN: Wenn ich ein wichtiges Telefongespräch aus dem Ausland erwarte, tratscht sie bestimmt gerade mit ihrer Freundin.

FRAU: Keine Frage, wir haben unterschiedliche Vorlieben.

MANN: Wir haben unsere Probleme jedoch mit intellektueller Eleganz gelöst, nicht wahr, Liebste?

FRAU: Durchaus, Manfred. Wir haben die kleinen Hindernisse aus unserem Eheleben geräumt, und zwar in gegenseitigem Einvernehmen.

MANN: Eines Abends wollte Clarissa zum Beispiel im Fernsehen eine Modenschau sehen und ich »Derrick«, im Zweiten.

FRAU: Fast wären wir uns an die Gurgel . . .

MANN: Als wir plötzlich beide lachen mußten.

FRAU: »Warum«, sagten wir uns, »warum sollten eigentlich nur die Handtücher im Badezimmer mit ›Sie‹ und ›Er‹ beschriftet sein?«

MANN: Am nächsten Tag kaufte ich ihr einen Fernsehapparat.

FRAU: Und seither gab es bei uns keinerlei Streit mehr um das Programm. Jeder nach seinem Geschmack.

MANN: Das war jedoch nur der Anfang.

FRAU: Langsam aber sicher wandten wir dieses Prinzip auch auf andere Bereiche des gemeinsamen Lebens an.

MANN: Von jeder Zeitung kaufte ich zwei Exemplare.

FRAU: Wir haben zwei Stereoanlagen im Haus.

MANN: Zwei Fotoapparate.

FRAU: Und zwei Kinder.

MANN: Ich habe für Clarissa auch einen Gebraucht-wagen angeschafft.

FRAU: Seither bin ich selber mobil und nicht mehr von meinem Mann abhängig.

MANN: Danach bauten wir die Waschküche in ein Extra-Schlafzimmer für mich um.

FRAU: Bitte ziehen Sie daraus keine übereilten Schlußfolgerungen.

MANN: Ganz im Gegenteil. Seit wir einen zweiten Telefonanschluß haben, sind unsere intimen Beziehungen auf einem neuen Höhepunkt.

FRAU: Ich habe eine eigene Leitung.

MANN: Natürlich kosten diese Maßnahmen Geld.

FRAU: Aber welches Opfer bringt man nicht für eine glückliche Ehe?

MANN: Eben. Mit etwas gutem Willen werden alle finanziellen Probleme aus dem Weg geschafft. Es gab jetzt nur noch unwesentliche kleine Reibungspunkte in unserem Eheleben.

FRAU: Das Verwenden des Badezimmers, zum Beispiel. Gemeinsame Schränke.

MANN: Die Konversation am Morgen.

FRAU: Die Schnecken.

MANN: Da brachte Clarissa in Erfahrung, daß über uns im fünften Stock eine kleine Wohnung frei würde, und schon nach einer Woche bin ich samt meinen persönlichen Habseligkeiten umgezogen.

FRAU: Noch nie war unsere Beziehung so gut.

MANN: Da wir die kleinen Störfaktoren der Ehe losgeworden sind.

FRAU: Am Morgen muß man nicht mehr das gelangweilte Gesicht des Partners ansehen.

MANN: Karotten nach Herzenslust.

FRAU: Getrennte Post.

MANN: Clarissa hat ihren Mädchennamen wieder angenommen.

FRAU: Das war eine der glücklichsten Epochen in unserer Ehe.

MANN: Ganz meine Meinung. Es gibt jedoch im gemeinsamen Eheleben immer noch Verbesserungsmöglichkeiten.

FRAU: In der Tat. Es bestand ja nach wie vor die Möglichkeit, daß mein Mann und ich uns im Treppenhaus begegnen, obwohl ich dazu seelisch gerade nicht bereit bin.

MANN: Oder daß Clarissa die Kinder anbrüllt und der Lärm zu mir hinaufdringt.

FRAU: Es gab noch immer Reibungspunkte.

MANN: Deshalb haben wir beschlossen, daß Clarissa umzieht, und zwar ans andere Ende der Stadt.

FRAU: Das hat unsere Beziehung jedoch in keinster Weise beeinträchtigt ... das heißt ... ich meine, im Gegenteil ... hehe ...

MANN: Es gibt ja schließlich Hotels.

FRAU: Wir treffen uns manchmal im Kino.

MANN: Oder man winkt sich auf der Straße freundlich zu. Hallo Clarissa!

FRAU: Ja, Liebling. Hauptsache, daß es zwischen uns keine Spannungen oder Diskussionen mehr gibt.

MANN: Diese Phase haben wir ein für allemal hinter uns gelassen.

FRAU: Es blieb nur noch ein mögliches Reibungspünktchen.

MANN: Die Kinder.

FRAU: Ja, sie hätten unsere neugeschaffene Harmonie möglicherweise beeinträchtigen können.

MANN: Clarissa nahm also den Sohn mit, als sie ans andere Ende der Stadt umzog.

FRAU: Und die Tochter blieb bei ihm.

MANN: Und was soll ich Ihnen sagen, es klappt wunderbar.

FRAU: Ich bin sehr zufrieden. Sehr entspannt. Weißt du, Manfred, die Karte, die du mir diesen Sommer aus Grönland geschickt hast, war wirklich rührend.

MANN: Das freut mich, Clarissa.

FRAU: Heute sehen wir uns zum ersten Mal seit drei Jahren. Aber es ist so, als wären wir nie getrennt gewesen.

MANN: Das sichere Zeichen für eine glückliche Ehe.

FRAU: Wir sind sehr stolz darauf, daß es uns nur durch Intellekt, gemeinsamen Willen und gegenseitiges Verständnis gelungen ist, eine prachtvolle Lösung für die quälenden Probleme des Ehealltags zu finden.

MANN: Kurz und gut, die ideale Form des Zusammenlebens. Und deshalb, meine Herrschaften, bevor Sie mit dem Gedanken an Scheidung, Flucht oder andere moderne Lösungen spielen, sollten Sie sich gemeinsam darum bemühen, die kleinen Fallen, die das Leben stellt, auf faire und anständige Art zu beseitigen.

FRAU: Und Sie werden, wie wir, das wahre Glück der Ehe finden. Auf Wiedersehen. Manfred.

MANN: Auf Wiedersehen, Liebling. Ruf mich doch Ende '96 an.

VII. DU SOLLST NICHT STEHLEN

Dieses Gebot enthält eine sehr pragmatische Forderung, auch wenn die Neigung, es zu umgehen, nicht geringer ist als beim populären Ehebruch. Sehen wir der Wahrheit ins Gesicht, der Mensch stiehlt recht gerne. Weniger gern wird er erwischt.

Auch die Bibel ist voll von Diebstählen, manchmal ganz überraschenden. Josef zum Beispiel, den seine Brüder auf dem ägyptischen Sklavenmarkt für eine erkleckliche Summe versteigerten, wurde zuvor »aus dem Land der Hebräer heimlich gestohlen«.

König Davids langhaariger Sohn Abschalom hingegen stahl »das Herz der Männer Israels« während seines Aufstandes gegen den Vater.

Seither ist viel Wasser den Fluß Kishon hinabgeflossen, und Gottes wachsames Auge wurde in den Kaufhäusern durch den elektronischen Sensor ersetzt. Moses hat aber auch hier wieder recht gehabt. Das Auge im Himmel funktionierte besser.

ÜBUNG MACHT DEN MEISTER
ODER BRIEFE AUF UMWEGEN

Vor etwa einer Woche bemerkte ich, daß ich keine
Briefe mehr bekam. Ich glaubte zuerst, es handle
sich um einen neuen Briefträger. Gestern entdeckte ich
durch Zufall den wahren Grund. Als ich zu ungewohn-
ter Stunde das Haus verließ, sah ich den kleinen Riegler aus dem Nebenhaus, wie er mit zwei zarten Fingern
in den Schlitz meines Briefkastens fuhr und gleich auf
den ersten Griff drei oder vier Briefe herausfischte. Als
er mich sah, flitzte er davon.

Ich begab mich ebenso schnurstracks wie wutschnaubend zu Herrn Riegler, der bereits an der Haustür stand.

»Was los?« fragte er.

»Allerdings«, schleuderte ich ihm entgegen, »Ihr Sohn
stiehlt meine Briefe.«

»Er stiehlt keine Briefe. Das Kind sammelt Briefmar-
ken.«

»Wie bitte?«

»Hören Sie«, holte Herr Riegler aus. »Ich lebe mit
Gottes Hilfe seit 33 Jahren in diesem Land und habe
einiges geleistet, wovon nur sehr wenige Menschen wissen, darunter ein paar Minister. Ich spreche aus Erfahrung. Und ich sage Ihnen, heutzutage ist es nicht mehr
der Mühe wert, Briefe zu bekommen.«

»Und wenn einmal ein wichtiger Brief dabei ist?«

»Wichtig? Was ist schon wichtig? Ist der Steuerbe-
scheid wichtig? Ist eine Gerichtsvorladung wichtig? Ist
es wichtig, was Ihre geldgierigen Verwandten in ihren
Bettelbriefen schreiben? Glauben Sie mir, es gibt keine
wichtigen Briefe.«

»Oh, doch.«

»Seien Sie nicht kleinlich. Mein Bruder war Karatetrainer in der Armee und bekam plötzlich einen Brief mit der Nachricht, daß er als Gesandter nach Sansibar zu gehen hätte. Er gab ein Vermögen für eine neue Garderobe aus und las eine Menge Bücher, um sich über seinen neuen Wirkungsbereich zu informieren. Nach einer Woche stellte sich heraus, daß es sich um einen bedauerlichen Irrtum handelte, jetzt arbeitet er als Rausschmeißer in der ›Sansi-Bar‹. Nur damit Sie wissen, was ein wichtiger Brief ist.«

»Wichtig oder nicht, ich möchte meine Briefe ganz gerne lesen. Okay?«

»Okay. Ich versuche meinen Sohn dazu zu bringen, daß er nur die Marken behält und Ihnen die wichtigsten Briefe zurückgibt.«

»Vielen herzlichen Dank. Darf ich Ihrem Herrn Sohn einen Schlüssel zu meinem Briefkasten überreichen?«

»Wozu? Der Bub soll nur schön lernen, wie man Marken sammelt.«

Damit war der philatelistische Privatdienst zwischen mir und Biegler junior offiziell eröffnet.

Nach Gebot Nummer Sieben bin ich also ein Komplize.

Die Zehn Gebote sind durchaus in Ordnung, aber sie machen es sich zu leicht. Alles, was schön ist im Leben, wird mir nichts, dir nichts verboten.

Warum, um Himmels willen, konnte Moses seine Gebote nicht freundlicher formulieren. Klingt es nicht viel hübscher, wenn man sagt »Stiehl geschickter, Dummkopf.«

FREUNDE IN DER NOT
ODER KEIN ROTER HELLER

Allmählich mußten wir einsehen, daß unser alter CD-Player, den wir für bare 3000 Schekel gekauft hatten, nicht mehr der beste war. Genauer gesagt, er war unbrauchbar geworden. Zum Beispiel schnellte die Drehzahl nach wenigen Takten so hoch, daß Ghiaurov sich in einen strahlenden Sopran verwandelte und die ausdrücklich als »solemnis« bezeichnete Missa in ein zirpendes Kinderlied. Meine Versuche, der Automatik auf den Leib zu rücken, erwiesen sich als unfruchtbar. Erfolgreicher waren die Mahnungen der besten Ehefrau von allen, das Wrack zu verkaufen. Ich gab also folgenden Text in die Zeitung: »Erstklassiger CD-Player, in hervorragendem Zustand, wie neu, familiärer Umstände halber um 4000,- abzugeben. Einmaliger Gelegenheitskauf.«

Da wir jedoch auf unseren gewohnten musikalischen Streßabbau nicht verzichten wollten, begannen wir uns nach einem Ersatz umzusehen, nach etwas ganz Modernem auf dem CD-Markt. Wir wollten uns aber keinesfalls an Zeitungsanzeigen orientieren, denn da wird ja unverschämt gelogen. Ich bat also Freunde und Bekannte, die Augen offenzuhalten und anzurufen, falls sie etwas entdeckten.

Schon bald meldete sich Nachbar Felix Selig mit froher Botschaft: »Ich hab's!« verkündete er jauchzend. »Ein phantastisches CD-Gerät, höchste Qualität, aus erster Hand. Allerdings nicht ganz billig. Der Besitzer verlangt 4000 Schekel. Selbstverständlich bin ich mit keinem roten Heller beteiligt.«

»Lassen Sie es gut sein, Felix«, antwortete ich. »Wer ist der Besitzer?«

Felix ließ es gut sein und gab den Namen des Besitzers mit Uri an, und ich sollte nur ja nicht vergessen, ihm, Uri, zu sagen, daß er, Felix, mich geschickt hatte, vielleicht ginge Uri dann ein wenig mit dem Preis herunter. Außerdem sollte ich unbedingt die Worte »Felix fünf« hinzufügen. Nichts weiter, nur »Felix fünf«. Uri wüßte Bescheid, es ist ein Geheimcode zwischen den beiden.

Uri war, als ich kam, leider nicht zu Hause, aber sein kleiner Bruder versprach mir, ihm alles auszurichten. Wirklich besuchte mich Uri am nächsten Tag und kam schnell zur Sache. Da ich mit seinem Freund Felix befreundet sei, würde er selbst keinen roten Heller für sich beanspruchen, und das CD-Gerät koste nur 4300 Schekel.

»Felix fünf«, sagte ich vereinbarungsgemäß. »Felix fünf.«

»Das braucht Sie nicht zu kümmern«, beruhigte mich Uri. »Das macht keinen Unterschied. Es bleibt bei 4800.«

Er gab mir einen verschlossenen Briefumschlag für einen gewissen Friedländer in Jaffa und wünschte mir Glück.

Jetzt griff das Schicksal ein. Die Nagelfeile der besten Ehefrau von allen rutschte ihr am Abend zufällig aus, der Briefumschlag lag gerade daneben, sie schlitzte ihn, und so mußte ich gegen meinen Willen den Inhalt des Briefs kennenlernen. Es waren nur wenige Zeilen, von Uri an Friedländer.

»Der Kerl ist ein Freund von Felix. Sucht ein CD-Gerät. Felix verlangt 500 Schekel. Ich bekomme 300 und eine Draufgabe für meinen kleinen Bruder, der die Sache vermittelt hat.«

Ich verschloß den versehentlich geöffneten Brief und trug ihn am folgenden Morgen zu Friedländer nach Jaffa.

»Einem Freund von Uri bin ich immer gern gefällig«, sagte Friedländer. »Das Gerät, das ich für Sie im Auge habe, ist ein echter Fund. Ich werde sofort meine Braut anrufen. Ihr Mann kennt den Besitzer.«

Friedländer ging ins Nebenzimmer und versperrte die Tür, aber einige Gesprächsfetzen waren nicht zu überhören. »Hallo, Liebling . . . altes Gerät auftreiben . . . Uri will 400 . . . ich möchte 300 . . . also gut, 200 . . . wir müssen auch Mama . . . und natürlich deinen Mann . . . alles klar.«

Daraufhin gab mir Friedländer die Telefonnummer des Gatten seiner Braut, der, wie sich herausstellte, Platzanweiser in einem Kino in Beersheba war. Friedländer erklärte mir, daß der Preis des Gerätes ein wenig gestiegen sei, Inflation und so, das müßte ich verstehen, und ihm personlich bringe die Sache keinen roten Heller.

Nachts telefonierte ich mit Beersheba.

»Da Sie mit dem Bräutigam meiner Frau befreundet sind«, sagte der Platzanweiser, »bekommen Sie dieses hervorragende Gerät um 5700 Schekel.«

Ich kalkulierte rasch durch: Felix – 500. Uri – 300. Kleinerer Bruder – 100. Friedländer – 200. Mama – 50. Braut – 250. Platzanweiser – 100. Rechnete man das Gerät hinzu, das ja auch etwas kostete, so ergab sich eine Gesamtsumme von 5500 Schekel, nicht 5700. Auf die Differenz aufmerksam gemacht, führte mein neuer Geschäftspartner die Anwaltskosten seiner Scheidung von Friedländers Braut ins Treffen und meinte, für ein fabrikneues CD-Gerät seien selbst 5700 Schekel ein lächerlich geringer Preis.

Meine geringe Begeisterung veranlaßte den Platzanweiser, am nächsten Tag eigens aus Beersheba herüberzukommen, um den Kontakt zwischen mir und dem in Tel Aviv wohnhaften Besitzer des Gerätes persönlich herzustellen.

»Der Idiot hat keine Ahnung von den Preisen, die jetzt gezahlt werden«, informierte er mich unterwegs. »Lassen Sie mich unter vier Augen mit ihm reden, und der Fall ist erledigt.«

An dieser Stelle erwachte mein Geschäftssinn. Ich erklärte, daß auch ich eine kleine Beteiligung haben möchte.

»Aber Sie sind doch der Käufer?« wunderte sich der Mann aus Beersheba.

»Macht nichts«, beharrte ich. »Schlagen Sie zum Preis noch 325 Schekel dazu, und die geben Sie mir dann unterm Tisch. Wenn alle beteiligt sind, will auch ich beteiligt sein.«

Wir hatten unser Ziel erreicht. Meine Frau öffnete die Tür und führte uns zu dem Apparat, den wir, vielleicht erinnert man sich noch, loswerden wollten.

»Ein wunderbares Gerät«, flüsterte mir der Platzanweiser zu. »Warten Sie, bis ich mit der Dame gesprochen habe.«

»Sie können auch mit mir sprechen«, sagte ich. »Das Gerät gehört mir.«

»Schön. Was wollen Sie haben?«

»4000 netto.«

Nach einer kurzen Pause, die er für seine Kopfrechnung brauchte, erklärte sich der Platzanweiser einverstanden: »In Ordnung. Mit Freunden handle ich nicht. Ziehen Sie den Preis des Gerätes, also 4000 Schekel, von der Gesamtsumme 6025 ab, zahlen Sie mir 2025 Schekel, und ich gebe Ihnen Ihre 325 Schekel zurück.«

Das war eine faire Lösung. Außerdem halte ich nichts davon, ein Geschäft scheitern zu lassen, an dem so viele Leute, noch dazu lauter gute Freunde, beteiligt sind. Es gelang mir, noch 25 Schekel für mich herauszuholen und meinen Anteil auf 350 Schekel aufzurunden. Dann besiegelten wir den Abschluß der Transaktion mit einem gemütlichen Umtrunk.

S o seltsam es klingt, man kann vielen Leuten viel Geld aus der Tasche stehlen, ganz unauffällig und auf elegante Weise.

Man braucht dazu lediglich einen weißen Arztkittel, ein paar wacklige Stühle und eine geschlossene Tür mit einem kleinen Emailschild.

DER UNHEILBARE ARZT
ODER MAGENBITTER AUF REZEPT

E s war ausnahmsweise kein Andrang im Wartezimmer. Also klopfte ich an und ging hinein. Hinter dem Schreibtisch saß der Arzt und füllte irgendwelche Formulare aus.

»Guten Morgen«, sagte ich.

»Privat oder Kasse«, fragte er.

»Kasse.«

»Haben Sie eine Nummer?« fragte er.

»Ja, bitte«, sagte ich und reichte ihm meine Nummer.

»Wo fehlt's?« fragte der Arzt, während er meine Nummer mißtrauisch betrachtete. Ehe ich etwas sagen konnte, erkundigte er sich nach meinen Daten und trug sie sorgfältig in einen Fragebogen ein. Dann endlich sah er mich an.

»Also.«

Ich begann ihm zu erklären, daß ich seit einigen Tagen starke Schmerzen im Hinterkopf hätte.

»Im Hinterkopf?« fragte der Arzt.

»Im Hinterkopf«, sagte ich.

»Waren Sie schon einmal hier?«

»Schon öfter.«

Der Arzt betrachtete nochmals eingehend die Nummer, die ich ihm gegeben hatte. Dann wollte er Näheres über uns, die Nummer und mich, erfahren. Dafür zog er seine Kartei und den Fragebogen zu Rate. Nach einer Weile drehte er sich zu mir um:

»Steht da 083?« fragte er.

»Ja«, antwortete ich, »es sieht mir nach 083 aus.«

Er wühlte erneut und gab auf:

»Haben Sie eine Ahnung, wo Ihre Krankengeschichte abgelegt sein könnte?«

»Da, in der Kartei.«

»Haben Sie Lust nachzuschauen, wo Ihre Papiere sind?«

Ich ging hin, fand meine Papiere und reichte sie ihm.

Er nahm einen Stempel und drückte ihn auf eine leere Zeile. Dann wandte er sich wieder an mich:

»Also, was fehlt Ihnen?«

»Ich weiß nicht«, antwortete ich wahrheitsgemäß. »Ich hab' Schmerzen im Hinterkopf.«

Ich fügte hinzu, daß mein Enkel Rudi zufällig seit gestern über ähnliche Schmerzen klage.

»Wie alt ist das Kind?« fragte er.

»Zweieinhalb Jahre«, antwortete ich. »Ich gehe mit ihm zur Kinderärztin.«

»Zu Dr. Friedmann?« fragte er.

»Nein«, antwortete ich, »zu einer anderen.«

»Und was stellte sie bei ihm fest?« fragte der Doktor.

»Wegen dieser Beschwerden waren wir noch nicht dort«, antwortete ich.

»Gehen Sie, gehen Sie nur hin«, sagte der Arzt und begann laut nachzudenken, was wohl meine hinteren Schmerzen bedeuten könnten.

»Wann haben sie begonnen?« erkundigte er sich.

»Vor einem Monat.«

»Sind Sie bei uns behandelt worden?«

»Ja.«

»Wieso haben Sie dann noch Schmerzen?«

»Das war so«, erklärte ich ihm, »eines Tages kam ich ungefähr eine Viertelstunde vor Dienstschluß hierher, und da sagte man mir, daß der für mich zuständige Arzt weggegangen sei und sein Vertreter schon am Vormittag die Arbeit von drei wegen Krankheit ausgefallenen Ärzten bewältigen mußte. Daher war er nicht mehr bereit, weitere Patienten zu behandeln.«

»Das ist verständlich«, sagte der Arzt. »Was war weiter?«

»Ich fragte ihn, wann ich wiederkommen könnte, und er bestellte mich für 15 Uhr am nächsten Nachmittag.«

»Wie spät ist es jetzt?« fragte der Arzt.

Ich sagte ihm, wie spät es sei und fuhr fort:

»Als ich am nächsten Tag pünktlich zur angegebenen Zeit hinkam, um eine Nummer zu bekommen, sagte mir die Assistentin im Vorzimmer, ich käme heute nicht mehr dran, weil der Herr Doktor seinen Staubsauger am Zollamt abholen mußte. Ich fragte, ob ein Kassenpatient nur dann erkranken dürfe, wenn es den Ärzten passe, und sagte ihr alles, was ich von diesem Berufsstand hielt. Sie erwiderte, sie könne gar nichts dafür, denn sie wäre auch nur als Vertretung hier, für eine Tante mütterlicherseits.«

Der Arzt blickte von seinen Formularen auf: »Warum haben Sie nicht gleich gesagt, daß Sie hier schon in Behandlung waren?«

»Das nennen Sie Behandlung?«

Der Arzt war indigniert.

»Also, was wollen Sie?« fragte er.

»Daß Sie nachsehen, warum ich Schmerzen im Hinterkopf habe.«

»Gut, machen Sie den Mund auf.«

Ich sperrte den Mund auf, und er schaute sich meinen Hals an. Dann sagte er: »Sie haben große Mandeln.«

»Ja«, gab ich zu, »ich weiß.«

»Sehr große Mandeln«, sagte der Arzt, »was soll ich Ihnen da verschreiben?«

»Ich weiß nicht. Sie sind doch der Arzt.«

Eine nachdenkliche Stille setzte ein. Dann fragte er: »Also wollen Sie jetzt ein Medikament?«

»Ich will, daß die Kopfschmerzen weggehen.«

»Haben Sie irgend etwas zu Hause, Tropfen oder ähnliches?«

»Nein.«

»Schade«, bemerkte der Arzt, »wissen Sie irgendein Medikament, das Ihnen hilft?«

»Magenbitter.«

»Gut, dann verschreibe ich Ihnen Magenbitter«, sagte der Arzt und verschrieb erleichtert Magenbitter.

Ich bedankte mich.

»Keine Ursache«, sagte der Helfer der Menschheit. »Wenn ich Ihnen raten darf, kommen Sie nach den Feiertagen wieder, dann wird Ihr zuständiger Arzt wieder da sein. Ich bin nur seine Vertretung für Donnerstag.«

»Danke schön«, sagte ich und ging. Es war eine kurze Visite. Wenn ich wieder einmal krank werden sollte, dann werde ich mich auch nach einem Vertreter umsehen. Auge um Auge, Kopfweh um Kopfweh.

Die Bibel löst jedes unlösbare Problem mit der bekannten Schlußfolgerung: »Der Mensch ist schlecht von Geburt an.« Das heißt also, man kann gar nichts dagegen tun. Die Psychiater sind da ganz anderer Ansicht. Sie machen die Umstände für alles verantwortlich.

Ich teile beide Meinungen. Die Umstände sind schuld, aber der Mensch macht die Umstände.

RETTET DIE KULTUR
ODER SCHNELLKURS IN MISSTRAUEN

Es war in der Gründerzeit, und die Idee ging von Jakob aus. Wir saßen in seinem Atelier, Chaim, Uri und ich, und machten uns Sorgen.

»Die kulturelle Lage in unserem Land ist katastrophal«, stellte Chaim fest. »Unsere Jugend ist verrückt nach dem Fernsehen, und ihr einziger Lesestoff sind amerikanische Magazine. Die Literatur stagniert.«

Wir nickten deprimiert.

Uri sprang auf: »Worte, Worte, Worte«, brach es aus ihm hervor. »Wir müssen handeln. Wir sind jung, stark und schön. Wir glauben an eine bessere Zukunft. Retten wir die Kultur.«

Röte legte sich auf unsere Wangen, Unternehmungslust blitzte in unseren Augen, unsere Körper strafften sich:

»Wir müssen einen Club gründen«, schlug ich vor. »Wir müssen alle jungen, lebendigen, selbstlosen Kräfte sammeln, denen das geistige Ansehen unseres Landes noch etwas bedeutet.«

»So ist es«, rief Jakob begeistert. »Gründen wir einen Kreis der Jungen Kulturfreunde.«

Bis zur Morgendämmerung saßen wir beisammen und diskutierten unsere Pläne. Wir wollten ein Lokal mieten und es gemütlich herrichten als eine Oase der Begegnung. Dort sollten auch literarische Abende stattfinden, und ihr Reinertrag würde jungen Talenten zugutekommen.

Gleich am nächsten Tag machten wir uns auf die Suche und fanden tatsächlich einen geeigneten Kellerraum. Aber der Eigentümer, ein aus Griechenland eingewanderter Gemüsehändler, wollte ihn nicht an uns vermieten.

»Erstens, wer sind Sie?« fragte er. »Zweitens, was sind Sie? Drittens, was für ein Kreis ist das? Und viertens, wo sind die schriftlichen Unterlagen?«

Wir brachen in lautes Gelächter aus. Schriftliche Unterlagen! Wozu brauchen wir schriftliche Unterlagen? Unser gemeinsames Ziel und unsere innige Liebe zur Kultur sind doch wohl mehr wert als ein albernes Stück Papier. Aber der Grieche bestand darauf, nur mit einem eingetragenen Verein zu verhandeln, sonst wüßte er ja nie, bei wem er die rückständige Miete einkassieren sollte.

Wir mußten wohl oder übel einen Rechtsanwalt suchen, der für uns diese läppischen Formalitäten erledigen könnte.

Der Rechtsanwalt, ein gewisser Dr. Shay-Sonnenschein, empfing uns in seiner Kanzlei, die einen ausgezeichneten Eindruck auf uns machte, obwohl sie im früheren Lichtschacht des Hauses untergebracht war und keine Fenster hatte.

»Ich freue mich, Sie kennenzulernen«, sagte Dr. Shay-Sonnenschein. »Was kann ich für Sie tun?«

»Wir sind jung, Herr Doktor, und haben noch Ideale«,

belehrte ihn Jakob. »Wir wollen unsere ganze Kraft in den Dienst der geistigen Regeneration unseres Volkes stellen, um künftigen Generationen ein kultiviertes Leben zu garantieren.«

»Ich verstehe«, nickte der Anwalt. »Sie wollen eine Non-Profit-Gesellschaft gründen.«

»Sagten Sie Profit?« fragte Chaim. »Wir denken nicht an Profit und werden auch keinen haben.«

»Das kann man vorher nie wissen«, entgegnete der Jurist. »Heute sind Sie noch jung und naiv, aber in zehn Jahren werden Sie über manche Dinge anders denken. Ich rate Ihnen, eine sogenannte ›Ottomanische Gesellschaft‹ zu gründen.«

Wir waren einverstanden, schon weil wir nicht fragen wollten, was das bedeutete. Aber Dr. Shay-Sonnenschein wollte noch eine Reihe von Details wissen.

»Zum Beispiel muß in den Statuten genau festgelegt sein, wie die Gesellschaft aufgelöst wird«, sagte er.

Wir begannen uns zu ärgern. Weshalb sollten wir an unsere Auflösung denken, da wir doch eine Gründung wollten. Wir sagten ihm das klipp und klar.

»So einfach ist das nicht.« Der Profi schüttelte den Kopf. »Heute vertragen Sie sich noch, aber wer weiß, wie das in zehn Jahren aussieht. Man sollte von Anfang an jede Möglichkeit einkalkulieren. Ich schlage vor, daß die Liquidation des Vereins nur durch einstimmigen Beschluß der Generalversammlung erfolgen kann.«

»Wie Sie meinen«, sagte ich sarkastisch.

»Gut. Und jetzt müssen wir uns noch darüber einigen, wie in diesem Fall das Eigentum des Vereins aufgeteilt wird.«

»Was für ein Eigentum?«

»Warten Sie ab. In zehn Jahren, wie gesagt. Üblicherweise erhalten die Mitglieder der Generalversammlung zu gleichen Teilen den Grundbesitz und das bewegliche Eigentum. Im Streitfall entscheidet das Schiedsgericht.«

»Streitfall? Schiedsgericht? Was soll das?«

»Das werden Sie dann schon sehen. Es tut mir leid, aber ich muß Sie auf alle diese Dinge hinweisen. Das ist meine Pflicht als Anwalt. Heute sind Sie noch jung, aber so jung werden Sie nicht bleiben. Übrigens müssen wir noch festlegen, wer Mitglied werden kann.«

»Jeder kreative Mitbürger mit Liebe zur Kultur.«

»Das ist keine juristische Definition. Also muß das Präsidium die Entscheidung treffen.«

»Welches Präsidium?«

»Nach Ottomanischem Gesetz, das bekanntlich noch nicht in allen Bereichen aufgehoben wurde, muß jeder Verein ein dreiköpfiges Präsidium haben.«

»Zu dumm«, scherzte Uri. »Wir sind vier.«

»Dann ist einer überflüssig«, konstatierte trocken der Anwalt.

Wir lachten herzlich. Es war aber auch zu komisch.

»Na schön«, schlug Chaim vor, »dann wird halt Ephraim dem Präsidium nicht angehören.«

Abermals brachen wir in stürmisches Gelächter aus, obwohl wir eigentlich wütend waren, unsere kostbare Zeit mit derartigen Bagatellen verschwenden zu müssen. Besonders wütend war ich. Wie kam Chaim dazu, mich aus dem Präsidium zu werfen? Warum gerade mich? Das würde ich ihm nicht so bald vergessen.

»Die Frage des Präsidiums wäre also geklärt.« Dr. Shay-Sonnenschein war zufrieden. »Jetzt müssen wir noch festlegen, unter welchen Umständen der Ausschluß eines Mitglieds stattfinden soll.«

»Das ist doch nicht aktuell«, unterbrach Jakob.

»Natürlich ist das heute noch nicht aktuell. Aber in zehn Jahren könnte es sein, daß Sie mit irgendeinem Mitglied nicht mehr auskommen, daß der Mann kriminell wird oder daß Sie ihn aus persönlichen Gründen draußen haben wollen.«

Ich merkte deutlich, daß alle mich ansahen. Mich und nur mich.

Dr. Shay-Sonnenschein fuhr fort: »Ich halte es für ratsam, den Ausschluß eines Mitglieds vom einstimmigen Beschluß des Präsidiums abhängig zu machen.«

»Kommt nicht in Frage!« rief ich. »Ich habe kein Vertrauen zum Präsidium. Über einen Ausschluß kann nur die Generalversammlung entscheiden.«

»Es wäre viel zu kompliziert, wegen eines einzigen Mitglieds eine Generalversammlung einzuberufen«, protestierte Jakob. »Auf diese Weise könnten wir praktisch niemanden loswerden.«

Ich wollte nicht so schnell klein beigeben und stellte eine Frage:

»Nehmen wir an, daß zum Beispiel Jakob ausgeschlossen werden soll. Müßten wir ihm dann etwas zahlen, Herr Doktor?«

»Auch darüber muß das Präsidium entscheiden.«

»Unmöglich!« Jetzt war Uri dagegen. »Wenn man mich hinausekeln wollte, ich würde mir von den Präsidialidioten gar nichts sagen lassen. Die Höhe meiner Entschädigung müßte ja in den Statuten nachzulesen sein.«

»Kein Problem«, entschied Dr. Shay-Sonnenschein. »In den Statuten ist Platz für alles. Vielleicht sollten wir zur Erleichterung der Steuererklärung festhalten, daß einem ausscheidenden Mitglied statt einer Abfindung das Gehalt für sechs Monate ausbezahlt wird.«

»Welches Gehalt?«

»Das Sie festsetzen. Schließlich handelt es sich um einen gemeinnützigen Verein. Das heißt, daß Sie alle Gewinne unter sich aufteilen müssen.«

»Diese paar Schekel sind doch nicht der Rede wert.«

»Heute sind es nur ein paar Schekel, in zehn Jahren

können es Hunderte oder Tausende sein. Sie müssen sich immer die Entwicklungsmöglichkeiten eines solchen Unternehmens vor Augen halten. Sie können in Ihren Räumen eine Snackbar einrichten. Sie können die größeren Säle für Hochzeiten und Jubiläen vermieten. Seit kurzem sind Tanzkurse am Wochenende sehr beliebt. Wenn Sie geschickt sind, können Sie mit dem Hinweis, daß Sie nicht für Gewinn arbeiten, Steuerbefreiung erreichen. Der dennoch erzielte Gewinn muß dann eben unter der Bezeichnung ›Gehalt‹ an die Mitglieder verteilt werden.«

»Aber nicht an alle«, wehrte sich Uri. »Nur an die vier Gründungsmitglieder, die hier anwesend sind.«

Dieser Vorschlag wurde einstimmig angenommen. Jakob hakte nach: »Was die Mitgliedschaft betrifft, müssen wir sehr wählerisch sein. Ich bin für strenge Prüfung und hohe Mitgliedsbeiträge. Da sind wir sicher, daß wirklich nur Leute von Kultur und Niveau zu uns kommen.«

Dr. Shay-Sonnenschein servierte Mineralwasser. Jakob war inzwischen von mir weggerückt. Ich behielt den schäbigen Opportunisten scharf im Auge.

Chaim und Uri flüsterten miteinander und zeigten abwechselnd auf Jakob und mich. Ich nahm mir vor, den Kontakt mit diesen beiden hinterhältigen Typen so rasch wie möglich abzubrechen.

»Wie, Herr Doktor, ist die Rechtslage«, fragte ich, »wenn sich herausstellt, daß einer von uns sich heimlich in der Vereinskasse bedient hat?«

»Es müßte, im Falle eines Diebstahls, entweder ein Schiedsgericht zusammentreten oder eine außerordentliche Vollversammlung einberufen werden.«

»Und wenn die betreffende Person sich als Spitzel in unsern Kreis eingeschlichen hat?« fragte Uri und warf mir einen haßerfüllten Blick zu. »Was macht man mit so einem Lumpen?«

»Man übergibt ihn der Polizei und wählt einen Ersatzmann.«

»Und wenn er Drogen nimmt und Amok läuft? Oder sich als gemeingefährlicher Irrer entpuppt?«

»Sie haben ganz recht, diese Fragen zu stellen. Das alles muß in den Statuten berücksichtigt werden. Das Präsidium muß auch berechtigt sein, alte oder kranke Mitglieder im eigenen Interesse ohne weitere Begründung auszuschließen.«

»Sehr richtig«, krächzte Jakob. »Wir brauchen keine Krüppel.«

Chaim, der an Magengeschwüren leidet, wurde blaß:

»Und was«, fragte er mit drohend gesenkter Stimme, »was geschieht, wenn einer von uns einen andern umbringt?«

»Dann hätte vor allem ein innerhalb des erweiterten Präsidiums zu konstituierender Rechnungsausschuß über die Höhe der Entschädigung zu beraten, die an die Witwe zu zahlen wäre. Aber auf solche Details brauchen wir heute nicht einzugehen, glaube ich.« Dr. Shay-Sonnenschein schloß die Akte mit der Aufschrift »Kreis der jungen Kulturfreunde« und erhob sich. »Ich schlage vor, daß wir in einer Woche wieder zusammenkommen, um über Investitionen, Dividenden und Einfuhrlizenzen zu beraten.«

Uri interessierte sich hauptsächlich für den Import schwedischer Pornofilme, ich legte größeres Gewicht auf Swatch-Uhren. Beim Verlassen des Hauses achtete ich darauf, nicht vorauszugehen. Es ist kein gutes Gefühl, diese Mafiosi im Rücken zu haben, wenn es dunkel wird.

»Also auf Wiedersehen nächste Woche«, murmelte Uri und war verschwunden.

Wir anderen gingen wortlos auseinander. Wir fühlten uns um zehn Jahre älter.

Der Talmud, die Sammlung jüdischer Weisheiten und Interpretation religiöser Gesetze aus dem Alten Testament, hält einige Überraschungen bereit. Unter anderem erklärt er, daß ein Dieb, der einen anderen Dieb bestiehlt, nicht bestraft werden darf.

Das ist sicher ein begrüßenswertes Vorhaben, aber wenn man es verwirklicht, wird die Untersuchung staatlicher Korruption praktisch unmöglich.

Es sei denn, der Dieb nimmt das Siebte Gebot ernst und hat genug vom Stehlen. Dieses Problem ist dann gar nicht mehr zu lösen.

UNSERE TÄGLICHE UNTERSCHLAGUNG
GIB UNS HEUTE

PERSONEN: Ziegler
              Ein Amtsdirektor
              Sekretärin
ORT DER HANDLUNG: Eine Regierungskanzlei

ZIEGLER: Entschuldigen Sie, Herr Direktor. Störe ich?

DIREKTOR: Kommen Sie nur herein, Ziegler. Ich habe genau fünf Minuten für Sie. Setzen Sie sich. Was gibt's?

ZIEGLER: Es tut mir leid, Ihre kostbare Zeit in Anspruch zu nehmen.

DIREKTOR: Schon gut, Ziegler. Schießen Sie los.

ZIEGLER: Ich möchte eine Gehaltsaufbesserung haben.

DIREKTOR: Sie wissen doch, daß die öffentlichen Angestellten nach Tarif bezahlt werden.

ZIEGLER: Ich weiß. Aber in Anbetracht der steigenden Lebenskosten . . .

DIREKTOR: Sprechen Sie nicht weiter. Ihr Gehalt ist eine Angelegenheit direkter Verhandlungen zwischen den Behörden und den Vertretern der Gewerkschaft für öffentliche Erpressung und Streikandrohung. Stellen Sie sich vor, was geschehen würde, wenn alle 260 Angestellten unserer Abteilung zu mir kämen, um Gehaltserhöhungen zu verlangen. Es überrascht mich ein wenig, daß Sie, ein alter, loyaler Beamter . . .

ZIEGLER: Ich verstehe, Herr Direktor. Das heißt also, daß sich nichts machen läßt. Nicht einmal eine Aufbesserung um 50 Schekel netto?

DIREKTOR: Kommt nicht in Frage.

ZIEGLER: Brutto?

DIREKTOR: Auch nicht.

ZIEGLER: Dann muß ich also wieder Bestechungen annehmen.

DIREKTOR: Es sieht so aus.

ZIEGLER: Und ich hatte gehofft, wenigstens dieses Jahr kann ich pausieren. Nicht, daß es gar so schwer wäre. Man findet immer wieder Leute, die bereit sind, einen Beamten zu bestechen. Um die Wahrheit zu sagen, man findet kaum noch Leute, die *nicht* dazu bereit sind. Im vergangenen Jahr habe ich auf diese Weise ungefähr 60 000 Schekel eingenommen.

DIREKTOR: Übertreiben Sie nicht, Ziegler.

ZIEGLER: Es war ein sehr gutes Jahr. Die Reorganisation unseres Eisenbahnnetzes hat die Dinge in Schwung gebracht. Ich hab's mir spaßeshalber in diesem Büchlein notiert. Hier, lesen Sie selbst, Herr Direktor.

DIREKTOR: »Oktober. Ankauf gebrauchter Lokomotiven: 15 600 Schekel.« Ja, ich erinnere mich. Ich habe mich damals gefragt, wozu unser Ministerium zwei alte Lokomotiven braucht. Eine hätte genügt. Zeigen Sie her. »November. Griff in die Kasse: 1700 Schekel.« Na, das ist ja nicht so viel.

ZIEGLER: Der November ist immer ein schwacher Monat. Es war mehr aus Gewissenhaftigkeit vor Bilanzschluß. Aber im Dezember kam eine wirklich seriöse Bestechung.

DIREKTOR: »Dezember. 33 000 Schekel bar von Herrn R.« Wer ist R.? Robitschek?

ZIEGLER: Ja.

DIREKTOR: Regierungsaufträge?

ZIEGLER: Ja.

DIREKTOR: Ziegler, Ziegler. Mich geht's ja nichts an. Aber sind 33 000 Schekel in einem Monat nicht etwas zuviel?

ZIEGLER: Sie können sich nicht vorstellen, Herr Direktor, wie beharrlich dieser Robitschek war. Er hat mir das Geld buchstäblich aufgedrängt. Dafür war der Januar wieder sehr schwach. 8000 Schekel, alles zusammen.

DIREKTOR: Einfuhrbewilligungen?

ZIEGLER: Ausfuhrgenehmigungen.

DIREKTOR: Hm. Wie ich in Ihrem Büchlein sehe, hat's im Februar wieder einen Aufschwung gegeben.

ZIEGLER: Der Frühling, Herr Direktor, der Frühling. Aber jetzt muß ich Ihnen endlich ein Geständnis machen. Ich lasse mich nicht gern bestechen. Es ist mir unangenehm.

DIREKTOR: Warum?

ZIEGLER: Weiß der Teufel. Vielleicht bin ich pervers. Wenn ich von meinem Gehalt leben könnte, glauben Sie mir, Herr Direktor, ich würde keine einzige Bestechung mehr annehmen.

DIREKTOR: Sie berühren da ein Problem von allgemeiner Gültigkeit.

ZIEGLER: Ich weiß.

DIREKTOR: Es ist ein Problem unseres gesamten öffentlichen Lebens.

ZIEGLER: Ich weiß. Aber ich habe eben ein schlechtes Gefühl dabei. Schließlich und endlich, wenn man's recht besieht, ist es nichts anderes als Diebstahl.

DIREKTOR: Vom rein technischen Standpunkt aus, gewissermaßen als Verfahrensfrage, läßt es sich nicht leugnen.

ZIEGLER: Deshalb sage ich ja, daß ich mit einem halbwegs anständigen Gehalt ...

DIREKTOR: Ausgeschlossen.

ZIEGLER: 40 netto?

DIREKTOR: Lieber Freund, wir sind hier nicht in einem Basar, sondern in einer Regierungskanzlei. Hier wird nicht gehandelt. Verstanden? Ich versichere Ihnen, daß die Regierung sich dieses schmerzlichen Problems durchaus bewußt ist. Aber Sie, Ziegler, müssen sich darüber im klaren sein, daß Sie Unmögliches verlangen. Wenn wir Ihr Gehalt erhöhen, verlangen am nächsten Tag Ihre 260 Kollegen ...

ZIEGLER: Sie werden nichts davon erfahren. Ehrenwort.

DIREKTOR: Das will ich nicht gehört haben. Zu solchen Machenschaften gebe ich mich nicht her. Also Robitschek hat 33 000 Schekel gezahlt?

ZIEGLER: In drei Raten. Die letzte davon erst heute. Hier in dieser Rocktasche befinden sich 11 000 Schekel in Banknoten.

DIREKTOR: Sehr unvorsichtig von Ihnen, so viel Bargeld bei sich zu tragen.

ZIEGLER: Ich nehme keine Schecks.

DIREKTOR: Haben Sie das Geld schon nachgezählt?

ZIEGLER: Dazu hatte ich noch keine Zeit.

DIREKTOR: Versteh' ich nicht. Ein so gewissenhafter Beamter wie Sie.

ZIEGLER: 30 Schekel monatlich, und ich hör' auf damit.

DIREKTOR: Sie sind ein Querkopf, Ziegler. Das muß ich schon sagen. Einen Augenblick. Ich rufe meine Sekretärin.

SEKRETÄRIN: Sie wünschen, Herr Direktor?

DIREKTOR: Bringen Sie mir das Dossier für diverse Nebeneinkünfte.

SEKRETÄRIN: Von wann?

DIREKTOR: Die letzten zwei Jahre.

SEKRETÄRIN: Hier, bitte.

DIREKTOR: Wie hoch war die Bestechungstotale am Ende des letzten Jahres?

SEKRETÄRIN: Inklusive Veruntreuungen in bar?

DIREKTOR: Ja.

SEKRETÄRIN: Im letzten Quartal, also im Oktober, erreichten die Entnahmen in unserer Abteilung eine Gesamthöhe von 22 800 Schekel.

DIREKTOR: Das geht noch an. November?

SEKRETÄRIN: 38 000 Schekel, aber ich habe meine 2000 Schekel vor der Inspektion zurückerstattet.

DIREKTOR: Ja, ja, ich erinnere mich. Weiter.

SEKRETÄRIN: Dezember 3000 Schekel.

DIREKTOR: Natürlich Robitschek. Und wie sieht die Gesamtbilanz aus?

SEKRETÄRIN: In der Sparte »Indirekte Bestechungen« haben wir eine Abschlußziffer von 240 000 Schekel, aber davon sind 20 000 ein Übertrag vom Vorjahr.

DIREKTOR: Macht keinen Unterschied. Sagen wir rund eine viertel Million. Nehmen Sie Papier und Bleistift, Ziegler, und rechnen Sie. Wenn ich Ihr Gehalt um 40 Schekel monatlich erhöhe, muß ich morgen 260 Angestellten die gleiche Erhöhung bewilligen. 40 Schekel netto sind bei unserem Steuergebaren 80 Schekel brutto. Mit Krankenversicherung, Pensionsfonds und so weiter kommen wir ziemlich genau auf 100. Multiplizieren Sie das mit 260. Das ergibt 26 000 Schekel pro Monat.

SEKRETÄRIN: Oder mehr als 300 000 Schekel im Jahr.

DIREKTOR: Und jetzt sagen Sie mir, Ziegler, wo soll unser kleines Land so viel Geld für Gehaltserhöhungen hernehmen? Wir sind arm, wir haben keine Bodenschätze, wir kämpfen hart um unsere wirtschaftliche Unabhängigkeit. 300 000 Schekel im Jahr. Woher, Ziegler, woher?

ZIEGLER: Ich weiß nicht.

DIREKTOR: Da haben Sie's. Auf der andern Seite kosten uns, wie Sie soeben gehört haben, alle Veruntreuungen zusammen nicht mehr als eine viertel Million, also 50 000 Schekel weniger als 300 000 Schekel Jahresbestechung. Wollen Sie die Staatskasse um diese 50 000 Schekel berauben?

ZIEGLER: Gott behüte.

DIREKTOR: Dann tun Sie mir den Gefallen und hören Sie endlich auf, eine Gehaltserhöhung zu verlangen.

ZIEGLER: Jawohl, Herr Direktor. Sie haben recht.

DIREKTOR: Ich freue mich, daß Sie vernünftig geworden sind, Ziegler. Vielleicht in ein paar Jahren, wenn die Staatsfinanzen sich konsolidiert haben, vielleicht dann . . .

ZIEGLER: In ein paar Jahren bin ich Millionar.

DIREKTOR: Dann kann ich Ihnen leider nicht helfen, Ziegler. Auf Wiedersehen.

ZIEGLER: Auf Wiedersehen, Herr Direktor.

Trotz aller Bemühungen ist es dem Dieb Ziegler also nicht geglückt, erwischt zu werden, und der arme Kerl war sehr frustriert darüber.

Es wäre aber falsch, daraus zu schließen, daß für die Diebe, denen es gelungen ist, im Knast zu landen, sich das Leben als reines Honiglecken darstellt.

HÄFTLINGSDRAMA
VOR DEN KERKERMAUERN

Schon einige Abende lang hatte die beste Ehefrau von allen den Eindruck, daß sich jemand in unserer Wohnung versteckt. Wir dachten zuerst an den Steuerprüfer und wollten ihn nicht provozieren, aber schließlich gingen uns die Geräusche im Vorzimmer so sehr auf die Nerven, daß ich beschloß, etwas zu unternehmen. Ich ging ins Vorzimmer hinaus, und da saß ein Mann mit Brille in unserem Lehnstuhl und schlief. Als ich ihn geweckt hatte, stand er auf und stellte sich vor:

»Mein Name ist Blitz.«

»Sehr erfreut.«

Vor mir stand einer unserer prominentesten Taschendiebe, der erst vor zwei Wochen zu 15 Monaten Kerker verurteilt worden war.

Wir plauderten ein wenig, und ich erfuhr, daß Blitz mit dem Ergebnis der jüngsten Wahlen nicht einverstanden war. Er hätte einen Sieg der Liberalen bevorzugt, hauptsächlich deren vorgesehene Änderungen im Strafvollzug.

Nach einiger Zeit hielt ich es nicht länger aus:

»Entschuldigen Sie«, sagte ich. »Wie sind Sie eigentlich aus dem Gefängnis herausgekommen?«

Mein Gast lehnte sich zurück, sichtlich überwältigt von jüngsten Erinnerungen:

»Wir hatten das von langer Hand vorbereitet, Farkas und ich. Ich hielt mit Farkas von Anfang an Kontakt durch einen speziell ausgearbeiteten Klopfzeichencode.«

»Ausgearbeitet? Wie?«

»Nun, wir trafen uns ja täglich im Speisesaal, wo wir die Sache ausführlich diskutieren konnten. Die Wärter beschwerten sich, daß unser ewiges Klopfen sie verrückt mache. Unser Antrag auf Telefon wurde jedoch abgelehnt. ›Die Gefangenen‹, sagten sie, ›dürfen nicht miteinander telefonieren.‹ Sie waren sehr streng in diesem Gefängnis.«

»Sie werden dafür büßen.«

»Hoffentlich. Aber es hat uns doch sehr verbittert. Wir arbeiteten also einen detaillierten Fluchtplan aus, Farkas und ich. Als erstes wollten wir einen Tunnel zum Gefängnisfriseur graben und uns dort rasieren. Dann ging der Weg weiter zur Kanalisationsanlage und in die Kleiderkammer, um uns Anzüge zu besorgen. Von dort in die Küche zu einem kleinen Imbiß, dann ins Büro des Direktors, um uns die nötigen Papiere zu verschaffen. Dann wollten wir uns an einem Strick zum Gefängniskino hinunterlassen und noch einmal einen guten Film sehen. Die eigentliche Flucht war erst nach Vorstellungsschluß geplant.«

»Beeindruckend.«

»Warten Sie. Das Ganze war nicht so einfach, wie es klingt. Wir mußten ja einen genauen Plan des Gefängnisgebäudes anlegen, um richtig vorgehen zu können. Dazu brauchten wir Schreibmaterial. Aber das wurde uns von der Gefängnisverwaltung nicht bewilligt. Die mißtrauischen Kerle denken an alles. Sie trachten nur danach, uns das Leben schwerzumachen. So blieb uns nichts übrig, als den Lageplan mit unseren Taschenmessern in die Wand des Baderaums zu ritzen.«

»Wie lästig.«

»Eben. Andauernd fehlte uns irgend etwas. Besonders schwierig war die Beschaffung eines Spatens. Kleine nützliche Geräte wie Zangen, Schraubenzieher und elektrische Drillbohrer kann man sich im Gefängnis verhältnismäßig mühelos besorgen. Aber ein Spaten erregt Aufsehen. Deshalb beschlossen wir, ihn in Eigenproduktion herzustellen, und wollten in die Gefängnistischlerei eindringen. Die Türe war versperrt und verriegelt. Wir hätten vor Verzweiflung am liebsten geweint.«

»Kann ich mir vorstellen. Immer wieder diese unvorhergesehenen Schwierigkeiten.«

»Richtig. Das kommt von der strengen Hausordnung in den heutigen Gefängnissen. So mußten wir das Schloß durchsägen. Und dazu brauchten wir unbedingt eine Säge. Zum Glück erinnerte ich mich, daß es in Jaffa einen Eisenhändler gab, der solche Sachen führt. Ich bat um Ausgang, ging hin und kaufte eine Säge.«

»Woher hatten Sie das Geld?«

»Das war tatsächlich ein Problem. Wir hatten keines, und als wir die Gefängniskasse aufbrachen, fanden wir nur ein paar lächerliche Münzen. Aber ich bekam die Säge auf Kredit.«

»Wie schön, daß ein einfacher Eisenhändler so viel Verständnis für seine Mitmenschen hat.«

»Er wird es nicht zu bereuen haben. Jedenfalls hatten wir jetzt alles, was wir brauchten. Sämtliche Details waren besprochen, die Uhren aufeinander abgestimmt. Pünktlich um 17 Uhr, nach Arbeitsschluß, stiegen wir in den Tunnel ein. Mit dem Rasieren auf der ersten Station klappte es, nur die Rasiercreme war schlecht, und Farkas schnitt sich in die Oberlippe. In der Kleideraufbewahrung suchten wir uns wie geplant zwei unauffällige dunkle Anzüge und gestreifte Krawatten aus. Eine Enttäuschung war die Küche. Wir fanden nichts zum Essen, weil der Koch am Vortag geflüchtet war. Was tun? Mit leerem Magen ausbrechen? Unmöglich. Farkas schlich zum Erfrischungskiosk an der nächsten Straßenecke und kam mit ein paar belegten Broten zurück, so daß wir uns stärken konnten. Dann brachen wir ins Büro des Gefängnisdirektors ein.«

»Wie?«

»Verhältnismäßig einfach. Wir drückten die Klinke nieder und zogen sie heraus. Nachdem wir die nötigen Dokumente hatten, machten wir uns über die vergitterten Fenster her. Drei Stunden lang arbeiteten wir wie verrückt. Von Zeit zu Zeit rief man uns von irgendwo unten zu, wir sollten dieses entsetzliche Kreischen abstellen, aber wir antworteten nicht. Als wir fertig waren, ließen wir uns mit dem Seil aus Bettüchern vom Fensterbrett hinunter . . . und dann geschah es.«

»Was, um Himmels willen?«

»Wir hatten uns in der Richtung geirrt. Ursprünglich wollten wir ja zum Kino. Jetzt befanden wir uns plötzlich auf einer dunklen, völlig verlassenen Straße. Weit und breit keine Menschenseele. Ringsum Totenstille. Können Sie sich unsere Situation vorstellen? Im Kino läuft ›Das Schweigen der Lämmer‹, und wir stehen draußen und sehen nichts. Wir trommelten mit den Fäusten ans Gefängnistor. ›Aufmachen!‹ brüllten wir. ›Aufmachen!‹ Nichts rührte sich. Alle saßen beim Film. Wir

versuchten das Tor aufzubrechen, aber unsere Schlosser verstehen ihr Handwerk. Wir mußten unseren Weg im nächtlichen Dunkel suchen . . .«

Er schwieg erschöpft. Der Kopf sank ihm auf die Brust.

»Und was weiter?« fragte ich.

Blitz zuckte die Achseln:

»Ich weiß es nicht. Es führt kein Weg zurück.«

VIII. DU SOLLST NICHT FALSCH ZEUGNIS REDEN

Dieses Gebot wurde von Moses sehr elegant, man könnte auch sagen, mit viel Herzenstakt formuliert. Eigentlich wollte der Herr nämlich sagen: »Ihr sollt nicht lügen«, aber es war ihm so direkt dann doch ein wenig peinlich. Für die juristische Endfassung hat sich der Tüftler Moses also wieder einmal als exzellenter Menschenkenner erwiesen.

Neben den Gesetzen für Gesundheit und Sauberkeit stellte Moses auch die Regeln für moralische Hygiene auf. Er verbot zwar Korruption und Wucher, vergaß aber dabei niemals, daß wir alle nur schwache Menschen im harten Lebenskampf sind: »Wer ein neues Haus gebaut, wer einen Weinberg gepflanzt hat oder mit einem Mädchen verlobt ist, soll im Kriegsfall vor der Schlacht heimkehren«, sagte Moses und fügte hinzu: »Wer sich fürchtet und ein verzagtes Herz hat, soll auch nach Hause gehen.«

Ein paar Zeilen vor diesem verblüffenden Kapitel, das in den Annalen der Militärgeschichte seinesgleichen sucht, beschäftigt sich Moses mit der Zivilrechtsprechung und legt in seinem letzten Buch fest, »es soll kein einzelner Zeuge auftreten, sondern durch zweier oder dreier Zeugen Mund soll eine Sache gültig sein«.

Mit so wohlüberlegten Gesetzen weist der ägyptische Exprinz mitten in der Sandwüste seinem kleinen und verkommenen Stamm, den er gegen dessen Willen aus der Sklaverei geführt hat, einen Weg in die Zukunft.

Es war einer der Gründe, warum ich Moses' Gesammelte Werke mit solchem Vergnügen las, bis jemand namens Jankel in mein Leben trat und mir bewies, daß ich von Moses' Gesetzen eigentlich nicht die geringste Ahnung hätte.

EIN SCHWERER SCHICKSALSSCHLAG FÜR DEN NACHWUCHS DES HOHEPRIESTERS

Ich hatte Jankel nie vorher gesehen, aber ich zerstörte seine ganze Zukunft und sein Familienglück innerhalb von wenigen Minuten.

Es begann damit, daß eine mir gleichfalls unbekannte Frau von etwa 40 Jahren in meiner Wohnung auftauchte und mit einem Redeschwall über mich herfiel, der sowohl inhaltlich wie grammatikalisch einiges zu wünschen übrigließ.

»Entschuldigen Sie lieber Herr daß ich Sie überfalle wo wir uns doch kaum kennen aber jetzt bin ich endlich soweit daß ich Jankel heiraten könnte ach so Sie wissen nicht daß ich von meinem ersten Mann geschieden bin warum spielt keine Rolle er hat getrunken und hat anderen Weibern Geschenke gemacht aber Jankel trinkt nicht und verdient sehr schön und kümmert sich nicht um Politik und er lebt schon sehr lange im Land und hat einen sehr guten Posten in der Textilbranche und will ein Kind haben aber schnell denn er kann nicht mehr lange warten schließlich ist er nicht der Jüngste aber er schaut noch sehr gut aus auch wenn er kein Haar am Kopf hat und er hat sogar eine Wohnung ich weiß nicht wo aber Sie müssen uns unbedingt besuchen und Sie werden uns doch sicherlich diesen kleinen Gefallen tun nicht wahr?«

»Ich wünsche Ihnen von Herzen alles Gute, liebe

Frau«, sagte ich. »Möge Ihre Ehe Ihnen Segen bringen. Möge Ihnen der Friede beschieden sein, nach dem die Menschheit sich sehnt. Schalom, schalom, und lassen Sie gelegentlich von sich hören.«

»Danke vielmals ich danke Ihnen aber ich habe ganz vergessen Ihnen zu sagen daß Jankel hier keine Freunde hat außer ein paar alten Siedlern und die können vor dem Rabbi nicht bezeugen daß Jankel im Ausland nie verheiratet war aber Sie sind noch nicht so lange im Land und Sie sind Journalist und das ist sehr gut denn da können Sie für uns zeugen.«

»Gut«, sagte ich. »Ich gebe Ihnen ein paar Zeilen mit.«

»Das genügt leider nicht wissen Sie ein Freund von Jankel hat uns auch so ein schriftliches Zeugnis geschickt er ist Junggeselle noch dazu auf Briefpapier von Pepsi-Cola aus Amerika dort lebt er nämlich aber der Rabbiner hat gesagt es gilt nur persönlich und man muß selber herkommen und ich danke Ihnen schon im voraus für Ihre Güte wo ich doch eine begeisterte Leserin Ihrer Geschichten bin die letzte war leider schwach also morgen um 9 Uhr früh vor dem Café Passage oder doch lieber gleich beim Rabbinat und jetzt entschuldigen Sie ich muß schon gehen mein Name ist Schulammit Ploni sehr angenehm.«

Ich bin im allgemeinen kein Freund von Gefälligkeiten, weil sie einem immer zuviel Mühe machen. Aber diesmal hatte ich das Gefühl, zwei Liebenden helfen zu müssen. Außerdem muß ich zugeben, daß ich mich vor Frau Schulammit Ploni ein wenig fürchtete. Ich war also am nächsten Morgen pünktlich um 9 Uhr auf dem Oberrabbinat, wo mich ein großer, glatzköpfiger Mann bereits mit Ungeduld erwartete:

»Sind Sie der Zeuge?«

»Erraten.«

»Beeilen Sie sich. Man hat uns schon aufgerufen.

Schulammit wird gleich hier sein. Sie versucht unter den Passanten einen zweiten Zeugen zu finden. Das Ganze dauert nur ein paar Minuten. Sie müssen sagen, daß Sie mich noch aus Podwoloczyska kennen und daß ich nie verheiratet war. Das ist alles. Eine reine Formsache. In Ordnung?«

»In Ordnung. Sagen Sie mir nur, ganz unter uns, waren Sie wirklich nie verheiratet?«

»Nie im Leben. Ich hab' schon allein genug Sorgen.«

»Um so besser. Aber diese Stadt, die Sie mir da genannt haben, die kenne ich überhaupt nicht.«

»Sie sind doch Journalist? Erzählen Sie irgend etwas. Daß Sie eine Reportage über Podwoloczyska gemacht haben, und ich habe Ihnen jahrelang geholfen.«

»Das wird man uns nicht glauben.«

»Warum nicht? Meinen Sie, daß irgend jemand hier weiß, was eine Reportage ist?«

»Schön. Aber jetzt habe ich schon wieder vergessen, wie diese Stadt heißt, die mit P anfängt.«

»Wenn's Ihnen so schwerfällt, dann sagen Sie, wir kennen uns aus Brody. Das ist auch in Polen.«

Brody war viel leichter. Man brauchte nur an Brody Jóska zu denken, der in der Volksschule hinter mir gesessen hat.

Jankel hörte mich noch einmal ab, war beruhigt und informierte mich zur Sicherheit noch, daß sein Nachname Kuchmann sei. Ich ahnte nicht, daß sein Schicksal um diese Zeit bereits besiegelt war.

Dann kam Schulammit Ploni und brachte tatsächlich einen zweiten Zeugen angeschleppt. Nachdem ich meinen Kopf mit einem bunten Halstuch vorschriftsmäßig bedeckt hatte, wurden wir in das Amtszimmer des Rabbiners geführt, eines bärtigen, verehrungswürdigen Patriarchen mit erschreckend dicken Brillengläsern und noch dickerem askenasischem Akzent. Der Rabbi begrüßte mich herzlich. Offenbar hielt er mich für die Braut. Ich korrigierte ihn, worauf er die Daten des Brautpaares in ein mächtiges Buch schrieb und sich dann wieder an mich wandte, als spürte er, daß ich das schwächste Glied in der Kette wäre.

»Wie lange kennst du den Bräutigam mein Sohn?«

»36 Jahre, Rabbi.«

»Gab es irgendwann eine Zeit, eine noch so kurze Zeit, in der ihr nicht gut miteinander standet?«

»Nicht eine Minute, Rabbi.«

Alles ging planmäßig. Der Rabbiner nahm Brody glatt zur Kenntnis, wußte nicht, was eine Reportage ist, führte die Eintragungen durch und fragte mich nochmals:

»Du kannst also bezeugen, mein Sohn, daß der Bräutigam niemals verheiratet war?«

»Nie im Leben. Rabbi.«

»Du kennst ihn gut?«

»Ich müßte lügen, wenn ich behaupten wollte, daß ich ihn besser kennen könnte.«

»Dann weißt du vielleicht auch, mein Sohn, ob er einer kohanitischen Familie entstammt?«

»Natürlich entstammt er einer kohanitischen Familie. Und ob!«

»Ich danke dir, mein Sohn. Du hast großes Unglück verhütet«, sagte der Rabbi und schloß das vor ihm liegende Buch. »Dieser Mann darf diese Frau nicht heiraten. Niemals kann ein Kohen, ein Nachkomme des Hohepriesters, mit einer geschiedenen Frau in den heiligen Stand der Ehe treten.«

Schulammit Ploni brach in hysterisches Schluchzen aus, Jankel sah mich haßerfüllt an.

»Verzeihen Sie, Rabbi«, stotterte ich. »Ich habe in Ungarn eine weltliche Erziehung genossen und wußte nichts von der Sache mit den Kohanim. Bitte streichen Sie diese Stelle aus meiner Zeugenaussage.«

»Es tut mir leid, mein Sohn. Wir sind fertig.«

»Einen Augenblick!«

Wutschnaubend sprang Jankel auf.

»Vielleicht hören Sie auch mich an? Mein Name ist Kuchmann, und ich war nie im Leben ein Kohen. Im Gegenteil, ich stamme von ganz armen, unbedeutenden Juden ab, man könnte fast sagen von Sklaven.«

»Warum hat dann Ihr Zeuge gesagt, daß Sie ein Kohen sind?«

»Mein Zeuge? Ich sehe ihn heute zum erstenmal. Woher soll ich wissen, wie er auf diese verrückte Idee gekommen ist?«

Der Rabbiner warf mir über den Rand seiner dicken Brille einen Blick zu, vor dem ich die Augen senkte.

»Es ist wahr«, gestand ich. »Wir haben uns erst heute kennengelernt. Ich habe keine Ahnung, wer er ist und was er ist. Auch vom Gesetz habe ich keine Ahnung. Ich dachte, es könnte ihm nicht schaden, ein Kohen zu sein. Vielleicht wäre es sogar gut für ihn, dachte ich, vielleicht verbilligt das die Trauungstaxe. Lassen Sie die beiden heiraten, Rabbi.«

»Das ist unmöglich. Es sei denn, der Bräutigam weist nach, daß er nicht aus einer kohanitischen Familie stammt.«

»Um Himmels willen«, stöhnte Jankel. »Wie soll ich so etwas nachweisen?«

»Das weiß ich nicht, und es ist auch noch niemandem gelungen«, sagte der Rabbi. »Und jetzt verlassen Sie bitte das Zimmer.«

Draußen entging ich nur mit knapper Not einem Mordanschlag. Jankel schwor beim Andenken seiner armen, unbedeutenden Vorfahren, daß er es mir noch heimzahlen würde, und Schulammit besprengte das Straßenpflaster mit ihren Tränen.

»Warum haben Sie uns das angetan?« heulte sie. »Warum drängen Sie sich dazu unser Zeuge zu sein wenn Sie überhaupt nicht wissen was Sie sagen sollen ein Lügner sind Sie jawohl das ist es was Sie sind ein Lügner ein ganz gemeiner Lügner.«

Sie hatte recht. Ich habe falsch Zeugnis gegeben. Gott soll sich meiner verlorenen Seele erbarmen.

Es wird langsam Zeit, daß ich auch etwas Positives über uns Juden sage. Schließlich können wir immerhin auf einige bedeutende Erfindungen hinweisen, wie etwa auf gefillte Fisch und »Fiddler on the Roof«. Auch haben wir einen ausgeprägten Sinn für den Unterschied zwischen Gut und Böse. »Die Juden sind immer hinter der Gerechtigkeit her«, sagt ein altes hebräisches Sprichwort oder ich. Wie die Gerechtigkeit aussieht, wenn ihre Verfolger sie dann endlich eingefangen haben, ist allerdings eine andere Frage, besonders, wenn die Jagd nach Gerechtigkeit an einem so unpassenden Ort vor sich geht wie in einem städtischen Autobus.

DIE GESCHICHTE
DER BLINDEN AUGENZEUGEN

ORT DER HANDLUNG: Jede Autobushaltestelle
ZEIT: Jederzeit
PERSONEN: Jedermann

Dr. Partzuf (bricht die bereits geschlossene Tür auf und drängt sich in den zur Abfahrt bereiten Bus): In Ordnung. Fahren wir!

Fahrer (stellt den Motor ab): Sie dort! Steigen Sie aus!

Dr. Partzuf: Warum?

Fahrer: Ich bin kein Auskunftsbüro. Sagen Sie schön »Idiot« oder etwas Ähnliches, und steigen Sie aus.

Dr. Partzuf: Ich denke nicht daran. Hier ist Platz genug. Die Herrschaften brauchen nur ein wenig zusammenzurücken (er drängt mit voller Wucht gegen die geballte Menge).

Nervöser Herr: Was gibt's denn? Was denkt sich der Fahrer eigentlich? Ein Passagier mehr oder weniger spielt doch keine Rolle. Fahren wir!

Ältere Dame: Ganz richtig. Noch dazu ein so magerer Mensch. Der nimmt keinen Platz weg. Fahren wir endlich.

Fahrer: Solange der Mann noch im Wagen ist, wird nicht gefahren. Ich habe Zeit.

Dr. Partzuf: Idiot! (will aussteigen).

Zwicker (packt ihn am Ärmel): Warten Sie, warten Sie. Nur nicht nervös werden. Und Sie, Fahrer, hören Sie mit den Witzen auf und lassen Sie diesen armen Kerl mitfahren. Aus so etwas macht man keine Prestigefrage. Geben Sie Gas und fahren Sie los.

Fahrer: Ich weiß nicht, mit wem Sie reden. Ich habe Zeit.

Nervöser Herr: Unverschämtheit!

Manfred Toscanini: Durch solche Fahrer entstehen die Wirtschaftskrisen. Es ist ein Skandal.

Ältere Dame: Pfui!

Ein Iraki: Allah wird ihn bestrafen.

Dr. Partzuf: Ich möchte aussteigen.

Zwicker: Immer mit der Ruhe, alter Freund. Das ist jetzt nicht mehr Ihre Privatangelegenheit. Es betrifft uns alle. Seien Sie kein Feigling. Hauen Sie dem Fahrer eine herunter, und es ist in Ordnung.

DR. PARTZUF: Ich möchte aussteigen.

VIELE STIMMEN: Nichts da ... Hiergeblieben ... Bestehen Sie auf Ihrem guten Recht, Mann ... Sie sind Steuerzahler ... Wir dürfen uns nicht tyrannisieren lassen ... Heute dir, morgen mir ...

NERVÖSER HERR *(beugt sich zum Fenster hinaus, was streng verboten ist)*: Polizei, Polizei.

FAHRER *(sortiert mit nervenzermürbender Ruhe sein Kleingeld)*: Polizei, Polizei.

POLIZIST *(zwängt sich mühsam in den Wagen)*: Alles nach hinten, bitte! Was geht hier vor?

NERVÖSER HERR: Der unverschämte Kerl von einem Fahrer hat diesen Herrn hier einen Idioten geschimpft und wollte ihn vom Trittbrett stoßen. Natürlich mußte sich der Herr zur Wehr setzen und hat ihn geboxt. Daraufhin hat der Fahrer zurückgeschlagen, das ist alles.

POLIZIST: Wenn das so ist, nehme ich den Fahrer sofort auf die Polizeistube mit *(zieht sein Notizbuch heraus)*. Ich brauche zwei Zeugen für die Gerichtsverhandlung. Ihr Name?

NERVÖSER HERR: Ich Tourist. Nicht sprechen gut. Amerikaner. Nje ponjemaj po ruski.

POLIZIST: Vielleicht Sie?

ÄLTERE DAME: Das stellen Sie sich so vor! Und wer wird für den kleinen Herschl kochen? Sie? No also. Außerdem hab' ich nichts gesehn. Ich hab' meine Brille zu Haus vergessen.

POLIZIST: Sie heißen?

IRAKI: Allah Akbar.

POLIZIST *(blickt zornig um sich)*: Jetzt ist es genug. Wenn sich keine Zeugen melden, kann ich gegen den Fahrer nicht einschreiten. He, Sie dort! Kommen Sie sofort her! Wie heißen Sie?

MANFRED TOSCANINI: Dr. Lloyd Sauermilch, interne Krankheiten, Sadam-Hussein-Boulevard 101, zweimal läuten *(er verzieht sich ans andere Ende des Autobusses, während der Polizist Notizen macht).*

POLIZIST: Jetzt brauche ich noch einen Zeugen.

(Lange nervöse Stille)

NERVÖSER HERR: Also, ich weiß gar nicht, was man gegen diesen Fahrer überhaupt aussagen sollte. Ist es vielleicht seine Schuld, wenn ein undisziplinierter Fahrgast sich weigert, einen zum Bersten überfüllten Autobus zu verlassen?

ÄLTERE DAME: Ganz meine Meinung! Der arme Autobuslenker arbeitet unter den schwierigsten Bedingungen, und dann kommt so ein Schwarzhändler daher ...

MANFRED TOSCANINI *(aus dem Hintergrund)*: Gegen arbeitende Menschen darf man nichts sagen! Die Zeiten sind vorbei!

DR. PARTZUF: Ja ... nein ... gewiß ... ich wollte ja gar nicht ...

ZWICKER: Schweigen Sie! Vor ein paar Minuten haben Sie noch das Maul aufgerissen, und jetzt wissen Sie plötzlich von nichts. Ein Skandal! Steigen Sie nächstens aus, wenn der Fahrer Sie höflich darum ersucht!

MANFRED TOSCANINI: Warum halten wir uns so lang mit dem Kerl auf? Wir brauchen ihn nur hinauszuwerfen und können weiterfahren.

VIELE STIMMEN: Jawohl ... Sehr richtig ... Wachtmeister, werfen Sie diesen fetten Gauner hinaus ... Der Fahrer hat vollkommen recht ... Allah ist groß ... Fahren wir ...

DR. PARTZUF: Aber bitte, ich wollte ja ...

POLIZIST *(wirft ihn hinaus)*: Ich werde Sie lehren, den Verkehr aufzuhalten. Marsch. Stehen Sie sofort vom Pflaster auf. Ihren Ausweis, bitte!

FAHRER *(läßt den Motor an)*: Vielen Dank, liebe Zeugen. Das habt ihr gut gemacht.

E s gibt eine einflußreiche Mafia, die das Achte Gebot im Umkreis von Kilometern meidet. Diese Olympioniken der Halbwahrheiten und echten Lügen bevölkern die Arena des gewaltigen Medienzirkus'.

All jene, die in diesem Zirkus mitspielen, ob als Christen oder als Löwen, wissen aus Erfahrung, daß Widerstand gegen die Medien zwecklos ist. Seitdem sich nämlich der erste Mensch in den Finger gestochen und mit seinem Blut das erste Bild an die Wände seiner Höhle gemalt hat, ist es zur lieben Gewohnheit geworden, daß die Menschheit jedes gedruckte oder gesendete Wort für bare Münze nimmt, und das besonders gerne, wenn ehrenwerte Leute durch den Schmutz gezogen werden.

*

Kurz gesagt, wir alle lieben die öffentliche Verleumdung, je mehr Schmutz, desto besser. Womit beileibe nichts gegen privaten Klatsch und Tratsch gesagt sei, ist er doch ein wahres Lebenselixier für Partys oder auch für Telefonate an pornofilmfreien Abenden. Das echte Vergnügen aber, der unübertroffene kollektive Orgasmus, ist und bleibt ein saftiger öffentlicher Skandal in den Medien, vor allem wenn er professionell inszeniert wird.

Natürlich muß man sich fragen, warum selbst kluge Leute auf Verleumdungen hereinfallen. Die Antwort lautet, sie fallen gar nicht darauf herein. Sie tun nur so, genau so, als säßen sie im Theater oder im Kino. Es ist dies, man muß es einmal offen aussprechen, ein bewährtes Abkommen zwischen Fernsehsendern und Zuschauern oder zwischen der Zeitung und ihren Lesern. Es sieht vor, daß Partei A zum Vergnügen von Partei B den täglichen Skandal liefert, wobei Partei B so tut, als wisse sie nicht, daß es sich um lupenreine Lügenmärchen handelt.

Dieses hübsche Gesellschaftsspiel erfreut sich weltweiter Beliebtheit. Denn würden die Medien nur die Wahrheit und nichts als die Wahrheit verbreiten, hätten nur ein paar Tugendbolde ihre Freude daran, während eine ordentliche Verleumdung eine ganze Nation samt Nachbarn glücklich macht. Ja, die öffentliche Verleumdung macht alle froh, und zwar ganz im Sinne des biblischen Gesetzes von Moses: »Du sollst dem Ochsen, der drischt, nicht das Maul verbinden.«

EIN PRAKTISCHER RATGEBER
ZUR PROFESSIONELLEN VERLEUMDUNG

Die entscheidende Voraussetzung ist, daß man dem Opfer keinerlei Chance läßt. Das ist gar nicht schwer, denn theoretisch gibt es zwar die Möglichkeit von Leserbriefen oder einer gerichtlichen Klage, und auch die Einstweilige Verfügung hat Justitia im Köcher, aber mit all diesen läppischen Versuchen macht man sich nur lächerlich.

Leserbriefe bringen deshalb nichts, weil sie von betroffenen, also von befangenen Personen verfaßt sind, und deren subjektive Aussage wirkt natürlich unglaubwürdig. Damit sind sie praktisch machtlos gegen die hohe moralische Autorität des mit dem Skandal befaßten Zeitungsvolontärs in Sankt Pauli.

Prozesse hingegen ziehen sich zumeist über mehrere Generationen hin. Zwischenzeitlich stirbt das Opfer und auch die Zeitung, und die Urenkel haben später keine Ahnung mehr, worum es eigentlich ging.

Man muß also in diesem internationalen Gesellschaftsspiel entweder sehr geschickt mitmischen oder ganz still die Finger davon lassen.

Für Anfänger und Fortgeschrittene biete ich nachfolgend ein paar leicht faßbare Tips zur Perfektion in der anspruchsvollen Disziplin der professionellen Verleumdung.

*

Die Wirkung der Gesetzestafeln vom Berg Sinai lehrt, daß Menschen am sichersten von Dokumenten überzeugt werden.

Ich nenne zum besseren Verständnis ein Beispiel.

Es ist Saure-Gurken-Zeit, die Lokalzeitung sucht verzweifelt nach einer Titelgeschichte. Da erzählt der Lokalredakteur, der neben dem Abgeordneten Meierhofer wohnt, daß er am Morgen Frau Meierhofer beim Teppichklopfen gesehen hätte.

Die Zeitung macht also die Titelseite mit folgender Headline auf: »Abgeordneter Meierhofer kauft heimlich Teppiche bei persischen Asylanten«. Das ist der Augenblick, das Dokument einzusetzen, denn die Öffentlichkeit wird sich um so lieber empören, wenn die Schlagzeile mit einem Schnappschuß des verstorbenen Ajatollah Khomeni oder eines Kaschmirteppichs, besser aber noch mit einem Paßfoto des Angeklagten Meierhofer garniert wird. Mit der Bemerkung »Der Staatsanwalt ermittelt, ob Mehrwertsteuer bezahlt wurde« sollte der Exklusivbericht schließen.

Daß Frau Meierhofer lediglich vor zwei Jahren einem

hartnäckigen Hausierer zwei Fußabstreifer abgekauft hat, tut im Augenblick nichts zur Sache. In jedem Fall stinkt in den Augen der Öffentlichkeit die Perserteppich-Affäre zum Himmel, ansonsten hätte eine seriöse Zeitung doch sicherlich nicht auf der Titelseite und mit Foto darüber berichtet.

Der Volksvertreter, der bei diesem Fehltritt ertappt wurde, hat jetzt drei Möglichkeiten zu reagieren. Er kann auf seine Immunität verzichten und sich der Justiz stellen, einen parlamentarischen Untersuchungsausschuß fordern oder dem Redakteur mit einer Colaflasche den Schädel einschlagen. Oder er versucht alle drei Möglichkeiten hintereinander. Sein öffentliches Amt kann er in jedem Fall vergessen.

Ich rate ihm, ohne diese überflüssigen Anstrengungen seinen Rücktritt bekanntzugeben und einen gutbezahlten Job in der Privatwirtschaft anzunehmen.

*

Sehr hilfreich bei einer professionellen Verleumdung sind auch höhere Instanzen oder Persönlichkeiten, die der Affäre den offiziellen Anstrich geben. Die Formulierung sollte dann lauten: »Wird die Abteilung für Steuerfahndung rasch eingreifen?«, und damit kann Meierhofer seinen Hut endgültig nehmen.

Die beste Wirkung ist zwar mit der Steuerbehörde zu erzielen, aber an zweiter Stelle könnte man den lieben Gott oder sogar den Staatsanwalt bemühen. An dritter Stelle kommt natürlich die Polizei. Alle drei müssen noch gar nichts tun oder sagen, es reicht völlig aus, wenn sie »in Erwägung ziehen«, solange das falsche Zeugnis mit einem Fragezeichen schließt.

*

Das Fragezeichen spielt nämlich eine besonders raffinierte Rolle. Da gibt es unendlich viele Möglichkeiten der rufmordenden Anwendung ohne das geringste Risiko.

Mit Sicherheit bleibt der Durchschnittsbürger im Vorbeischlendern am Zeitungskiosk an der großaufgemachten Schlagzeile hängen: »Wo war der Justizminister am Samstag abend?« Schockiert läuft jener Bürger dann nach Hause zu seiner treuen Gattin und macht seiner Verbitterung Luft: »Wir haben ja keine Ahnung, mein Herz, was die da oben so alles treiben!«

Unserem Durchschnittsbürger, der zwar die Schlagzeile gelesen, das Blatt aber nicht gekauft hat, entgeht die auf Seite 63 ganz unten versteckte Meldung, daß besagter Minister dem innenpolitischen Redakteur ein blütenweißes Alibi geliefert hat. Er habe den Samstag abend im Kreise seiner Familie verbracht, wo sonst? So einfach also hätte sich der Verdacht zerstreut, er betreibe ein zweitklassiges Freudenhaus am Rande der Stadt.

Und dem journalistischen Ethos ist auch noch Genüge getan und der Minister voll rehabilitiert, Amen.

Die Redaktion kann ja schließlich nichts dafür, daß der Durchschnittsbürger das Blatt nicht gekauft hat.

*

Unter allen gut einsetzbaren Fragezeichen aber ist die Anfrage im Parlament immer noch die eindrucksvollste. Erfreulicherweise nennt das Gesetz keinerlei Einschränkungen bezüglich Thema oder Stil. Entscheidend ist nur das Fragezeichen am Ende der Anfrage. Zum Beispiel: »Ist dem Herrn Justizminister bekannt, daß der Staatssekretär, der zuständig für die Reisespesen der Politiker ist, soeben der Polizei einen geheimen Bericht über häufige Auslandsreisen der Gattin des Ministers vorgelegt hat?«

Nein, dem sichtlich nervösen Justizminister ist gar nichts bekannt, denn der Verantwortliche hat weder etwas eingereicht, noch hat die Polizei einen geheimen oder öffentlichen Bericht erhalten. Auch gut, dann wurde eben diesmal nichts aus der Anfrage.

Irren ist menschlich.

*

Daß der kleine Mann auf der Straße mit einer Anfrage im Parlament nichts anfangen kann, spielt hier keine Rolle. Ihm bleibt immer noch das Amtsgericht. In unserer Gesellschaft hat nämlich jeder Bürger das Recht, seinen Nächsten für jede Sache der Welt zu verklagen, wenn ihm danach ist und er das nötige Kleingeld dazu hat. Vielleicht verliert er den Prozeß dann in vier bis fünf Jahren, aber in der Zwischenzeit profitiert er von knalligen Schlagzeilen wie: »Erfolgreicher Komponist der Unzucht mit Minderjähriger angeklagt.«

Was kann der erfolgreiche Komponist, der ausschließlich mit seiner Frau Geschlechtsverkehr pflegt, und das nicht oft, dagegen tun? In der Zeitung steht ja die Wahrheit und nichts als die Wahrheit. Es entspricht schließlich den Tatsachen, daß man ihn wegen der betreffenden unzüchtigen Handlung angezeigt hat.

Mit etwas Glück kann er lediglich erreichen, daß die Zeitung die Erklärung seines Anwalts veröffentlicht: »Es ist nicht richtig, daß mein Klient mit einer Minderjährigen geschlechtlich verkehrt hat. Im Gegenteil, er hat mit einer Minderjährigen keinen Geschlechtsverkehr gehabt.«

Hat der geneigte Leser eigentlich schon einmal darüber nachgedacht, wie problemlos ein Prominenter nur durch die Androhung eines derartigen Prozesses zu erpressen ist?

Ein Kinderspiel.

*

Man kann aber ganz gut auch ohne Prozeß falsches Zeugnis geben. Mit ein paar gezielten Sätzen in einem Interview kann ein ähnlicher Effekt erreicht werden. Diese Variante der professionellen Verleumdung erfordert zwar direkten Kontakt zwischen Opfer und Täter, aber zumeist spielt das Opfer problemlos mit, weil jeder gern seinen Namen in der Zeitung liest. Das läuft dann so ab:

JONNY: Herr Professor, was halten Sie von Drogen?

PROFESSOR W.: Drogen können zwar momentane Erleichterung bringen und einen Menschen von seinen persönlichen Problemen ablenken, auf lange Sicht aber gefährden Drogen Körper wie Psyche.

JONNY: Verurteilen Sie also den Gebrauch von Drogen, Herr Professor?

PROFESSOR W.: Verurteilen? Was heißt da verurteilen? Ich fordere nachdrücklich, all jene, die in irgendeiner Art und Weise den Gebrauch von Drogen ermöglichen, auf das Schärfste zu bestrafen.

Das Interview, das dann prominent aufgemacht auf der letzten Seite erscheint, gibt das wissenschaftliche Gespräch etwas gerafft, aber völlig authentisch wieder:

».. was den Gebrauch von Drogen betrifft, vertritt Professor W. eine recht ›flexible‹ Anschauung. Drogen, sogar die gefährlichsten, können ihm zufolge den Menschen Erleichterung bringen, ja sogar persönliche Probleme lösen. Er empfiehlt jedoch lediglich vorübergehenden Gebrauch von Drogen. Auf unsere Frage, ob er dann eigentlich den Gebrauch von Drogen verurteile, erwi-

derte der Professor: ›Verurteilen? Was heißt da verurteilen?‹«

*

Eine volkstümliche Spielart ist das Interview ohne
persönlichen Kontakt, in Fachkreisen auch »Geständnis des freundlichen Gemüsehändlers« genannt. In
diesem Fall begibt sich der Profi zum Feinkostgeschäft
oder zum Obstladen im Stadtviertel des zu beseiti-
genden Prominenten und fragt den Obsthändler Mustafa:
»Sagen Sie, der Inspektor Goldberger, ist der eigentlich ein guter Kunde?«
»Gut«, sagt Mustafa mit feuchtem Blick, »ja freilich
ist er gut, der Goldberger.«
»Und Sie schätzen ihn sicher, nicht wahr?«
»Ja, warum denn nicht? Ich schätze alle meine Kunden.«
»Dann haben Sie ihm doch bestimmt etwas zu Weihnachten geschenkt, Mustafa?«
»Freilich hab' ich, wie allen anderen auch, jedes Jahr
ein Fläschchen Wein, ein netter Kerl, der Goldberger.«
Und Inspektor Goldberger freut sich am nächsten Tag
über folgenden Zeitungsartikel:
»Der Kaufmann M. Alrisi: ›Jetzt rede ich! Inspektor
Goldberger beschafft sich regelmäßig alkoholische Ge-
tränke aus meinem Laden, ohne zu bezahlen!‹«

Zum Abschluß kann ich als besonders anspruchsvolles
Verleumdungsmodell für Fortgeschrittene den Einsatz
der tückischen Anführungszeichen empfehlen. Dies setzt
allerdings ein gewisses stilistisches Talent voraus. Die
Wirkung der Anführungszeichen im geschriebenen Text
läßt sich nämlich mit der des sarkastischen Lächelns

im Gespräch vergleichen. Eine »gerechte Sache« wird in Anführungszeichen automatisch zu einer ungerechten.

Nehmen wir zum Beispiel einen ganz harmlosen Lebenslauf. K. wurde 1924 geboren, absolvierte das Abitur mit Auszeichnung, ebenso das Studium des Internationalen Rechts, das er nach nur drei Jahren beendete. Wenn jetzt ein Presseprofi an die Berichterstattung gesetzt wird, sieht Herrn K.s Porträt mit dem Titel »Endlich! Jetzt Herrn K.s wahres Gesicht« folgendermaßen aus:

»K. ist ein echter ›Lebenskünstler‹«, beginnt es, »er wählte für seine Geburt ein sehr ›günstiges‹ Jahr aus, das Jahr der Wirtschaftsblüte. Schon in der Schule war, der ehrgeizige Junge, den seine Klassenkameraden heimlich ›Duckmaus‹ nannten, ›ausgezeichnet‹ und begann ›flugs‹ sein Universitätsstudium. Jeder, der K. kennt, kann sich denken, daß er sich ausgerechnet mit ›Internationalem‹ Recht beschäftigte, denn schon damals schielte er auf die Fleischtöpfe jenseits des Ozeans. Und ganz im Sinne seines sprichwörtlichen Geizes ›verkürzte‹ er sein Studium um ein ganzes Jahr, nur um die Studiengebühren zu sparen.«

»Du sollst nicht falsch Zeugnis reden.« Keine Kunst, das Gebot zu umgehen. Von Pressefreiheit steht nämlich kein Wort in der Bibel. Und Moses wußte genau warum.

D ie Stiefschwester des falschen Zeugnisses ist eine attraktive junge Dame und heißt Gerücht. Aber enge Freunde nennen sie vertraulich Tratsch.

SCHWEIGEN IST SILBER, SPRECHEN IST GOLD

Als ich unlängst aus dem Haus ging, kam unser Wohnungsnachbar Felix Selig auf mich zu.

»Schon gehört?« fragte er lauernd. »Haben Sie es schon gehört?«

»Was?« fragte ich zurück. »Solange ich nicht weiß, was es ist, kann ich nicht feststellen, ob ich es schon gehört habe.«

Felix blieb stehen und sah sich nach allen Seiten um:

»Schwören Sie mir, daß Sie es nicht weitersagen.«

»Abgemacht. Also?«

Seine Stimme senkte sich zu kaum hörbarem Flüstern:

»Der Architekt um die Ecke, der mit dem Chevrolet, wissen Sie, mit wem er seine Freundin erwischt hat?«

»Nein. Mit wem?«

Felix schwieg. In seinen Gesichtszügen spiegelte sich der Kampf, der in ihm tobte.

»Ich habe Angst, es Ihnen zu sagen«, stieß er hervor.

»Warum denn?«

»Weil ich geschworen habe, ich würde es niemandem sagen, und jetzt stehe ich da und sage es Ihnen. Wenn sich das herumspricht, gehen dreieinhalb Familien zugrunde oder mindestens auseinander. Man kann ja heute niemandem mehr vertrauen.«

»Das stimmt«, bestätigte ich. »Und das ist sehr schlimm. Wir stehen vor einem schweren Problem, lieber Felix.«

Tatsächlich, der schönste Tratsch über »Sie-wissen-schon-welche« Scheidung, über »Sie-können-sich-denken« warum, über »Sie-werden-es-nicht-glauben« seit wann, all dies verliert jeden Sinn, wenn man nicht seinen Freunden, Verwandten, Bekannten und solchen, die es werden wollen, schnellstens davon erzählen kann. Zurückgehaltener Tratsch ist geradezu ein Gesundheitsrisiko, führt zu inneren Stauungen und im schlimmsten Fall sogar zu Platzangst.

Dennoch verlangt ein Naturgesetz, daß der Tratschinhaber den Tratschabnehmer zu völligem Schweigen verpflichtet, bevor er zu tratschen beginnt. Ein läppischer Unsinn. Wozu tratscht man, wenn nicht zum Weitererzählen?

»Also geschworen haben Sie«, wandte ich mich an Felix. »Bei was haben Sie geschworen?«

»Bei allem, was mir heilig ist.«

»Gut. Das ist nicht so schlimm.«

Erfahrungsgemäß soll man niemals auf die eigene Gesundheit noch die eines Familienmitgliedes schwören, es sei denn, man wünscht ihm den Tod, aber das ist nach dem Fünften Gebot nicht erlaubt. Empfehlenswert sind allgemein gehaltene Floskeln wie »Aber das versteht sich doch von selbst« oder »Nicht einmal meiner Frau« oder »Auf mich können Sie sich verlassen«. Ich selbst bringe gern einen kurzen, leicht gekränkten Hinweis auf meine oft bewährte Verschwiegenheit vor. Im äußersten Notfall setze ich das Leben meines Onkels Julius ein, er ruhe in Frieden.

»Nun?« sagte Felix Selig. »Schwören Sie?«

»Nein.«

Ich weiß nicht, was plötzlich in mich gefahren war. Ich hatte plötzlich keine Lust mehr, das Spiel mitzumachen.

»Wissen Sie, wer in die Affäre verwickelt ist?« lockte Felix Selig. »Der Chauffeur eines Ministers.«

»Bitte reden Sie nicht weiter.«

»Ein Schwuler.«

»Ich will nichts hören. Ich kenne mich, Felix. Ich bin nicht imstande, den Mund zu halten. Ich werde meiner

Schwester und meinem Freund Jossele davon erzählen, wahrscheinlich auch dem alten Wertheimer. Und wenn ich zwei Gläschen Wodka getrunken habe, kann es passieren, daß ich bei einer Verkehrsampel wildfremde Fußgänger einweihe.«

Felix wand sich in Qualen:

»Dann nennen Sie wenigstens keine Namen.«

»Namen sind die Würze des Tratsches, Felix.«

»Aber der Gatte jener Dame, die in flagranti erwischt wurde, gehört zu Ihrem engsten Bekanntenkreis. Das muß Sie doch interessieren.«

»Wie Sie meinen. Reden Sie, wenn Sie unbedingt wollen. Ich habe mich auf nichts festgelegt, und Sie wissen es.«

»Versprechen Sie mir, eine Woche lang keinen Wodka zu trinken?«

»Ich verspreche Ihnen gar nichts.«

»Warum?« stöhnte Felix. »Warum tun Sie mir das an? Was veranlaßt Sie dazu?«

»Mein Ehrgefühl.«

Felix begann zu schluchzen. Ich klopfte ihm beruhigend auf die Schulter:

»Vielleicht wäre es am besten, wenn Sie die ganze Geschichte aufschreiben und in einem versiegelten Umschlag bei Ihrem Anwalt deponieren.«

»Der Architekt«, schluchzte Felix, »wollte den Chauffeur überfahren ... mit seinem Chevrolet ... weil er wußte, daß die geschiedene Frau des Ministers ... mit der Siamkatze, die eigentlich dem Schwulen gehört ...«

Ich hielt mir beide Ohren zu und wandte mich ab:

»Hören Sie auf! Kein Wort weiter! Ich erzähle alles, was Sie sagen, der nächsten Zeitungsredaktion. Die Journalisten werden jedes Detail recherchieren. Morgen weiß es die ganze Stadt.«

»Sie sind ein Schuft«, brüllte Felix. »Sie tun, als wäre

es Ihnen gleichgültig, mit wem die Freundin des Architekten ein Verhältnis hat.«

»Mit Benzion Ziegler«, antwortete ich trocken.

Felix glotzte:

»Wer, wieso wissen Sie das?«

»Weil ich es Ihnen vor ein paar Wochen selbst erzählt habe, Sie Idiot. Und damals haben Sie mir bei allem, was Ihnen heilig ist, geschworen, daß kein Wort davon jemals über Ihre Lippen kommen würde.«

Es dauerte ungefähr eine Minute, bis Felix sich gefangen hatte.

»Richtig«, murmelte er verlegen. »Ich habe diese Geschichte schon so oft erzählt, daß ich die Quelle vergessen habe.« Plötzlich erhellte ein glückliches Lächeln sein Gesicht. »Aber dann breche ich ja gar kein Versprechen, wenn ich es Ihnen erzähle. Also hören Sie . . .«

Arm in Arm setzten wir unseren Weg fort, und Felix sprudelte ungehemmt drauflos:

»Es begann damit, daß Frau Ziegler bei der bewußten Dame anrief und daß eine männliche Stimme antwortete. Frau Ziegler legte auf, ergriff ihre Kamera und ihre Reitpeitsche und nahm sofort ein Taxi . . .«

Begierig hörte ich ihm zu. Wir gingen die ganze Geschichte nochmals durch, bis zum Ende. Was in unserer Stadt vorgeht, ist wirklich skandalös, das muß ich schon sagen. Ich würde es nicht glauben, wenn ich die skandalöse Geschichte nicht selber erfunden hätte.

Also gut. Bei Tratsch und Klatsch handelt es sich um eine gesellschaftliche Notwendigkeit. Widmen wir uns jetzt den echten Profis im Lügengewerbe.

DIE DRESSUR
DES »ANGSTHASEN VON TANGER«

Also paß gut auf, Weißberger. Du steigst nicht in den Ring wie jeder andere, sondern du springst mit einem Panthersatz über die Seile.«

»Warum?«

»Weil du der ›Schrecken von Tanger‹ bist, Weißberger. Wie oft soll ich dir das noch sagen? Also weiter. Die Zuschauer werden dich natürlich auspfeifen. Daraufhin machst du eine obszöne Geste ins Publikum und trittst einen Herrn mit Brille, der dicht am Rang sitzt, in die Nase. Und zwar so stark, daß er blutet.«

»Muß das sein?«

»Frag nicht so dumm. Dafür wird er ja bezahlt. Als der Rowdy, der du bist, packst du auch noch den Schiedsrichter und wirfst ihn aus dem Ring.«

»Armer Kerl.«

»Arm? Er bekommt drei Prozent von den Bruttoeinnahmen. Wenn er wieder im Ring ist, wird er dich verwarnen, aber du lachst ihm nur ins Gesicht und schüttelst die Fäuste. Im nächsten Augenblick bekommst du von einem empörten Zuschauer eine Bierflasche an den Kopf geworfen.«

»Oiweh.«

»Keine Angst, Weißberger. Er verfehlt dich. Es ist nicht das erste Mal, daß er für mich wirft. Und die Polizei wird ihn sofort abführen.«

»Kann man sich auf sie verlassen?«

»Wir haben die Szene gestern noch einmal mit den Polizisten geprobt. Das ist in Ordnung. Und jetzt sprechen wir über unsern brutalen Kampf. Du darfst von Anfang an keinen Zweifel daran lassen, daß die Regeln der Fairneß für dich nicht existieren.«

»Warum?«

»Weißberger, es ist zum Verzweifeln mit dir. Willst du ein echter Profiringer werden oder willst du ewig Kellner bleiben? Also. Du reißt mir die Ohren aus, schleuderst mich zu Boden, trampelst auf mir herum und verfluchst mich auf arabisch.«

»Jiddisch wäre mir lieber.«

»Geht nicht. Du vergißt, Weißberger, daß du der ›Schrecken von Tanger‹ bist. Wenn du mich lang genug mißhandelt hast, wird eine Frau in der zweiten Runde aufspringen und schreien: ›Ich kann das nicht länger mitansehen! Pfui! Ringrichter hinaus! Der »Schrecken von Tanger« hat den Ringrichter bestochen!‹«

»Sie lügt!«

»Sei nicht albern. Sie ist die Frau des Ringrichters. Man muß das alles im voraus organisieren. Der Ringrichter wird versuchen, uns zu trennen, aber du drückst seinen Kopf zwischen die Seile, und wenn er nur noch röchelt, ziehst du ihm die Hosen herunter. Er wird vor Scham ohnmächtig. Der anwesende Arzt stellt eine Herzattacke fest.«

»Großer Gott!«

»Hör endlich auf zu jammern, Weißberger. Auch der Arzt ist organisiert. Während ein neuer Ringrichter herbeigeschafft wird, bricht von allen Seiten ein Pfeifkonzert über dich herein. Du machst wieder eine obszöne Gebärde und streckst die Zunge heraus.«

»Ist das notwendig?«

»Es ist üblich. Mittlerweile hat die Polizei Verstärkung bekommen und umstellt den Ring.«

»Ist auch die Polizei . . .«

»Selbstverständlich. Unser Kampf geht weiter und wird bestialisch. Du steckst die Finger in meine Augenhöhlen und drückst mir die Augenbälle heraus.«

»Mir ist übel. Könnte nicht ein anderer . . .«

»Weißberger, sei ein Mann. Catch-as-catch-can ist hart. Arbeitslosigkeit ist härter.«

»Aber ich bin kein brutaler Mensch. Ich bin nur dick.«

»Wie kannst du hoffen, ohne Brutalität zu gewinnen?«

»Heißt das, daß ich den Kampf gewinne?«

»Ich sagte ›hoffen‹. Von Gewinnen ist keine Rede. Samson ben Porat, der ›Stolz des Negev‹, kann gegen den ›Schrecken von Tanger‹ unmöglich verlieren, das muß dir doch klar sein. Ja, schön, du wirst eine Weile auf mir sitzen und meinen Fuß so fürchterlich verdrehen, daß ich mich vor Schmerz krümme. Plötzlich liege ich auf beiden Schultern. Der Ringrichter beginnt mich auszuzählen. Aber gerade wenn er bei neun hält, trete ich dich mit dem anderen Fuß kräftig in den Bauch.«

»Nein! Nein!«

»Der Tritt ist vorgesehen, Weißberger. Er schleudert dich ungefähr drei Meter weit, du taumelst gegen die Seile, ich springe dich an, reiße dich nieder und mache dich unter dem begeisterten Jubel der Zuschauer fertig. Während mich der Ringrichter zum Sieger erklärt, schleuderst du einen Stuhl nach ihm.«

»Einen Stuhl?«

»Ja. Er steht eigens zu diesem Zweck in der Ecke. Du triffst aber nicht den Ringrichter, sondern einen alten Herrn in der dritten Reihe, der wimmernd zu Boden sinkt. Die erboste Menge stürmt in den Ring und will dich lynchen.«

»Um Himmels willen.«

»Es wird dir nichts geschehen, Weißberger, das verspreche ich dir. Hast du noch immer nicht kapiert? Auch die Zuschauer sind eingeweiht. Sie wissen, daß sie dich lynchen sollen, wenn der alte Herr zusammensinkt.«

»Ja, aber, vielleicht könnte dann jemand entdecken, daß alles geschoben ist.«

»Was heißt hier ›vielleicht‹? Soll ich warten, bis ein Uneingeweihter dahinter kommt? Ich habe Vorsorge getroffen, daß die Polizei ein Verfahren gegen mich einleitet. Wegen Betrugs am Publikum. Wir brauchen einen Wirbel in der Presse. Auf Wunder kann man sich nicht verlassen. Noch eine Frage?«

»Eine einzige. Wenn die Leute ohnehin wissen, daß sie belogen werden, warum kommen sie dann überhaupt?«

»Weil sie Sportfans sind, Weißberger. Leidenschaftliche Sportfans.«

S eit der jüdische Wissenschaftler mit der weißen Mähne die Relativitätstheorie erfunden hat, sind die Spielregeln in der Justiz völlig andere. Heute entscheidet nicht der Allmächtige, was falsches Zeugnis ist und was nicht, sondern jemand, der mit der Organisation des Universums nicht so überlastet ist. Ich meine den Staatsanwalt.

Diese hohe juristische Autorität ist in manchen Fällen sogar bereit, mit dem Delinquenten nach dem jeweiligen Tageskurs der Gesetzesbörse zu verhandeln. Der Grundsatz lautet: »Wenn sie sich in einer bestimmten Angelegenheit schuldig bekennen, dürfen sie in einer anderen lügen wie der Baron Münchhausen.«

Gar keine schlechte Idee. Schade, daß Moses nicht rechtzeitig darauf gekommen ist.

ZEUGEN LÜGEN GUT, KRONZEUGEN LÜGEN BESSER

Es war kurz nach 23 Uhr, als ich von einer wilden Orgie nach Hause fuhr. Plötzlich tauchte dicht vor meiner Kühlerhaube eine Katze auf. Ich riß den Wagen nach links, fuhr auf den Gehsteig und von dort in einen Obst- und Gemüseladen, schlitterte zwischen sorgfältig angeordneten Zitrusfrüchten und Tomaten hindurch bis an die Rückwand, die ich krachend durchbrach, und landete auf der anderen Seite in einer ruhigen Wohngegend. Ein Laternenpfahl brachte mich zum Stehen und fiel dann der Länge nach hin.

Nach erstaunlich kurzer Zeit erschien ein Hüter des Gesetzes, zog sein Notizbuch hervor und begann in den Trümmern meines Wagens nach mir zu fahnden. Er fand mich schließlich im weit geöffneten Kofferraum zwischen dem Ersatzreifen und der gebrochenen Achse.

»Was ist los?« fragte er.

»Nichts Besonderes. Ich versuche hier zu parken.«

»Machen Sie keine dummen Witze, Mann. Sie sind vorschriftswidrig gefahren, und das wird Sie viel Geld kosten.«

Ich befreite mich aus meinem ehemaligen Wagen und kroch auf den Vertreter der Staatsgewalt zu:

»Ein Grundsatz unserer Rechtsprechung lautet, daß man unschuldig ist, solange man keiner Schuld überführt wurde. Vergessen Sie das nicht.«

»Mir brauchen Sie nicht zu sagen, Mann, was ich nicht vergessen soll. Ich werde Sie jedenfalls anzeigen.«

»Warum?«

»Weil ich genau gesehen habe, wie Sie aus dem Gemüseladen herausgekommen sind.«

»Das tun zahlreiche Hausfrauen jeden Tag.«

»Aber Sie sind vorher hineingefahren.«

»Und? Wozu habe ich einen Wagen? Andere gehen zu Fuß, ich fahre.«

Meine Logik schien ihn zu beeindrucken. Er kratzte sich am Hinterkopf. Dann nahm er wieder Haltung an:

»Außerdem parken Sie gerade jetzt auf dem Gehsteig, oder nicht?«

»Nur vorübergehend. Wollen Sie eine solche Kleinigkeit hochspielen?«

Der Ordnungshüter stieg verlegen von einem Fuß auf den anderen:

»Und der zertrümmerte Gemüseladen?«

»Wir wollen Gemüse und Gehsteig scharf auseinanderhalten. Nur nicht zuviel auf einmal. Dann würde ich unter Umständen zugeben, daß ich vorschriftswidrig gefahren bin.«

»Was soll das heißen?«

Ich sprach beruhigend auf ihn ein:

»Hören Sie zu, mein Freund. Wir beide können nur profitieren, wenn wir zusammenarbeiten. Das verkürzt den Prozeß, und Sie müssen nicht immer wieder vor Gericht erscheinen, um sich von gerissenen Rechtsanwälten ins Kreuzverhör nehmen zu lassen. Seien Sie vernünftig. Sie ersparen sich damit eine Menge Unannehmlichkeiten.«

»Sie sind aber mit 80 Stundenkilometern gefahren.«

»Warum nicht 60? Auch damit habe ich die zulässige Höchstgeschwindigkeit überschritten, und es klingt besser.«

»Und Sie haben einen Hund getötet.«

»Eine Katze.«

Die Untersuchung war an einem toten Punkt angelangt. Nochmals erklärte ich meine Bereitschaft, mich in einigen Punkten schuldig zu bekennen, wenn die Anklage einige andere Punkte fallen ließe:

»Lassen wir den Laden beiseite«, schlug ich vor, »und nehmen wir statt dessen den Laternenpfahl.«

»Unmöglich.«

»Gut, nehmen wir beide. Aber mit vertauschtem Schaden.«

»Ich verstehe nicht, was Sie meinen.«

»Schreiben Sie, daß ich in den Laternenpfahl hineingefahren bin und den Gemüseladen geknickt habe.«

»Der Laternenpfahl ist nicht geknickt, Sie haben ihn umgelegt.«

»Hm. Warten Sie. Mir fällt etwas ein. Voriges Jahr habe ich einen Fernsehapparat durch den Zoll geschmuggelt, ohne erwischt zu werden. Ich bin bereit, den Schmuggel nachträglich zu gestehen, wenn Sie dafür den Laternenpfahl weglassen.«

»Ganz so einfach wird's nicht gehen. Ich muß ihn zumindest erwähnen. Sagen wir, Sie haben ihn gestreift.«

»In diesem Fall habe ich nur einen Transistor geschmuggelt.«

»Der Beschuldigte hat ein Rundfunkgerät ohne Einfuhrbewilligung importiert«, notierte der Polizist. »Und was machen wir mit dem vorschriftswidrigen Fahren?« fragte er.

Ich schlug als Ersatz einen Kinderwagen vor, den ich im Frühjahr bei einem Parkmanöver beschädigt hatte. Mein Partner war einverstanden, vervollständigte das Protokoll durch einige neutrale technische Daten und hielt es mir hin:

»Hier, bitte. Unterschreiben Sie auf der punktierten Linie.«

Schon wollte ich den Kugelschreiber ansetzen, als ich eine neue Idee hatte:

»Einen Augenblick. Haben Sie Zeugen?«

Das Auge des Gesetzes glotzte:

»Nein, eigentlich nicht, es war ja kein Mensch auf der Straße.«

»Abgesehen von mir«, sagte ich. »Und das bedeutet, daß Sie auf mich angewiesen sind. Ich bin Ihr einziger Zeuge. Wenn ich die Anklage nicht unterstütze, bricht sie zusammen. Das sollten Sie bei Ihrer Aussage bedenken!«

»Ja, schon gut«, stöhnte das Amtsorgan. »Lassen Sie uns zum Ende kommen, ich bitte Sie.«

Der Morgen dämmerte. Ich unterschrieb das Protokoll als Staatszeuge in Sachen Rundfunkgerät und Kinderwagen, verabschiedete mich von meinem uniformierten Freund mit einem kräftigen Handschlag und ging nach Hause.

*

Die beste Ehefrau von allen war ein wenig ärgerlich. Warum ich so spät nach Hause käme? Was denn geschehen sei? Ich bedauerte, in ein schwebendes Verfahren nicht eingreifen zu dürfen, und verweigerte die Aussage als Kronzeuge.

Der kleine David konnte den riesigen Goliath töten und erhielt dafür anhaltenden Beifall, da zu Zeiten der Bibel noch keine politischen Kommentatoren in den Medien beschäftigt waren, um seine infame Tat zu analysieren. Angesichts der internationalen Berichterstattung der letzten Jahrzehnte, die das winzige Israel zu einer imperialistischen Großmacht umfunktionierte, machte ich mich freiwillig zum Sprecher des heutigen Salonantisemitismus, um David und Goliaths bekannte Geschichte professionell zu fälschen.

ARMER GOLIATH
ODER EIN BIBLISCHER KOPFSTAND

Der Ablauf der Ereignisse darf als bekannt voraus gesetzt werden. Nach längeren Manövern auf beiden Seiten hatten die Philister in Sichtweite der israelischen Armee, nahe der Stadt Sochon, Stellung bezogen und bemühten sich, die von den Israelis künstlich gesteigerte Spannung zu dämpfen. Auf dem Höhepunkt der Krise begab sich der philistinische Oberstabswachtmeister Goliath in das Niemandsland zwischen den beiden Lagern, wo er, wir zitieren einen absolut zuverlässigen Bericht, »seine Stimme erhob«, um schwerere Kämpfe und unnötiges Blutvergießen zu verhindern. Ein als Hirte getarnter Angehöriger des Geheimdienstes namens David, ein bekannter Großwildjäger, reagierte darauf mit einem Überraschungsangriff gegen Oberstabswachtmeister Goliath, den er brutal zu Fall brachte und abschlachtete.

Soweit die Tatsachen.

Rein militärisch betrachtet, kann der israelischen Aktion eine gewisse Qualität nicht abgesprochen werden. Angesichts der moralischen Botschaft der Zehn Gebote fühlen wir uns jedoch verpflichtet, das Vorgehen Davids und seiner Auftraggeber gründlich zu analysieren, um einer Geschichtsfälschung vorzubeugen. Dabei leiten uns keine Haßgefühle gegen das Volk Israels. Im Gegenteil. Wir möchten dem zweifelhaften Ruf dieses ewig rastlosen Stammes eine neue, schwere Belastung ersparen.

*

Wir sind durchaus nicht der Meinung, daß der Begriff des soldatischen Kampfes eine völlige Gleichheit in der beiderseitigen Bewaffnung voraussetzt. Aber die elementaren Grundsätze der Fairneß verlangen zumindest annähernd gleiche Voraussetzungen. Wir bedauern, feststellen zu müssen, daß in der Auseinandersetzung zwischen David und Goliath eine solche Balance nicht gegeben war. Vielmehr lagen von Anfang an alle Vorteile auf seiten Davids.

Das zeigte sich bereits an der Ausrüstung. Oberstabswachtmeister Goliath und wir stützen uns abermals auf den oben erwähnten Gewährsmann: »Goliath hatte einen ehernen Helm auf seinem Haupte und einen schuppichten Panzer an, und das Gewicht seines Panzers war 5000 Schekel Erzes, und hatte eherne Beinharnische an seinen Schenkeln und einen ehernen Schild auf seinen Schultern.« Das heißt, daß er etwa 60 bis 70 Kilo zu schleppen hatte. Demgegenüber war David, wie man weiß, lediglich mit einer Hirtentasche und einer Schleuder bewaffnet, was ihm den unschätzbaren Vorteil der optimalen Beweglichkeit sicherte. Hinzu kam, daß der philistinische Freiheitskämpfer »sechs Ellen und eine Handbreit hoch« war, was eine geradezu riesenhafte Körpergröße von fast vier Metern bedeutete. Das benachteiligte ihn dem kleinen, gelenkigen Israeli gegenüber noch mehr. Bedenkt man schließlich den taktischen Effekt des Überraschungsangriffs, der sich gleichfalls zuungunsten Goliaths auswirken mußte, so darf man ruhig behaupten, daß der ungleiche Kampf im voraus entschieden war.

Die Frage, wer den Kampf begonnen hat, wird die Experten noch lange beschäftigen. Genaue Nachforschungen haben ergeben, daß während der 40 Tage, die dem Ausbruch der Feindseligkeiten vorangingen, keinerlei Truppenbewegungen stattfanden und daß sich zum Schluß sogar Anzeichen einer Entspannung bemerkbar machten, die eine Lösung auf diplomatischem Weg in Aussicht stellten. Warum diese Möglichkeit scheiterte, läßt sich ohne besondere Mühe der schon mehrfach zitierten Quelle entnehmen. Goliath »trat hervor und ging einher«, während David, der gleichen Quelle zufolge, »eilete und lief vom Zeuge gegen den Philister«. Damit dürften die letzten Zweifel beseitigt sein, wer als Aggressor zu bezeichnen ist.

*

Indessen soll auch die menschliche Seite des Vorfalls nicht zu kurz kommen. Das Wort hat der junge Schildträger Goliaths, der sich im Militärkrankenhaus nur langsam von den Folgen des erlittenen Schocks erholt:

»Oberstabswachtmeister Goliath griff niemals als erster an«, sagte uns der junge Kriegsversehrte, wobei er mühsam Haltung annahm. »Er war ein grundgütiger Mensch, voll Lebensfreude und Humor. Manche Leute hielten ihn auf Grund seiner äußeren Erscheinung für einen bärbeißigen Krieger, aber die rauhe Schale verbarg einen weichen Kern. Er liebte Musik, versuchte sich an der Harfe und stimmte am Lagerfeuer gern ein kleines Liedchen an, wie etwa: ›Ich hab' nicht Vater noch Mutter hier, ihr guten Leute, habt Mitleid mit mir.‹ Der Oberstabswachtmeister war nämlich als Waise aufgewachsen und hatte schon damals unter seinen ungewöhnlichen Körpermaßen zu leiden. Nichts lag ihm ferner als Raufhändel, nichts haßte er so sehr wie den Krieg. Sicherlich wollte er diesem Hebräerjüngling eine Kompromißlösung vorschlagen, die für beide Teile annehmbar gewesen wäre. Und seine abfälligen Bemerkungen über den Gott der Hebräer waren wirklich nicht böse gemeint. Das sagt man so, ohne sich viel dabei zu denken. Mein guter Kamerad dachte nur an sein Heim und seine Familie. Er wollte in Ruhe seinen Acker bestellen, nichts weiter. Ich werde es nie verwinden, daß er seinen Lieben auf so hinterhältige Weise entrissen wurde.«

Zu diesem Bild des biederen, friedfertigen Landbewohners, wie es hier aus der Schilderung eines unmittelbar Beteiligten entsteht, läßt sich wohl kaum ein größerer Gegensatz denken als die wendige Figur seines listigen, mit allen städtischen Wassern gewaschenen Gegners, dessen berechnende Wesensart sich schon darin zeigt, daß er bereits lange vor dem Kampf wissen wollte, welcher Lohn denjenigen erwarte, »der diesen Philister erschlägt und wendet die Schande von Israel«. Erst nachdem er sich zahlreicher materieller Vergünstigungen aus der kgl. Saulschen Privatschatulle versichert hatte, war er bereit, in den Kampf zu ziehen, bei dem er sich, was nicht einmal von israelischer Seite geleugnet wird, einer unkonventionellen Waffengattung außerhalb aller internationalen Abkommen bediente. Daß er diese Waffen, eine Art steinerner Geschosse, planmäßig und zielbewußt aus den besetzten Wasserläufen gewonnen hatte, also schon seit geraumer Zeit heimliche Kriegsvorbereitungen betrieb, bestätigt die von neutralen Beobachtern aufgestellte Aggressionsthese. Wenn man seine provokativen Bemerkungen vor Beginn des Kampfes genauer auf ihren Inhalt prüft, erwartete er im Notfall sogar Hilfe von oben. Man weiß, was das bedeutet.

*

Der Kampf selbst hat, wie wir schon sagten, der jüdischen Geschichte kein Ruhmesblatt hinzugefügt. Nach übereinstimmenden Augenzeugenberichten muß die Kampfweise Davids geradezu barbarisch genannt werden. Keiner, der dabei war, wird je vergessen, wie dieser entfesselte Hysteriker auf seinen unbeweglichen Gegner losstürzte und unbarmherzig auf den bereits Geschwächten einschlug, während seine vorsichtig im Hintergrund agierenden Judenhorden ein ohrenbetäubendes Triumphgeheul anstimmten.

Es war einfach widerlich.

Oberstabswachtmeister Goliath gehört für alle Zeiten zu den tragischen Heldengestalten der Kriegsgeschichte. In seiner rührenden Naivität hatte er geglaubt, daß das Ende der jüdische Besatzung gekommen wäre. Er fiel für die Freiheit der Philister, er fiel im Kampf gegen einen übermächtigen Gegner, dem er sich arglos gestellt hatte. Seiner unglücklichen Witwe wendet sich die allgemeine Anteilnahme zu. Zum Abschluß geben wir ein Gespräch wieder, das wir mit Frau Franziska Goliath im Kreise ihrer 14 Kinder führen durften:

»Ich habe keinen Mann, und meine Kinder haben keinen Vater mehr«, sagte sie schlicht. »Das Leben wird schwer für uns sein. Was wir besaßen, ist uns von der plündernden Soldateska Israels geraubt worden. Nein, ich will nicht weinen. Aber wenn diese armen Waisenkinder mich immer wieder fragen: ›Wo ist Pappi Goliath? Kommt er bald zurück? Hat er schon alle Juden erschlagen?›, dann bricht mir das Herz. Und die Welt schaut zu, ohne etwas zu tun . . .«

Wir senkten ergriffen den Kopf vor dieser Frau und Mutter, die einem unverschuldeten Schicksal tapfer die Stirn bietet. Das Rad der Geschichte ist über das kleine Volk der Philister hinweggerollt. David hat gesiegt. Es war ein Sieg der rohen Kraft über den Geist des Friedens. Goliath, das wird kein wahrheitsliebender Mensch noch länger bezweifeln, wurde das Opfer einer schamlosen jüdischen Aggression.

IX. DU SOLLST NICHT BEGEHREN DEINES NÄCHSTEN HAUS

Wozu gibt es eigentlich dieses Gebot? Du sollst nicht töten stehlen, lügen, gut, das kann man noch akzeptieren, aber nicht einmal neidisch sein? Das sollte man uns nicht auch noch abverlangen, da doch neben der Liebe der Neid die stärkste menschliche Leidenschaft ist.

Der Psychologe Moses aber wußte genau, daß der Neid der Ursprung alles Bösen ist. Der Mensch ist neidisch seit der Erschaffung der Welt. Ja, sogar Gott wird in der Heiligen Schrift als neidischer Gott bezeichnet.

Der Talmud selbst nennt in einem eigenen Kapitel die Schriftsteller als die größten Neider. Hier wird zum ersten Mal der Begriff »Schriftstellerneid« eingeführt, und ich gestehe, auch ich bin nicht frei davon. Da hilft mir auch der Prophet Jesaja nicht weiter, der mich im elften Kapitel seines Buches mit den Worten: »Und der Neid Ephraims wird aufhören« zu beruhigen versuchte, obwohl wir uns nie persönlich kennengelernt haben.

Mich bedrückt die Tatsache, daß der Neid inzwischen eine recht volkstümliche Verbreitung gefunden hat. Wenn in biblischen Zeiten noch der Streber Kain seinen Bruder Abel beneidete und Urvater Jakob den Erstgeborenensegen seines Herrn Papa begehrte, so ist heute ein Liftboy auf die IG Farben und unsere Zahnärztin auf Michael Jackson neidisch.

Man neidet dem anderen heute nicht nur sein Vermögen, sein Talent und seine Schönheit, sondern auch die Einladung zur Cocktailparty. Und nicht genug damit, daß man selbst zur Galavorstellung der Philharmoniker eingeladen wurde, spielt es eine ebenso große Rolle, daß der Nachbar keine Einladung bekommen hat.

Ich bin für Gebot Nummer Neun bestens gewappnet. Fragt mich zum Beispiel jemand: »Was. Sie haben keine Einladung zum Fünf-Uhr-Tee mit Placido Domingo«, dann antworte ich: »Ich kann leider nicht. Um 5 Uhr füttere ich unsere Delphine.«

Du sollst nicht neidisch sein, das sagt sich leicht. In jeder Theaterpremiere sitzen die Kollegen und beten inständig: »Bitte, lieber Gott, laß es einen spektakulären Reinfall werden.« Immer wieder stößt dann der Allmächtige einen tiefen Seufzer vor den Schutzengeln aus: »Morgen habe Ich drei Premieren. Das wird wieder ein Tag!«

Das Neunte Gebot bezieht sich nur auf Häuser. Moses reihte zwar die Häuser unter alle anderen Neidobjekte im Zehnten Gebot ein, und auch Martin Luther ließ sie in seiner Übersetzung dort, aber später wurde der Neidkomplex, wie schon erwähnt, wegen seiner Vielfältigkeit in zwei Gebote getrennt, und wer bin ich, daß ich promovierten Theologen widersprechen dürfte?

Das Haus aber ist tatsächlich die Hauptsache, und Wohnungsprobleme sind nicht neu. Schon im Garten Eden tauchten Schwierigkeiten auf, als die ersten Mieter ausgezogen waren. Damals wurde am Eingang eine Tafel angebracht:

»Wegen Abreise der bisherigen Bewohner 1 Paradies zu vermieten.«

Es meldeten sich nur wenige Bewerber. Einer, mit einem dicken Weib im Schlepptau, erklärte nach oberflächlicher Besichtigung, daß sich bei jedem Regen unpassierbare Schmutzlachen bilden würden. Und im Winter würde man sicher frieren, er hätte keine Heizung entdecken können.

»Wie lange dauert es denn noch bis zur Erfindung des Feuers?« fragte er.

»Eine Million Jahre«, antwortete der Erzengel Gabriel.

Der Mietvertrag kam nicht zustande.

Er wäre sowieso nicht zustande gekommen, weil das dicke Weib allergisch gegen Vögel war:

»Dieses ewige Gezwitscher vertrage ich nicht. Es bringt mich um den Verstand. Auch das Farbenarrangement mißfällt mir. Alles in Grün. Nirgends eine Spur von Beige oder Rosa. Nichts als Grün, Grün, Grün.«

Damit zog sie ihren Mann zum Ausgang.

»Wir könnten es ja mit Tapeten versuchen«, rief Gabriel hinter den beiden her.

Aber da waren sie schon verschwunden.

Als nächster kam Ingenieur Glick. Er inspizierte das Objekt mit gewohnter Gründlichkeit und schüttelte immer wieder den Kopf:

»Kein Kühlschrank, keine Klimaanlage, wie soll man's hier im Sommer aushalten?«

Der Erzengel machte sich erbötig, mit Gott dem Herrn über eine mögliche Neugestaltung der Jahreszeiten zu sprechen, aber Glick vermochte diesem Vorschlag nichts abzugewinnen, schon deshalb nicht, weil mittlerweile alles, was da kreuchet, an seinen Beinen hinaufzukreuchen begann. Ob man denn hier noch nichts von einem Insektenspray gehört hätte, fragte er.

Doch, aber den könne man nicht verwenden, antwortete Gabriel entschuldigend. Wegen der Äpfel.

Ingenieur Glick ließ für alle Fälle seine Adresse zurück und empfahl sich.

Die blonde Dame, die nach ihm am Eingang erschien, warf einen Blick in die Gegend und fragte, ob Hauspersonal zur Verfügung stünde. Gabriel bat sie mit verlegenem Lächeln, doch erst einmal weiterzugehen und auf einen Baum hinaufzuklettern, von dort hätte sie eine schöne Aussicht. Die Dame lehnte ab:

»So ein riesiger Garten und keine Hilfskräfte! Nein, wirklich, es wundert mich nicht, daß die Adams ausgezogen sind.«

Der Garten Eden fand also keine neuen Mieter, verlor nach und nach seinen paradiesischen Charme und geriet in einen desolaten Zustand. Von seinen einstigen Mietern ist nur die Schlange übriggeblieben, die, wie schon erwähnt, nicht vertrieben wurde und dort ihre Sünden abbüßt.

Als Moses beschloß, das Begehren des Hauses in die Liste der wichtigsten Verbote aufzunehmen, hat er alles bedacht, nur nicht die Militärparade, die jedes Jahr vor meinem Haus vorbeimarschiert.

ACHTUNG BEULENPEST
ODER EIN PARADEFALL VON MASSENNEID

Am frühen Morgen des Unabhängigkeitstages, kurz nach 5 Uhr, holte mich das schrille Klingeln des Telefons aus dem Bett.

»Hallo Josske«, ließ sich eine zutrauliche Stimme am anderen Ende des Drahts vernehmen. »Hab' dich schon lange nicht gesehen. Wie geht's denn immer?«

»Danke, gut«, gähnte ich. »Und wie geht's selbst?«

»Recht gut. Eigentlich eine Schande, daß wir nie mehr zusammenkommen, Josske.«

»Eigentlich ja. Aber ich heiße nicht Josske. Mit wem habe ich das Vergnügen?«

»Das fragst du noch? Hier ist Mischa. Erinnerst du dich nicht? Ich bin mit deinem Bruder in die Schule gegangen.«

Nach und nach ergab sich eine gemeinsame Basis, und Mischa versprach, mich um 10 Uhr 30 zu einem gemütlichen Plausch zu besuchen. Ich bat meine Frau, für den Schulfreund meines Bruders einen kleinen Imbiß vorzubereiten.

Sie erfahre erst jetzt, daß ich einen Brüder habe, sagte meine Frau.

Ich war zu verwirrt, um der Sache nachzugehen. Und meine Verwirrung wuchs, als es um 6 Uhr an der Tür klingelte. Draußen stand die Familie Grünspan aus dem Süden mit allen drei Kindern und deren Spielgefährten. Auch das Stubenmädchen hatten sie mitgebracht. Auch das Stubenmädchen hatte ein Kind.

»Wir wollten euch schon längst einmal besuchen«, erklärte die Familie Grünspan. »Aber es ist immer etwas dazwischengekommen. Heute hat's endlich geklappt.«

Sie wollten uns auch überhaupt keine Umstände machen. Sie wollten nur ein wenig frische Luft schnappen, auf dem Balkon, wo sie sich entlang des Geländers niederließen.

In den nächsten zwei Stunden riefen mich 117 frühere Schulkollegen an und erkundigten sich nach meiner Gesundheit. Jetzt begriff ich, warum die unter uns wohnende Familie Bialazurkewitsch vor zwei Tagen ihre Wohnung verlassen und an der Tür ein Schild mit der Aufschrift: »Achtung, Gefahr von schwarzer Beulenpest!« angebracht hatte.

Um 8 Uhr 30 schalteten wir das Telefon ab.

Bald darauf erschien ein junger Mann mit einem herzlichen Empfehlungsschreiben von Frau Pomeranz, in dem sie uns bat, ihren Neffen, den sie wie einen Sohn liebte, von unserem Balkon aus die Parade mitansehen zu lassen. Es war das erstemal, daß man uns um derartiges bat, und ich empfand es als große Ehre, obwohl ich keine Frau Pomeranz kannte.

Nachdem der junge Mann es sich gemütlich gemacht hatte, beschlossen wir, niemanden mehr hereinzulassen. Mischa konnte natürlich kommen, schon meinem Bruder zuliebe, aber dann war Schluß. Höchstens für unsere Verwandten würden wir noch eine Ausnahme machen. Und für den Besitzer des Fleischerladens mit Frau und Kindern. Von dem waren wir ja in gewissem Sinn abhängig. Dem Milchmann hingegen machte ich energisch klar, daß er seine Verwandten nicht mitbringen dürfe, nur seine Eltern.

Da der Balkon bereits überfüllt war, wurden Tische und Stühle zu den Fenstern geschoben und pyramidenförmig angeordnet.

Ein anhaltendes Surren des abgeschalteten Telefons zwang mich, den Hörer abzunehmen.

»Hier ist die Störung. Ist mit Ihrem Apparat etwas nicht in Ordnung?«

»Ich habe ihn nur abgeschaltet, das ist alles.«

»Wir müssen trotzdem nachprüfen. Bitte achten Sie darauf, daß um 10 Uhr 30 jemand zu Hause ist.«

Nach diesem Gespräch bat ich unseren mittlerweile eingetroffenen Hausarzt, den schweren Kleiderschrank nicht zum Fenster zu schieben, aber er sagte, daß ihm das überhaupt keine Mühe mache.

Um 10 Uhr wurde die Tür eingedrückt. Eine Reihe junger Menschen, die sich als Schulkollegen meines Sohnes bezeichneten, stürmten herein, legten die Bücherregale auf den Boden, um an Sicht zu gewinnen und stellten die noch vorhandenen Stühle auf das Klavier. Auf meine vorwurfsvolle Frage, warum er denn gleich die ganze Schule eingeladen hätte, antwortete mein Sohn, er kenne keinen einzigen. Mein Sohn war acht Jahre alt, das Durchschnittsalter der Eindringlinge lag bei 20.

Die Situation auf dem Balkon wurde kritisch, als Mischa eine Leiter gegen die Rücken der Familie Grünspan stützte. Eine heftige Diskussion entstand, und der Bruder des Gatten der Grünspanschen Haushaltshilfe, also der Onkel des Kindes, fiel auf den Bialazurkewitsch-Balkon in der unteren Etage. Zum Glück blieb er unverletzt, da der Balkon dicht mit Pestkranken besetzt war. Vom Lärm angelockt, erschien ein unten vorbeigehender Polizist und brachte seine beiden Töchter mit.

Im weiteren Verlauf trafen noch ein: eine ältere Dame unbekannter Herkunft, Frau Pomeranz, die sich nach dem Wohlbefinden ihres Neffen erkundigen wollte, eine jemenitische Tanztruppe, der Friseur meiner Frau, ein gewisser Joel Finkelstein, der sich wenigstens vorstellte, der schwedische Botschafter, ein Mädchen namens Judy, mehrere Mitglieder einer äthiopischen Studienkommission, das Akrobatentrio »Die fliegenden Cordonas«, meine Schwester, die zweite Fallschirmbrigade und die Brüder Karamasow.

Meine Gäste wurden hungrig. Ich kämpfte mich auf die Straße durch und kaufte an den Imbißbuden alles Eßbare auf. Einige Budenbesitzer wollten in die Wohnung mitkommen, aber ich ließ nur jeden dritten herein.

Ein Beamter der Städtischen Behörde für Wohnbausicherung überbrachte mir die offizielle Warnung, daß der Balkon und möglicherweise auch der Fußboden bei weiterer Belastung einstürzen könnten. Dann fragte er, ob er seine Frau hierlassen dürfte.

Schließlich kam noch der Installateur Stucks, den wir im Herbst des Vorjahres zur Reparatur eines tropfenden Wasserhahns bestellt hatten.

Als der rechte Teil des Balkons zu bröckeln begann, zogen sich die dort Sitzenden auf den linken Teil zurück. Die Risse im Fußboden des Wohnzimmers trieben dann den Rest der Besucher in die Küche, doch das war auch keine ideale Lösung.

Einige meiner Gäste hatten Glück und wurden nur bis zur Brusthöhe begraben, auch ich und meine Familie, so daß wir freien Ausblick behielten. Die Parade war ein Erlebnis.

Wenn man den Berichten Glauben schenken kann, gab es bei der Mietkündigung von Herrn und Frau Adam keine juristischen Probleme, obwohl die Adams bereits als Dauermieter eingetragen waren.

Wenn es damals schon Mieterschutz gegeben hätte, säßen wir heute noch alle im Paradies. Schade.

REIBUNGSLOSE HAUSBESETZUNG ODER DIE QUADRATUR DES KREISES

Eines Tages hatte ich eine folgenschwere Idee. Ich entschloß mich, meinen Wohnsitz aus der Vorstadt ins Zentrum zu verlegen, um mir die Parkplatzsuche bei den Kinos zu sparen.

Ich bin ein Mann der schnellen Tat. Noch bevor ich

meine Idee zu Ende gedacht hatte, setzte ich einige Inserate in mehrere Zeitungen, und schon nach wenigen Wochen hatte ich Glück. In einem Kino traf ich zufällig meinen alten Freund und Schulkollegen Bummi Bar-Goldfisch, der mir unter dem Siegel der Verschwiegenheit erzählte, er habe die Absicht, seine Dreizimmerwohnung in der Stadtmitte für die Dauer eines Jahres für 5000 Schekel monatlich zu vermieten. Er hatte nämlich irrtümlicherweise ein UNESCO-Stipendium erhalten, das ihm die Möglichkeit gab, an einer finnischen Hochschule das Design von Skisprungschanzen zu studieren.

Ich war zu unserer beiderseitigen Freude spontan bereit, seine Wohnung zu mieten. Ein Handschlag besiegelte die Abmachung, und schon wollte ich fröhlich trällernd nach Hause gehen, um zu packen, als mich Bummi am Rockzipfel zurückhielt.

»Ich bitte dich um alles in der Welt, es nicht als Mißtrauen aufzufassen«, sagte mein Freund, »aber ich glaube, es wäre für alle Beteiligten klüger, die Formalitäten von einem Anwalt regeln zu lassen. Ich möchte nämlich nicht, daß es nachher irgendwelche Mißtöne gibt. Unsere alte Freundschaft soll bleiben wie einst.«

Natürlich verstand ich. Wir verabredeten uns für den folgenden Tag beim Rechtsanwalt Dr. Avigdor Wichtig.

Wie mancher weiß, gilt in unserem schönen orientalischen Land noch aus der Zeit der Türkenherrschaft ein altertümliches Gesetz, welches besagt, daß man aus einer unbewohnten Behausung unter keinen Umständen entfernt werden darf, sobald man darin ein Bett aufgestellt hat. Daher kommt die nahezu animalische Angst jedes heutigen Wohnungseigentümers, daß sein Mieter sich weigern könnte, die Wohnung zum vereinbarten Termin zu räumen. Das Leben im Orient ist eben voller Tücken, auch ohne Türken.

Als ich am nächsten Tag beim Anwalt eintraf, merkte ich sofort, daß mein Freund Bar-Goldfisch schon einige juristische Ratschläge erhalten haben mußte. Er war schreckensbleich und zitterte am ganzen Körper. Dr. Wichtig nahm auch mich sofort ins Gebet:

»Die Lage ist ernst«, begann der erfahrene Jurist. »Ihr Freund Bar-Goldfisch hat mich bereits informiert, worum es sich handelt. Die monatliche Miete von 7500 Schekel scheint mir etwas zu niedrig, doch das hat er selbst zu entscheiden. Ich frage Sie nun, mein Herr, welche Sicherheit haben Sie anzubieten, daß Sie in einem Jahr, wenn Herr Bar-Goldfisch als der erste israelische Skisprungschanzendesigner aus Finnland zurückkehrt, die Wohnung auch tatsächlich räumen werden?«

»Aber das ist doch kein Problem unter alten Freunden«, sagte ich freundlich lächelnd, »nicht wahr Bummi?«

Bummi wollte vermutlich »Ja« sagen, aber ein strenger Blick des Anwalts verschloß ihm den Mund.

»Wohnungsangelegenheiten haben nichts mit Freundschaft zu tun«, stellte Dr. Wichtig nachdrücklich fest. »Zumal es unsere Gesetze nicht zulassen, Sie, mein Herr, auf die Straße zu setzen, wenn Sie, mein Herr, nicht damit einverstanden sind, auf der Straße zu sitzen. Ich muß Sie daher um eine Bankgarantie in Höhe von 800 000 Schekel ersuchen, damit eine zeitgerechte Räumung der Wohnung gesichert ist.«

»Wieso so viel?« fragte ich. »Die Wohnung ist doch allerhöchstens halb soviel wert.«

»Richtig«, gab Dr. Wichtig zu, »eben deshalb muß ich auf 800 000 Schekel bestehen, damit es sich für Sie, mein Herr, keinesfalls lohnen kann, nach Vertragsende in der Wohnung zu bleiben. Fassen Sie es bitte nicht als Mißtrauen auf, wenn ich darauf bestehe, die Bankgarantie bei mir in Bargeld zu hinterlegen.«

»Bitte.«

»Weiter muß ich darauf bestehen, die vereinbarte Summe ein ganzes Jahr nach ihrem fristgerechten Auszug bei mir zu behalten als Sicherheit dafür, daß Sie keinesfalls beabsichtigen, sich eine Rückkehr in die Wohnung zu erschleichen.«

»Selbstverständlich.«

»Sobald diese Kleinigkeiten geregelt sind, werde ich veranlassen, daß die Wohnungsschlüssel Ihnen, mein Herr, zu treuen Händen ausgefolgt werden.«

Ich pflege, wie gesagt, Probleme umgehend zu lösen. Ich verkaufte daher am nächsten Tag meine Villa und ging schnurstracks zum Anwalt. Als ich ihm die zwei Koffer voller Geldscheine übergab, entfuhr meinem eingeschüchterten Freund Bummi ein markerschütternder Schrei, worauf er kollabierte und unterm Schreibtisch des Dr. Wichtig verschwand.

»Die Bankgarantie scheint in Ordnung«, sagte der Rechtsgelehrte, nachdem er mit Unterstützung zweier Schreibkräfte mein Geld gezählt hatte, »aber da wäre noch ein Punkt, der geklärt werden muß. Was geschieht, wenn die Inflation in diesem Lande weiterhin anhält und wenn nach Ablauf der vereinbarten Zeit Ihr Geld nicht einmal mehr den Wert einer Streichholzschachtel hat?«

»Dann schwöre ich hier vor Zeugen, daß ich die Wohnung dennoch räumen werde.«

»Bei Wohnungsangelegenheiten werden Schwüre nicht anerkannt«, verkündete der Fachmann. »Daher muß ich Sie, mein Herr, höflichst ersuchen, uns Ihre Genehmigung für gewisse Vorsichtsmaßnahmen zu erteilen.«

»Sehr gern.«

»Zunächst einmal müssen Sie Herrn Bar-Goldfisch als Sohn adoptieren. Dann werden Sie, Zug um Zug, ein neues Testament bei mir deponieren, aus dem hervorgeht, daß Sie Herrn Bar-Goldfisch Ihr gesamtes bewegliches und unbewegliches Vermögen hinterlassen, einschließlich und insbesondere der Nutzungsrechte der Ihnen von Herrn Bar-Goldfisch überlassenen Wohnung, und zwar rückwirkend zum Tag des Vertragsabschlusses.«

»Ich hab' auch schon daran gedacht.«

»Sie verstehen vollkommen richtig, es handelt sich natürlich nur um eine Formsache mit juristischen Folgen.«

Nachdem diese kleinen, aber nötigen Formalitäten erledigt waren, veranlaßte mich Dr. Wichtig, die Erbschaftssteuer im voraus zu bezahlen, worauf ich ihm den Familienschmuck übergab, den ich sicherheitshalber gleich mitgebracht hatte. Es folgte ein kurzes Zeremoniell, danach stellte man mir in Aussicht, ich würde am nächsten Tag die Wohnungsschlüssel erhalten.

Mein Adoptivsohn saß indessen nägelbeißend in der Ecke des Anwaltsbüros und wandte nicht eine Sekunde seinen haßerfüllten Blick von mir.

*

Der nächste Tag kam und ging, ohne daß ich die Wohnungsschlüssel erhielt.

Dr. Wichtig erklärte in freundlichem Ton, sein Klient könne ja auch vor mir sterben, und dann würden die Erben von Herrn Bar-Goldfisch durch die unverantwortlichen Transaktionen einen Verlust erleiden. Daher müßte ich auch noch eine moralische Verpflichtung eingehen, zum Beispiel das Oberrabbinat darum bitten, mich mit einem schweren Bann zu belegen, für den Fall, daß ich nach einem Jahr noch immer in der bewußten Wohnung anzutreffen wäre. Widerspruchslos unterzeichnete ich das Formular den Bann betreffend, während Bummi einen schweren Nervenzusammenbruch erlitt. Er begann um sich zu schlagen und brüllte, daß Dr. Wichtig viel zu leichtfertig mit fremdem Eigentum umgehe, daß ich nicht orthodox wäre, jederzeit auf den rabbinischen Bann pfeifen würde, und überhaupt fühle er es in seinem tiefsten Inneren, daß ich nie im Leben seine Wohnung aufgeben würde, schon gar nicht nach einem Jahr. Dann fiel er zu Boden. Aus seinem Mund quoll gelblicher Schaum hervor.

Dr. Wichtig versank in tiefes Brüten. Dann teilte er mir folgendes mit:

»Bei allem Respekt vor Ihrer Integrität, mein Herr, kann ich die Befürchtungen meines Mandanten nicht übergehen. Ich sehe mich daher leider gezwungen, zusätzlich eine Garantie von einer ausländischen Großmacht zu verlangen, die sich verpflichtet, den Krieg zu erklären, wenn Sie, mein Herr, im folgenden ›Der Eindringling‹ genannt, nach Ablauf eines Jahres nicht bereit sein sollten, die Wohnung zu verlassen. Sobald Sie diese unwiderrufliche Garantie vorlegen, wird man Ihnen die Schlüssel unverzüglich geben.«

Die Interventionsmacht, auf die wir uns einigten, war Frankreich. Durch Vermittlung eines aus Algier stammenden Teppichhändlers erhielt ich am folgenden Tag die beglaubigte Unterschrift des französischen Botschafters.

Alles andere war nur noch eine Kleinigkeit. Ich hatte mich nämlich verpflichtet, im Stadtzentrum eine standesgemäße Dreizimmerwohnung zu kaufen und sie als Sicherheit für die von Herrn Bar-Goldfisch gemietete Wohnung dem Rechtsanwalt Dr. Wichtig für die Dauer eines Jahres zur Verfügung zu stellen.

Ferner mußte ich ein Formular unterzeichnen, wonach eine Kammerjägerfirma beauftragt wurde, die von mir

gemietete Wohnung genau ein Jahr nach Vertragsabschluß mit Zyangas auszuräuchern, um meinen zeitge-
rechten Auszug zu gewährleisten.

*

Dann kam es endlich zum Vertragsabschluß zwischen
mir einerseits und Herrn Bar-Goldfisch andererseits.
Der 128 Seiten starke Akt legte fest, daß besagte Wohnung dem »Eindringling« lediglich für die Dauer eines
einzigen Jahres, bestehend aus maximal 365 Tagen,
überlassen werde. Die Transaktion sei eine Wohltätig-
keit von Herrn Bar-Goldfisch, im folgenden »Der Wohl-
täter« genannt, die der »Eindringling« jeden Monatsersten mit 10 000 Schekel bei sonstiger Exekution
auszugleichen hätte.

Ich hatte zwei Tage lang Zeit, den Vertrag zu studieren, und als ich auf Seite 72 angelangt war, kam der
große Moment, da wir beide zu gleichen Teilen und zu
treuen Händen die Urkunde unterzeichnen durften.

Bar-Goldfisch stand kurz von seiner Bahre auf und
übergab mir leise fluchend mit zitternden Händen die
Wohnungsschlüssel.

Dann sank er wortlos zu Boden.

Meine erste Vermutung war, daß er vor Angst, seine
Wohnung nie wieder betreten zu dürfen, gestorben wäre.
Doch der schnell herbeigeholte Notarzt stellte nur einen Schlaganfall mit zerebralen Lähmungserscheinun-
gen fest.

Und so kam ich zu einer Wohnung im Zentrum.

*

Bedauerlich ist nur, daß ich nicht berechtigt bin, in diese Wohnung einzuziehen. Der Artikel 397 auf Seite 123

unseres Vertrages besagt nämlich in aller Klarheit: »Der Eindringling verpflichtet sich hiermit unwiderruflich, während der Mietdauer unter keinen Umständen in besagte Wohnung einzuziehen.«

Dr. Wichtig erklärte mir, daß dieser Paragraph eine reine Formalität wäre, die mir überdies das kostspielige Ein- und Ausziehen ersparen würde. Vielleicht hat er recht.

In Israel sind die schönsten Häuser fest in jüdischer Hand, ein Umstand, der allseits heftigen Unwillen erregt. Am wütendsten sind die Oldtimer, die das Land vor 45 Jahren mit nur einem kleinen Koffer betraten, und heute haben Sie den Koffer immer noch.

GENERATIONSKONFLIKT
ODER FAHRSTUHL EINMAL IN DER WOCHE

Zorn und Abscheu spiegelten sich in den Gesichtszügen jenes älteren Herrn, der mich eines Tages vor dem Eingang zum Kino anhielt:

»Wohin so eilig, Mojshele?«

Ich gestand ihm, daß ich mir eine Eintrittskarte ins Kino gekauft hätte.

»Eintrittskarte ins Kino?« wiederholte er mit schneidender Verachtung. »In deinem Alter war ich froh, wenn ich mir eine Gurke zum Nachtmahl kaufen konnte. Aber Kinokarten? Vor 30 Jahren hat kein Mensch daran gedacht, ins Kino zu gehen. Damals sind hier noch die Lastkamele vorbeigezogen, und von den Boulevards konnte man aufs offene Meer hinaussehen.«

»Interessant«, sagte ich. »Aber jetzt muß ich nach Hause.«

»Nach Hause?« Er nickte bitter. »Wir hatten kein Zuhause. Wir schichteten ein paar Schachteln und Konservenbüchsen übereinander, verklebten das Ganze mit Packpapier, und das war unser Zuhause. Hast du Möbel?«

»Nicht der Rede wert.« Ich wurde vorsichtig. »Meistens sitzen wir auf Ziegelsteinen.«

»Ziegelsteinen? Von Ziegelsteinen wagten wir nicht einmal zu träumen. Woher hätten wir das Geld für Ziegelsteine nehmen sollen?«

»Ich weiß es nicht«, gestand ich kleinlaut. »Um die Wahrheit zu sagen, ich habe die Ziegelsteine nicht gekauft, sondern von einem unbewachten Bauplatz gestohlen.«

»Gestohlen?« Die Stimme des alten Herrn bebte vor Zorn. »Ich habe 18 Jahre lang hier gelebt, ehe ich es wagte, meinen ersten Ziegelstein zu stehlen. Wir hatten damals nicht einmal Sand, um darauf zu liegen. Habt ihr einen Fahrstuhl zu Hause?«

»Sehr selten. Vielleicht einmal in der Woche.«

»Einmal in der Woche?« Der Alte packte mich an den Schultern und schüttelte mich, als ob er mich mixen wollte. »Bist du dir klar darüber, Mojshele, daß wir nicht einmal Treppen hatten.«

»Ich heiße nicht Mojshele«, warf ich ein. »Und überhaupt, ich kenne Sie nicht, mein Herr.«

»Du kennst mich nicht?« brüllte mein Gesprächspartner. »Wenn wir in deinem Alter die Frechheit gehabt hätten, jemanden nicht zu kennen, hätte man uns windelweich geprügelt. Aber ihr jungen Grünschnäbel von heute könnt euch natürlich alles erlauben.«

Damit ließ er mich stehen und ging zornig zu seinem Packpapier nach Hause. Ich war niedergeschmettert. Der Boden schwankte unter meinen Füßen, und ein Taxi überfuhr mich. Früher einmal mußten die Pioniere bestimmt 18 bis 20 Jahre warten, bevor sie zum erstenmal von einem Taxi überfahren wurden. Die Zeiten haben sich geändert.

Jesaja schimpfte mehr als jeder andere Prophet mit seinem Volk, aber das Buch Hiob hat er bestimmt nicht gelesen.

»Weh denen, welche die Bösen gut und die Guten böse nennen«, verkündete Jesaja, »die aus Finsternis Licht und aus Licht Finsternis machen.« Nun bei aller Ehrerbietung, genau das tat der Herr mit dem unglückseligen Hiob, um Satan vorzuführen wie sehr Er, der Allmächtige, da unten auf Erden verehrt wird.

Wie bekannt, hat Gott gegen Satan gewonnen, aber Hiob wurde im Laufe dieser Wette der Garaus gemacht, mit Methoden, die gut ausgebildeten Antiterroreinheiten zur Ehre gereicht hätten. Nach jedem Schicksalsschlag flehte der Mann, dessen einziger Makel zu sein schien, daß er ohne Fehl und Tadel war, um eine Antwort auf seine Frage »Was, um Gottes willen, habe ich getan?« Er erhielt jedoch keine, weil dann Satan die Wette gewonnen hätte.

*

Als ich Hiobs Saga las, überkam mich das gleiche Gefühl wie einst im Kasperletheater, wo ich als kleiner Junge Hänsel und Gretel »Paßt auf, die Hexe lügt!« zurief. Genauso wollte ich den Mann im Lande Uz ermuntern, sich nicht widerstandslos zu ergeben. »Es ist doch alles nur Theater, du Tölpel«, wollte ich ihm zurufen, »Satan wird ja schließlich doch den kürzeren ziehen, und dich wird der Herr nach Ende der Vorstellung mit einer Fülle von Geschenken entschädigen.«

Sei es, wie es will, Hiobs Horrorstory inspirierte mich zu meiner eigenen Fassung. Der Held meiner Version leidet nicht weniger als der originale Hiob, allerdings fehlt bei mir das Happy-End. Aber ich weise nach, was im Neunten Gebot bedauerlicherweise fehlt, daß man nämlich nicht nur des Nächsten Haus, sondern auch seinen Parkplatz begehren kann.

WETTEN, DASS
ODER EINE SATANISCHE AFFÄRE

In der Stadt Jerusalem lebte ein Mann, der hieß Hiob Grodetzky. Er war ein rechtschaffener Mann, befolgte das Gesetz und tat kein Übel, und mit der Zeit wurden ihm sieben Söhne geboren.

Es betrieb aber dieser Mann Hiob einen Lieferwagen, und betrieb ihn sonder Fehl und Tadel, und lenkte ihn tugendhaft, und achtete darauf, niemals eine Geschwindigkeitsgrenze zu überschreiten, nicht in der Stadt noch auf den Überlandstraßen, und fuhr kreuz und quer durch das Land, und hinauf und hinab, und immer auf der rechten Bahn, und nicht zu schnell. Und hat kein Verkehrspolizist jemals Hand an ihn gelegt oder ihm ein Strafmandat ausgestellt. Und zahlte dieser Mann Hiob seine Einkommenssteuer schon vor dem Fälligkeitstermin, und war der einzige im ganzen Lande, der solches tat.

Es geschah aber eines Tages, daß sich die Schergen der Stadtverwaltung vor dem Bürgermeister versammelten, und gesellte sich Satanas zu ihnen.

Und sprach der Bürgermeister, zu Satanas gewandt:

»Kennst du meinen Knecht Grodetzky, welcher ein rechtschaffener Mann ist, der das Gesetz befolgt und kein Übel tut?«

Und Satanas antwortete dem Bürgermeister, und sprach:

»Der hat leicht rechtschaffen sein, der Kerl, da du ihn doch mit einer Schutzhecke umgeben hast und keine Versuchung an ihn heranlässest. So du aber deine Hand ausstreckst und ihm Schwierigkeiten in den Weg legst, wird er seiner Tugend vergessen und wird dir fluchen, daß es dir in den Ohren gellt.«

Und schlossen Satanas und der Bürgermeister eine Wette, und sprach der Bürgermeister zu Satanas, und sprach:

»Siehe, fortan ist dieser Mann Grodetzky in deiner Hand, und darfst du ihm alles antun, nur keine Gewalt.«

Satanas nickte und entfernte sich vom Angesicht des Bürgermeisters.

*

Nicht lange, da erhob sich Hiob Grodetzky am Morgen von seinem Lager, und ging in den Hof seines Hauses, wie er's zu tun pflegte an jedem Morgen, um mit seinem Lieferwagen auszufahren. Denn er parkte den Lieferwagen immer und stets im Hof seines Hauses. Denn er wohnte in einer von geparkten Autos überfüllten Geschäftsstraße, und fand keinen andern Platz als seinen Hof, um den Wagen darin zu parken und am Morgen mit ihm auszufahren. An diesem Morgen aber, als er den Hof betrat, fiel bleicher Schrecken auf ihn, und er erbebte vor dem Anblick des gewaltigen Lastwagens, der da in der Ausfahrt stand und ihm den Weg versperrte.

Und Hiob begann zu rufen und zu hupen, und ging zu den Inwohnern des Hauses, um nach dem Fahrer des Lastwagens zu fragen, und ging in die umliegenden Häuser und fragte, und wurde ihm weder Antwort noch Fingerzeig. Erst gegen 11 Uhr vormittags kam gemessenen Schrittes ein Mann daher, das war Eliphas der Parker, und Hiob schrie ihm entgegen, und schrie:

»Sahest du nicht mit dem Blick deiner Augen, daß hier eine Ausfahrt ist und daß du hier nicht parken kannst?«

»Ich sehe nichts«, widerredete ihm der andere, »und ich kann parken, wo ich will.«

Und ließ nicht ab zu parken, wo er geparkt hatte, und parkte dortselbst am folgenden Tag und am Mittwoch, und der Mann Hiob konnte zur Nacht den Segen des Schlafes nicht finden aus lauter Furcht, daß am Morgen die Ausfahrt blockiert wäre und seinem Lieferwagen den Weg versperren würde, und brauchte er doch den Lieferwagen, um damit sein Brot zu verdienen. Und sann der Mann Hiob auf Abhilfe, und besann dieses und jenes, und ging in tiefer Nacht vor sein Haus, und trat an den falsch geparkten Lastwagen heran, und schob ein Blatt Papier unter den Scheibenwischer, darauf stand geschrieben wie folgt: »Ich warne Dich zum letztenmal, Du Arschloch, und wird großes Unheil über Dich kommen, so Du noch einmal hier parkest!« Aber es fruchtete ihm nichts, denn Eliphas der Parker war größer und stärker als er, und überragte ihn um Haupteslänge, und hatte viel Fett an seinem Körper, und unter dem Fett viele Muskeln.

*

Und es wurde aus dem Manne Hiob ein Wrack und ein Schatten seiner selbst und ein Nervenbündel, aber er sündigte nicht und wich nicht vom Pfade der Tugend und fluchte weder der Stadtverwaltung noch dem Bürgermeister, sondern machte sich auf zur nächsten Polizeiwache und erhob Beschwerde wider Eliphas den Parker.

»Da können wir gar nichts machen, guter Mann«, antwortete ihm die Polizeiwache. »Wir können nur etwas machen, wenn vor dem Ein- und Ausfahrtstor ein amtliches Parkverbotszeichen angebracht ist. Dann können wir etwas machen. Sonst nicht.«

Und Hiob war es zufrieden und folgte den Worten des Propheten Jeremia: »Du sollst Zeichen und Wegweiser aufrichten für die Kinder Israels«, und ließ sich nicht Zeit noch Mühe verdrießen, um an sein Ziel zu gelangen. Und ging des Weges zum Magistrat, Abteilung Straßenverkehr, Unterabteilung Verkehrszeichen, und machte eine Eingabe. Und wurde diese Eingabe unverzüglich abgelehnt. Und machte der Mann Hiob eine zweite Eingabe, welche unverzüglich abgelehnt wurde, und eine dritte ebenso, und eine vierte, und ließ nicht locker.

Und siehe, es erschienen eines Tages zwei Amtsorgane im Hof seines Hauses, und befanden, daß der Hof sich für Parkzwecke wohl eigne, und bewilligten das Gesuch, und siehe, kaum zwei Jahre später waren rechts und links von der Ein- und Ausfahrt die amtlichen Tafeln aufgerichtet, und verkündigten einem jeden: »Parken verboten.«

*

Und es brach großer Jubel aus im Hause des Hiob Grodetzky, und freuten sich alle, und schlachteten einen Hammel und tranken vom Wein.

Als aber Hiob Grodetzky am Morgen erwachte und sich vom Lager erhob, um auszufahren mit seinem Lieferwagen durch das Tor, da stand vor dem Tor der große Lastwagen abermals, und versperrte ihm den Weg.

Und entrang sich ein großer Schrei der gequälten Brust des Mannes Grodetzky, und drang er mit aufgehobenen Händen auf den in der Nähe patrouillierenden Verkehrspolizisten ein.

Dieser aber besänftigte ihn, und sprach:

»Ich weiß, Herr, ich weiß. Schreien Sie nicht. Ich habe dem Parksünder bereits ein Strafmandat erteilt.«

Es verhielt sich jedoch so, daß in der Zwischenzeit die Zahl der Wagen sich vervielfacht hatte, und mußten die Bürger der überfüllten Stadt jedes freie Plätzchen ausnützen, um ihre Wagen zu parken, und entrichteten sie willig die Buße für Verletzungen des amtlichen Parkverbots.

»Das ist es mir wert«, sprach Eliphas der Parker zu Hiob. »Ich lasse es mich gern ein paar Schekel kosten, wenn ich irgendwo parken kann.«

Und parkte er fröhlich weiter vor dem Hause des Hiob, und blockierte ihm die Ausfahrt, und zahlte den Bußeschekel.

Und Hiob zerriß sein Gewand, und raufte sich die Haare, und warf sich nieder auf den Boden, und schrie zum Himmel mit den Worten des Propheten Jeremia: »Es leiden die Gerechten, und es frohlocken die Bösen!«

Da senkte sich eine Staubwolke herab, und aus der Wolke trat Hiobs Weib, und hob zu sprechen an, und sprach:

»Warum liegst du auf dem Boden und heulst? Ich sage dir, was du tun sollst. Du sollst deinen eigenen Lieferwagen des Nachts zwischen den beiden Verbotstafeln parken, und wahrlich, es wird dir fürderhin keiner mehr deinen Platz wegnehmen.«

Und Hiob tat, wie ihm geheißen, und nach einem Mond voll Wehklagens, und nach vielen kummervoll durchwachten Nächten war endlich der Schlummer ihm wieder beschieden. Und erwachte er freudigen Herzens, und trat hinaus in den Hof, und rieb sich die Augen, gleich als wären sie noch vom Schlafe verklebt, und wollte nicht glauben, was er sah. Es stak ein Strafmandat unter dem Scheibenwischer seines Wagens.

Als er sich aber vergewissert hatte, daß er nicht träumte, suchte er nach dem nächsten Verkehrspolizisten, und rief ihn an, und rief:

»Warum steckt unter meinem Scheibenwischer ein Strafmandat?«

Der Hüter des Gesetzes wies auf die beiden Verbotstafeln:

»Haben Sie keine Augen im Kopf? Was steht hier geschrieben? ›Parken verboten‹, nicht?«

Da stimmte Hiob ein großes Gelächter an, und lachte aus vollem Halse, und sprach:

»Diese Verbotstafeln wurden aufgerichtet um meinetwillen, damit ich des Morgens kein Hindernis im Weg habe, und ausfahren kann mit meinem Lieferwagen.«

»Dann fahren Sie aus«, sagte jener, »und parken Sie Ihren Wagen nicht dort, wo das Parken verboten ist.«

»Aber es ist ja für mich verboten.«

»Natürlich ist es für Sie verboten. Genau wie für jeden andern.«

»Verstehen Sie denn nicht? Diese Verbotstafeln wurden auf mein Betreiben hier angebracht.«

»Dann müssen Sie den anderen mit gutem Beispiel vorangehen«, sagte der Hüter und entschwand.

Und stak am folgenden Morgen abermals ein Strafmandat unter dem Scheibenwischer des Hiob, und am nächsten Morgen wieder, und streute Hiob Asche auf sein Haupt, und schrie zum Himmel, und schrie:

»Was sollen mir diese Zeichen, und warum bringen sie immer neues Elend über mich? Wenn ich im Hof parke, kann ich nicht ausfahren, und wenn ich draußen parke, bekomme ich ein Strafmandat. Verflucht sei der Tag, da ich geboren wurde.«

*

Fortan war das Leben des Mannes Grodetzky mit nichts anderem ausgefüllt als mit Verbotstafeln und Parkzeichen und Parkverbotstafelzeichen, und verbrachte er seine Tage von früh bis spät auf den zuständigen Behörden, und schrie um Gerechtigkeit.

Und sprachen aber die Behörden wie folgt:

»Es geschieht alles nach Recht und Gesetz. Wir müssen diese Strafmandate ausstellen. Auf den beiden Verbotstafeln steht nichts davon geschrieben, daß der dazwischenliegende Parkplatz Ihnen gehört.«

Und Hiob antwortete:

»Dann schreiben Sie's hin!«

Und schüttelten die Behörden den Kopf, und sprachen:

»Was fällt Ihnen ein? Nur Mitglieder des diplomatischen Corps und der Regierung haben Anspruch auf einen reservierten Parkplatz in einer Verkehrsstraße. So einer wie Sie muß froh sein, wenn ihm durch amtliche Parkverbotstafeln vor seinem Haus die freie Ein- und Ausfahrt gesichert wird. Übrigens, warum wollen Sie eigentlich draußen parken? Sie haben ja Platz genug in Ihrem Hof.«

Da öffnete Hiob den Mund, und holte Atem, und schleuderte wilde Flüche gegen alle, so da standen. Und wurde er mit Buße und Strafe belegt an Ort und Stelle, und wurden ihm seine Fingerabdrücke abgenommen für immer, und flog er hinaus vermittels eines derben Trittes in den Hintern.

344

Von Stund an entfernte der Mann Hiob an jedem Morgen das Strafmandat von seiner Windschutzscheibe, und warf es zu Boden, und bezahlte es nicht, und wurde in regelmäßigen Abständen zur Polizei gerufen, und schuldig gesprochen, und häufte sich das Unglück auf ihn und der Gram auf seine Familie.

*

Eines Morgens aber trat er wieder auf die Straße hinaus, und siehe, es war da kein Strafmandat auf seinem Lieferwagen, weil da auch kein Lieferwagen war, sondern die Hüter des Gesetzes hatten ihn abgeschleppt, damit er die Einfahrt in den Hof nicht behindere.

Und Hiob wehklagte aufs neue, und hob die Hände auf, und rief:

»Bin ich denn fühllos wie ein Stein? Sind meine Nerven aus Stahl? Wie lange soll ich der Verkehrspolizei noch erbötig sein, daß sie mit mir schalte und walte nach ihrem Gefallen?«

Und seine Söhne verließen ihn und zerstreuten sich, und sein Weib sprach auf ihn ein, und sprach:

»Siehst du denn nicht, daß Recht und Gesetz deiner spotten? Laß die Verbotstafeln wieder fortnehmen, und du wirst parken können vor der Pforte deines Hauses in Frieden und ohne Strafmandat.«

Und zog ein Hoffnungsschimmer in Hiobs Herz, und eilte er zitternden Fußes zum Magistrat, und fiel in den Staub vor den Gewaltigen der Verkehrsabteilung, und bat und beschwor sie, die Verbotstafeln zu entfernen.

Die Gewaltigen aber fuhren mit rauher Stimme ihn an, und sprachen:

»Was glauben Sie, wo Sie hier sind? Auf einem Marktplatz? Im Basar? Mit uns können Sie nicht handeln. Erst gestern oder vorgestern wollten Sie die Tafeln vor Ihrem Haus haben, und heute sollen wir sie wieder wegnehmen?«

Und hob sich die Brust des Hiob in schierer Verzweiflung:

»Das war nicht gestern oder vorgestern, o Ihr Gewaltigen. Das ist schon Jahre her.«

Und zerdrückten die Gewaltigen je eine Träne, und sprachen: »Mitleidig sind unsere Herzen, aber gebunden sind unsere Hände. Wir können nichts machen. Solange es einen Hof gibt, muß die freie Einfahrt gesichert sein, und solange eine freie Einfahrt gesichert werden muß, werden dort Parkverbotstafeln stehen. Da können wir gar nichts machen.«

*

Satanas – wenn wir jetzt wieder an den Beginn unserer Geschichte anknüpfen dürfen – hatte seine Wette längst gewonnen.

Was jetzt geschah, war nur noch ein Nachspiel.

In einer Neumondnacht fiel einem patrouillierenden Hüter des Gesetzes ein Mann auf, der in der Dunkelheit damit beschäftigt war, den Pfahl einer amtlichen Parkverbotstafel durchzusägen. Der Mann wurde sofort verhaftet, angeklagt und wegen böswilliger Beschädigung städtischen Eigentums, schweren Verstoßes gegen die Verkehrsvorschriften und tätlicher Beleidigung von Amtsorganen zu einer ausgiebigen Gefängnisstrafe verurteilt. Nach seiner Entlassung mußte Hiob feststellen, daß man ihm in der Zwischenzeit den Lieferwagen gestohlen hatte, aber das half ihm jetzt nichts mehr. Sein Geist blieb getrübt, und er verschwand aus der großen Stadt, und seine Spur verlor sich.

Touristen erzählen, daß er in der Wüste umherirrt. Manchmal klingt sein hohles Gelächter schaurig durch die Nacht, manchmal taucht er im Morgendämmer am Horizont auf, wild hupend und fürchterliche Flüche gegen den Bürgermeister von Jerusalem ausstoßend. Amen.

M an muß zu dem Schluß kommen, daß die ganze Menschheit von Neid erfüllt ist und es nur aus Takt Begehren nennt. Man begehrt nicht nur schöne neue Häuser, sondern auch antike Trümmer. Das ist keine Krankheit mehr, sondern bereits eine Lebensform. Wie einst in Sodom und Gomorrha.

Ja, man begehrt sogar Sodom und Gomorrha. Oder das, was davon übriggeblieben ist.

DIE SÜNDIGEN STÄDTE
ODER AUSFLUG IN DIE STEINZEIT

I ch weiß nicht, wie der Rest der Welt auf die Öffnung unserer Schnellstraße nach Sodom reagiert hat, über unsere Nachbarschaft senkte sich jedenfalls eine geradezu biblische Stimmung. Sodom hat Haifa, Eilat und Tiberias den Rang abgelaufen und die Herzen wie eine Sommergrippe erobert.

Und warum?

Es begann damit, daß sich unser Nachbar Gutwoche nicht länger beherrschen konnte, ein Taxi charterte und samt Familie einen Weekendtrip nach Sodom unternahm. Am Samstag abend kehrten sie zurück, berauscht von dem einmaligen Erlebnis und mit wertvollen Schät-

zen beladen. Gutwoche hatte nämlich erlesene Sodom-
steine von bis 50 Kilogramm Nettogewicht nach Hause
geschleppt, seine Frau doppelt so viele. Unterwegs waren sie zwar mehrmals unter der historischen Last zu-
sammengebrochen, aber nach einer wundersamen Ge-
nesung luden sie nun schon am nächsten Tag zu einer
improvisierten Vernissage in ihre Villa ein.

»Das ist Urschwefel«, erklärte uns Gutwoche stolz,
»und dort, das Weiße, das ist Rohsalz aus dem Toten
Meer. Da drüben liegt ein Magnesium-Kristall, und hier
sehen Sie echte Kupferasche sowie eine erlesene Auswahl der Bodenschätze von Sodom.«

Wir berührten andächtig das wundervolle Gestein,
und ein heiliger Schauer durchlief uns. Mein Herz schlug
bis zum Hals, und ich wurde von dem unstillbaren Verlangen erfüllt, Gutwoche aus dem Weg zu räumen und
ihm seine Trümmer zu entreißen. Die anderen Besucher schienen mit ähnlichen Gedanken beschäftigt. Die
Steine waren einfach überwältigend.

Seitdem ist in unserer Nachbarschaft kaum einer
mehr zu Hause.

Alles pilgert gen Sodom, ob im Auto, auf Fahrrädern
oder zu Fuß, um dort dem Steinesammeln zu frönen.
Als Herr Reich vorgestern heimkam, war er zwar halb-
tot, hatte jedoch eine Salzsäule der Frau Lot ergattert.
Die Glücklichen, die daran lecken durften, bekannten,
daß sie noch immer recht salzig schmeckte. Felix hatte
sich einen Lastwagen gemietet, und jetzt setzt er im
Garten ein Mosaik aus seiner Wüstenbeute zusammen,
das die Schlacht um Jericho in Originalfarben zeigt.

Ich mußte umgehend auch etwas Sodomistisches unternehmen, wenn ich mein Gesicht in der Nachbarschaft
nicht verlieren wollte. So schlich ich eines Nachts auf
die benachbarten Baustellen und sammelte einen Sack
voller Kieselsteine ein. Vor den neugierigen Blicken der

Nachbarschaft schleppte ich mich am Morgen mit meinem Sack nach Hause und schüttete meine Naturschätze vor den Eingang. Die Kiesel glänzten im Sonnenlicht wie die Edelsteine König Salomons.

»Herrschaften«, sagte ich mit belegter Stimme, »zieht eure Schuhe aus. Diese Schätze stammen aus Gomorrha.«

Alles warf sich auf die Knie, und seither bin ich der erste Gerechte Gomorrhas in unserer Nachbarschaft.

U nser Pessachfest ist eigentlich das Fest des Sauberen Hauses, als Erinnerung an die übertriebene Bedeutung, die Moses der Hygiene beigemessen hat. Vor dem Fest säubern die orthodoxen Juden ihr Haus vom Keller bis zum First, um alle Spuren von Gesäuertem zu vertilgen. Da meine Familie und ich nicht zur orthodoxen Klasse gehören, tun wir dies nicht.

Was sich bei uns abspielt, geht aus den folgenden Seiten meines Tagebuches hervor.

TOTALE SÄUBERUNGSAKTION
MIT ROHEN EIERN

S onntag. Heute beim Frühstück verkündete die beste Ehefrau von allen:

»Pessach oder nicht, es ist Zeit für die Frühjahrsreinigung. Aber heuer werde ich deswegen nicht das ganze Haus auf den Kopf stellen. Großreinemachen kostet nicht nur sehr viel Arbeit, sondern auch sehr viel Geld. Wir werden also nur gründlich Staub wischen und aufkehren. Von dir verlange ich nur, daß du zwei neue Besen kaufst.«

»Mit großer Freude«, antwortete ich und eilte in den Supermarkt. Dort erstand ich zwei langhaarige, künstlerisch geformte Prachtbesen und war voll Dankbarkeit für die weise, hausfrauliche Zurückhaltung meiner Ehegattin.

Als ich heimkam, fand ich unser Haus von einem murmelnden Bächlein umflossen. Die beste Ehefrau von allen hatte den klugen Entschluß gefaßt, vor der Entstaubung den Fußboden ein wenig anzufeuchten, und hatte dafür eine weibliche Hilfskraft gemietet und noch eine zweite als Wasserträgerin.

»In einem Tag haben wir das alles hinter uns«, sagte die beste Ehefrau von allen, »mach nicht schon wieder aus einer Mücke einen Elefanten.«

Das freute mich von Herzen, denn aus technischen Gründen gab es an diesem Abend nur weiche Eier zu essen, und das verträgt sich nicht ganz mit dem hohen Lebensstandard, an den ich nun einmal gewöhnt bin. Übrigens wurden am Nachmittag auch die Fensterläden entfernt, die bei Wind quietschten. Der Schlosser sagte, wir bräuchten neue Fensterangeln, weil die alten verbogen waren, und ich sollte neue bei Fuhrmanns Metall- und Eisenwarenhandlung in Jaffa kaufen. Da ich von einem so beschäftigten Mann, wie ein Schlosser es ist, wirklich nicht verlangen konnte, das selbst zu erledigen, fuhr ich nach Jaffa, um Fensterangeln zu kaufen.

Montag. Kam gegen Mittag von Fuhrmanns Metall- und Eisenwarenhandlung zurück. Hatte original-belgische Fensterangeln gekauft. »Die belgischen halten ein ganzes Leben«, versicherte Fuhrmann mir. »Und wenn Sie gut aufpassen, sogar fünf Jahre.«

Das murmelnde Bächlein war mittlerweile zum reißenden Wildbach geworden. Das Haustor war unpassierbar, weil der Tapezierer sämtliche Stühle und Sessel aus dem ganzen Haus im Vorraum gestapelt hatte. Die Möbel aus dem Vorraum befanden sich in der Küche, die Küchengeräte im Badezimmer und das Badezimmer auf der Terrasse. Ich sprang durchs Fenster ins Haus und fiel in einen Bottich mit ungelöschtem Kalk.

Mein Eheweib sprach: »Ich dachte, daß wir bei dieser Gelegenheit auch die Wände neu weißeln sollten, denn sie sehen abscheulich aus.«

Meine Zustimmung vorausschickend, machte sie mich mit dem Maler bekannt, damit ich mit ihm den Preis vereinbare, und beauftragte mich, mit ihm zu unterhandeln. Schließlich bin ich ja der Herr im Haus. Wir einigten uns auf ein Vermögen, einschließlich Türen.

Der Schlosser hatte inzwischen Fuhrmanns Fensterangeln geprüft und gefunden, daß sie nur zwei Zoll lang waren. Ob ich denn nicht wüßte, daß wir drei Zoll lange brauchten? Er schickte mich zu Fuhrmann zurück.

Die beste Ehefrau von allen schlief im Büchergestell, zu Füßen der Encyclopedia Britannica. Ich schlief in einer alten Wiege. Ein verirrter Schuhspanner hielt mich viele Stunden lang wach. Zum Nachtmahl hatten wir Rühreier mit Salz gehabt.

Dienstag. Fuhrmann behauptete, daß die Fensterangeln doch drei Zoll messen, und schickte mich wieder heim. Im Garten trat ich in frische Lackiererfarbe und reinigte mich mühsam im Vorraum, wo sich gerade das Badezimmer befand, denn im Badezimmer wurden die Kacheln gerade auf türkisblau geändert. Meine Gattin meinte nicht zu Unrecht, daß man solche Kleinigkeiten ein für allemal in Ordnung bringen sollte. Der Elektriker, den wir zur Behebung eines Kurzschlusses geholt hatten, meinte, daß wir die Bergmann-

Schalter, die Fleischmann-Kontakte und die Gottlieb-Sicherungen auswechseln müßten. Der Schlosser gab zu, daß die belgischen Fensterangeln tatsächlich drei Zoll maßen, aber britische Zoll, nicht deutsche. Er hatte deutsche Zoll gemeint. Schickte mich zu Fuhrmann zurück.

Als der Maler in der Mitte der Küchendecke angelangt war, erhöhte er sprunghaft seinen Preis und begründete das überzeugend.

»In den Wochen vor Pessach bin ich immer etwas teurer, weil niemand bis Pessach warten will, denn zu Pessach will dann ein jeder, und dadurch wird alles teurer. Deshalb kommen sie jetzt immer schon ein paar Wochen vor Pessach, und deshalb bin ich auch in den Wochen vor Pessach etwas teurer.«

Außerdem verlangte er von mir eine besondere Sorte Furniere, die nur in Taberias erzeugt werden. Er verlangte auch einen ganz bestimmten Vorkriegslack, zwei Päckchen Zigaretten und einen italienischen Strohhut. Das Ensemble seiner Gehilfen war mittlerweile auf vier angewachsen und stimmte bei der Arbeit ein fröhliches Quartett an.

Das Schlafproblem löste sich problemlos. Ich raffte alle Kleider aus unserem großen Schrank zusammen und stopfte sie in den Kühlschrank, legte den leeren Schrank rücklings auf den Balkon und versank in einen tiefen, naphtalinumwölkten Schaf. Mir träumte, ich sei gestorben. Der Beerdigungszug wurde von einer Handwerkerdelegation angeführt, die einen überirdisch langen Pinsel trug.

Die beste Ehefrau von allen zeigte sich von ihrer lebenstüchtigsten Seite. Sie schlief im Wäschekorb und erwachte frisch und rosig. Weiche Eier.

Mittwoch. Fuhrmann erklärte mir, daß es bei Fensterangeln keinen Unterschied zwischen britischem und deutschem Zollmaß gäbe, und warf mich hinaus. Als ich das dem Schlosser berichtete, wurde er nachdenklich. Dann fragte er mich, wozu wir die Fensterangeln überhaupt brauchten. Eine Antwort erübrigte sich, da wir ohnedies nicht mehr in die Wohnung hineinkonnten. Im Lauf der Nacht war ein Mann erschienen und hatte die Fußböden ausgehoben. Denn es war seit langem der Wunsch meiner Gattin, die Fußböden einige Grade heller getönt zu haben. »Nur das noch«, sagte sie, »nur das noch, und dann ist es vorbei.«

Um diese Zeit waren bereits 17 Mann an der Arbeit, mich eingeschlossen. Die Maurer, die gerade eine Zwischenwand niederrissen, machten einen ohrenbetäubenden Lärm.

»Ich habe mit dem Gebäudeverwalter gesprochen, der eine Art Architekt ist«, teilte mir die beste Ehefrau von allen mit. »Er riet mir, die Zwischenwand zwischen dem Vorzimmer und deinem Arbeitszimmer niederreißen zu lassen, dann bekommen wir endlich ein großes Gästezimmer und unser jetziges Gästezimmer wird überflüssig, weil wir ja wirklich keine zwei Gästezimmer brauchen, so daß wir das alte Gästezimmer teilen könnten, und dann hätten wir ein Vorzimmer, und du hättest dein Arbeitszimmer.«

Um nicht untätig zu sein, stieg ich auf eine Leiter und schnippte mit der großen Gartenschere sämtliche Lüster ab. Wenn schon, denn schon, sage ich immer. Dann hängte ich einen alten Schrankkoffer an einen wurmstichigen Balken und ging zur Ruhe.

Der Gebäudeverwalter teilte mir mit, daß es am besten wäre, die ganze Küche auf den Dachboden und den Dachboden ins Badezimmer zu verlegen. Ich bat ihn, das mit meiner Gattin zu besprechen, die ja nur ein paar kleinere Veränderungen für das Pessachfest im Hause durchführen wollte. Meine Gattin schloß sich in der

Vorratskammer ein und sagte, sie fühle sich nicht wohl. Zwei rohe Eier.

Donnerstag. Ging heute von Fuhrmann nicht nach Hause. Verbrachte die Nacht auf einer Gartenbank und fand endlich Ruhe und Schlaf. Zum Frühstück Gras und etwas Wasser aus dem Springbrunnen. Delikat. Fühle mich wie neugeboren.

Freitag. Daheim erwartete mich eine freudige Überraschung. Wo einst mein Haus stand, gähnte mir jetzt eine tiefe Grube entgegen. Zwei Archäologen durchstöberten die Ruinen nach interessanten Scherben. Die beste Ehefrau von allen stand im Garten und wischte den Staub von den Trümmern. Zwei Polizisten hielten die Schar der Andenkenjäger zurück.

»Ich dachte«, sagte die beste Ehefrau von allen, »daß wir die kleine Frühjahrsreinigung doch gleich dazu nützen könnten, das ganze Zeug niederzureißen und es dann anständig aufzubauen.«

Eines steht fest, in unserem ganzen Haus ist keine Spur von Ungesäuertem zu finden. Der zweite Vorteil ist, daß unsere Nachbarn es nicht mehr begehren können.

Als Moses vom Begehren des Hauses sprach, hat er vermutlich auch an die Haustiere gedacht, obwohl die Einstellung der Bibel zu Haustieren erstaunlich zwiespältig ist. Denn eigentlich mußte ein Stamm, der im Sinai herumwanderte, die Tiere lieben, die schließlich sein Überleben in der öden Sandwüste ermöglichten.

Nicht umsonst hat der Herr die Flüchtlinge aus Ägypten angewiesen: »Nehmt mit eure Schafe und Rinder.« Und es steht geschrieben, daß sie tatsächlich »sehr viel Vieh«, und nicht immer nur ihr eigenes mitgenommen haben.

Ja, unsere Vorväter umgaben sich gerne mit Haustieren, aber sie waren ihnen trotzdem nicht zugetan. Darin unterscheiden sie sich kaum von den heutigen Bewohnern der Sandwüste. In Filmen kann man zwar den stolzen arabischen Scheich auf seiner geliebten Stute reiten sehen oder eine Kamelkarawane, die majestätisch an uns vorbeizieht, aber das ist in Wahrheit nur ein Werbegag. Der Scheich liebt sein Pferd ebensowenig, wie die Stute ihn ausstehen kann. Von den Kamelen gar nicht zu reden, für die jeder Beduinenführer einfach Luft ist, was man ihren gelangweilten Mienen auch deutlich ansieht.

Zu Zeiten der Bibel aber dienten die Haustiere vor allem als Sühneopfer. Bruder Aaron opferte täglich einen Stier und zwei Ziegenböcke und hat damit jeweils in einem Aufwasch alle Sünden ringsum getilgt. Aber auch anderem Vieh erging es nicht besser. Außer dem Verbot von Moses gegen ein Techtelmechtel mit Haustieren fällt mir beim besten Willen kein gutes biblisches Wort zur Fauna ein.

Ich erinnere mich dagegen recht gut an ein paar saftige Beschimpfungen. Wenn der Prophet Jeremia zum Beispiel jemand verfluchen wollte, hat er ihm gewünscht, »wie ein Esel begraben zu werden«. Ein anderer Prophet, Samuel, hatte einen Hundekomplex. Jemanden, dem er böse war, bedachte er mit der Bezeichnung »toter Hund«, und einen dummen Kerl nannte er »Hundekopf«.

Samuel war zweifellos eine bedeutende historische Persönlichkeit, aber mit seiner Einschätzung von Hun-

den hatte er nicht recht. Hunde sind erstaunlich kluge
Geschöpfe. Ein weiser Mann sollte sie nicht verachten,
sondern von ihnen lernen.

EIN HUNDELEBEN
ODER BELLEN MACHT FREI

Unsere biblische Tiergeschichte beginnt damit, daß
in zwei neu errichtete, nebeneinanderliegende Ein-
familienvillen in unserer Nähe zwei Familien einzogen,
die des Musiklehrers Samuel Meyer in die eine, die des
Privatbeamten Josua Obernik in die andere.

Es war von Anbeginn klar, daß die beiden Familien
einander nicht leiden konnten und es nur darauf ange-
legt hatten, sich gegenseitig die Hölle heißzumachen.
Als Ziel schwebte jeder von ihnen die Vertreibung der
anderen vor. Zur Erreichung dieses Ziels leerten sie ihre
Abfallkübel in des Nachbars Garten, drehten das Radio
so laut auf, daß die Fensterscheiben zitterten, setzten
seine Fernsehantenne außer Betrieb und taten alles, was
man in solchen Fällen sonst noch zu tun pflegt. Angeblich soll Meyer sogar versucht haben, Oberniks Badewanne an die Hochspannungsleitung anzuschließen.
Aber selbst wenn das übertrieben ist, gab es keinen
Zweifel, daß über kurz oder lang eine der beiden Familien ausziehen müßte. Die Frage war, wer die besseren
Nerven hatte. In unserer Straße standen die Wetten 3:1
für Meyer.

*

Bis hierher ist das eine ganz gewöhnliche Geschichte,
wie sie sich in jedem Häuserblock zutragen kann. Un-

gewöhnlich wurde sie erst, als die Oberniks sich einen Hund zulegten. Er hieß Aristobolus und war von undefinierbarer Rasse, obwohl er angeblich aus einer erstklassigen skandinavischen Zucht stammte. Die Oberniks hüteten ihn wie ihren Augapfel und ließen ihn nur des Nachts ins Freie. Das geschah offenbar aus Furcht vor Aggressionen, was nicht ganz aus der Luft gegriffen war. Das Bellen des Aristobolus konnte nämlich durchaus einen Nachbarn um den Verstand bringen, vor allem, wenn es sich bei diesem Nachbarn um einen Musiklehrer mit absolutem Gehör handelte.

Aristobolus stimmte sein keifendes, infernalisch durchdringendes Gebell zu den widerwärtigsten Stunden an, um 5.15 Uhr am Morgen, zwischen 14 und 16 Uhr, also zu einer Zeit, da Herr Meyer sein Nachmittagsschläfchen hielt, dann wieder gegen Mitternacht und um 3.30 Uhr. Natürlich bellte er auch zwischendurch, aber die genannten waren seine Hauptbellzeiten. Bei Nacht verlegte er sie in den Garten.

Nach ungefähr einer Woche, während des üblichen Nachmittagskonzerts, trat Frau Meyer vors Haus und rief in Richtung Obernik:

»Sorgen Sie dafür, daß Ihr Hund zu bellen aufhört, sonst kann ich für nichts garantieren. Mein Mann ist fähig, ihn zu erschießen.«

Da man wußte, daß Samuel Meyer eine Jagdflinte besaß, nahm sich Frau Obernik die Warnung zu Herzen und sprach von nun an, sowie Aristobolus zu bellen begann, mit besänftigender Stimme auf ihn ein:

»Ruhig, Aristobolus. Du störst Herrn Meyer. Schäm dich. Hör auf zu bellen. Kusch.«

*

Aristobolus kuschte in keiner Weise. Im Gegenteil, er

steigerte sein Gekläff, als wollte er für die Freiheit des Bellens demonstrieren.

Meyer bat seinen Anwalt um Rat. Zu seiner Verbitterung erfuhr er, daß das Halten von Hunden zu den unveräußerlichen Bürgerrechten gehört und daß einem Hund von Gesetzes wegen nicht vorgeschrieben werden kann, wie und wann er zu bellen hat.

So griff Samuel Meyer eines Nachts zum Jagdgewehr und setzte sich in seinen Garten, wo er hinter einem Strauch auf das Erscheinen von Aristobolus wartete. Aristobolus erschien nicht. Er bellte zwar genau zu den gewohnten Stunden (0.00, 3.30, 5. 15), aber er bellte im Haus. Von Zeit zu Zeit glaubte Meyer, ihn an der Tür kratzen und jämmerlich winseln zu hören, ohne daß sich die Tür öffnete. Entweder ahnte Obernik etwas von der lauernden Gefahr, oder er tat's aus purer Grausamkeit.

Als sich an diesem rätselhaften Ablauf auch in den folgenden zwei Nächten nichts änderte, entschloß sich Meyer, der das Geheimnis ergründen wollte, zu einem riskanten Schritt. Er schlich in der Dunkelheit zum Obernikschen Schlafzimmer, spähte vorsichtig durchs halb geöffnete Fenster und traute seinen Augen und übrigens auch seinen Ohren nicht: Josua Obernik lag mit gelangweiltem Gesichtsausdruck im Bett und bellte. Neben ihm lag Frau Obernik und sagte von Zeit zu Zeit ohne besondere Anteilnahme:

»Ruhig, Aristobolus. Du mußt Herrn Meyer schlafen lassen. Kusch.«

Samuel Meyer wollte schon schießen, riß sich jedoch zusammen und ging auf die nächste Polizeiwache, wo er dem dienstschlafenden Beamten die ganze Geschichte erzählte. Der Beamte antwortete:

»Na und?«

»Was heißt hier na und?« brüllte Meyer. »Der Kerl ruiniert mich. Ich kann seit Wochen nicht schlafen. Außerdem schädigt er mein Gehör, das ich für meinen Beruf brauche.«

»Bedaure«, bedauerte das Amtsorgan. »Gegen Lautsprecher nach Mitternacht kann ich einschreiten, gegen jemanden, der bellt, nicht. Außerdem fällt diese Angelegenheit in die Kompetenz der Stadtverwaltung.«

Am nächsten Morgen, nachdem Aristobolus ihn pünktlich um 5 Uhr 15 geweckt hatte, ging Samuel Meyer wieder zu seinem Rechtsanwalt und informierte ihn, daß Josua Obernik sich sozusagen als Selbsthund zu Hause hielt. Der Anwalt blätterte in seinen Gesetzbüchern und schüttelte den Kopf:

»Im britischen Mandatsgesetz kann ich nichts finden, was die Nachahmung von Tierstimmen verbietet. Auch die Ottomanischen Gesetze, die ja auf zahlreichen Gebieten unseres öffentlichen Lebens noch in Kraft sind, enthalten nichts Brauchbares. Hingegen schreiben sie Entlohnung für Personen vor, die zur Bewachung angestellt sind, also die Funktionen eines Wachhundes ausüben. Wir werden daher gegen Herrn Obernik Anzeige erstatten, weil er keine amtliche Bewilligung zum Halten eines Wachhundes beziehungsweise einer Wachtperson besitzt.«

Die Anzeige wurde erstattet. Sicherheitshalber fügte der erfahrene Jurist noch hinzu, daß Herr Obernik keine Hundesteuer für sich bezahlte, und verlangte seine sofortige Verhaftung wegen Steuerhinterziehung.

Die Reaktion der Behörde war niederschmetternd. Herr Obernik hatte nicht nur die vorgeschriebene Bewilligung eingeholt, sondern auf ein Jahr im voraus die Hundesteuer für sich bezahlt.

Aristobolus bellte immer lauter, immer unablässiger, immer durchdringender. Die Schlacht hatte ihr entscheidendes Stadium erreicht.

In einem letzten verzweifelten Gegenangriff verständigte Samuel Meyer das Gesundheitsministerium, daß sein Nachbar Aristobolus an Tollwut litte und im Interesse der Öffentlichkeit umgehend vertilgt werden müßte.

Das Ministerium schickte einen Tierarzt, der Herrn Obernik nach sorgfältiger Untersuchung ein amtliches Gesundheitszeugnis ausstellte. Die Rechnung ging an Samuel Meyer. Sie war beträchtlich.

Obernik hatte gesiegt. Am nächsten Monatsersten zog Meyer samt Familie aus.

»Recht geschieht ihm«, bemerkte die beste Ehefrau von allen. »Warum hat er nicht zurückgebellt?«

X. DU SOLLST NICHT BEGEHREN DEINES NÄCHSTEN WEIB, KNECHT......

E s folgt nun des Begehrens zweiter Akt. Aus reiner Vorsicht ergänzte Moses die einzeln aufgezählten Neidobjekte durch die Worte »noch alles«, um jede Diskussion auszuschließen.

Moses hat sicherlich geahnt, daß die Begierde nach des Nachbarn Hab und Gut schnurstracks zur Konsumgesellschaft führt. Wer seinen Nächsten nicht beneidet, kann nämlich nicht nur den Esel vergessen, sondern wird auch nie im Leben eine langbeinige Sekretärin sein eigen nennen, ganz zu schweigen von einer neuen japanischen Waschmaschine, die gleichzeitig auch Fax und Aquarium ist.

Und wenn jemand des Nächsten Frau nicht begehrt, kann es nur zwei Gründe dafür geben: Entweder die Frau muß dringend abnehmen, oder der Mann braucht regelmäßige Hormonbehandlungen.

Moses bekam zwar Anweisung von oben, alle Gebote als strenge Warnung zu formulieren, aber hier hätte er mit einer kleinen Abwandlung mehr Erfolg gehabt: »Du sollst auf dein eigenes Weib besser aufpassen.«

EIN GUT FRISIERTER EHEBRUCH
ODER DER VERDACHT IST UNBEGRÜNDET

FRISEUR: Meine Damen und Herren! Wir wollen Ihnen einen Einblick in die Hölle menschlicher Leidenschaften geben. Die Personen des Einblicks sind drei verlorene Seelen, die sich in einem unentrinnbaren Netz von Wollust und Lüge verfangen haben: der Gatte, die Gattin und, na ja, sagen wir, ich. Ich bin von Beruf Friseur, aber das tut nichts zu der Sache, von der unser Drama handelt. Dieses Drama wollen wir Ihnen jetzt vorführen, rückhaltlos, offen, brutal. Wir verheimlichen nichts, wir zeigen alles, erotische Abenteuer, gefährliche Liebschaften, Sex, Sex und nochmals Sex. Das unerschöpfliche Thema, die ewige Tragödie des Menschengeschlechts, Eifersucht. Genauer, die Eifersucht des Mannes auf seine Frau. Ein spannungsgeladenes Produkt, vom Zensor zweimal beschlagnahmt, von der Produktionsleitung zweimal zurückprozessiert. Sind Minderjährige unter 16 Jahren anwesend? Nein? Dann können wir beginnen.

Nimmt in einem Sessel Platz. Romantische Hintergrundmusik, intime Atmosphäre. In der Nähe des Sessels auf einem Tischchen zwei Gläser, eine Cognacflasche und ein Telefon.

GATTIN *(tritt ein)*

FRISEUR: Da ist sie.

GATTIN *(setzt sich dem Friseur auf den Schoß, schlingt ihre Arme um seinen Nacken)*: Küß mich! Preß mich an dich. Beiß mich!

FRISEUR: *(macht sich nicht ohne Mühe von ihr los)*

GATTIN: Du irrer Typ! Was willst du von mir?

FRISEUR: Ich liebe dich.

GATTIN: Sag's noch einmal!

FRISEUR: Ich liebe dich.

GATTIN: Noch einmal!

FRISEUR: Gib schon Ruh.

GATTIN: Du liebst mich nicht.

FRISEUR: Doch, ich liebe dich.

GATTIN: Noch einmal *(neuerliche Umarmung und neuerlicher Befreiungskampf des Friseurs)*! Du irrer Typ. Was willst du von mir?

FRISEUR: Wo ist dein Mann?

GATTIN: Auf Waffenübung. Warum liebst du mich?

FRISEUR: Kann er nicht unerwartet nach Hause kommen?

GATTIN: Nein. Er ist ja erst am Morgen abgefahren. Liebst du mich?

FRISEUR: Ja. Ist er stark? Ich meine körperlich?

GATTIN: Nein. Nur sehr gescheit.

FRISEUR: Das macht nichts.

GATTIN: Was hab' ich dich nur fragen wollen? Ach ja, richtig. Liebst du mich?

FRISEUR: Natürlich. *(Umarmung)* Aber ich möchte nicht in Schwierigkeiten kommen.

GATTIN: Ich sagte doch schon, daß er auf Waffenübung ist.

FRISEUR: Und wer garantiert uns, daß er dort bleibt? Sie könnten ihn als überzählig wegschicken. Er könnte krank werden und könnte plötzlich zur Tür hereinkommen *(der Raum erhellt sich, in der Tür steht der Gatte)*. Siehst du? Da steht er. Und ich wollte doch nicht in Schwierigkeiten kommen. Jetzt haben wir's.

GATTIN *(ohne die Umarmung zu lösen)*: Du liebst mich nicht.

FRISEUR: Ich liebe dich, aber diese Geschichte beginnt mir zu mißfallen.

GATTIN: Er hat gesagt, daß er für sechs Tage auf Waffenübung ist.

367

FRISEUR: Er hat gesagt, er hat gesagt. Ist er jetzt hier oder nicht?

GATTIN: Er ist hier. *(zum Gatten)* Also, du bist auf einer Waffenübung, was?

GATTE: Jetzt bin ich hier, Weib!

GATTIN: Das sehe ich. Du spionierst mir nach, erbärmlicher Schnüffler! Du erzählst mir alle möglichen Geschichten und alle möglichen Lügen über deine Pflichten als Vaterlandsverteidiger, du gibst vor, ein Mustergatte zu sein, und in Wahrheit denkst du dir die gemeinsten Intrigen aus. Gut, mein Lieber. Ganz wie du willst. Wenn's dir Vergnügen macht, nur zu. Nimm dir Detektive, die mich beobachten und verfolgen, stell dich auf den Kopf und mach dich zum Gespött der ganzen Welt. Aber laß dir dann ja nicht einfallen, zu mir zu kommen und um Verzeihung zu betteln.

GATTE: Wie darfst du es wagen ...

FRISEUR *(beginnt mit der Gattin auf seinem Schoß die Sportzeitung zu lesen)*

GATTIN: Schäm dich, Jonas. Du glaubst jedem Gerücht, jedem Tratsch, jeder Verleumdung, die dir zu Ohren kommt. Du hast kein Vertrauen zu mir. Du mußt eine schmutzige Phantasie haben. Wie kann ein Mensch sich so erbärmlich benehmen? Hast du den letzten Rest von Würde verloren? Bist du ein Polizeihund den man hinter einem Verbrecher herhetzt? Nachher wird's dir leid tun. Nachher wirst du dich an die Brust schlagen, wenn du merkst, was du mir mit deinem schäbigen Benehmen angetan hast. Nachher geht das Gewinsel los. Debora hin, Debora her, Debora dort, Debora hier ...

GATTE: Debora hier ... Das ist es ja ... Ich mußte ...

GATTIN *(zum Friseur)*: Er mußte! Hast du gehört? Etwas Dümmeres konnte ihm gar nicht mehr einfallen. Er mußte. Das sagt jeder Verbrecher, wenn man ihn erwischt. Aber daß ich so etwas von dir zu hören bekommen würde, Jonas. Wenn mir das jemand prophezeit hätte, hätte ich geantwortet: Mein Jonas tut so etwas nicht. Ausgeschlossen. Undenkbar. Mein Jonas ist ein Gentleman, ja mehr als das, er ist ein Mann. Hätte ich geantwortet. Offenbar habe ich dich in all den Jahren unseres gemeinsamen Lebens nicht wirklich kennengelernt. Du stehst vor mir wie ein Fremder. Du hast eine Wand zwischen uns aufgerichtet, durch die ich kaum noch sehen kann. Und wozu das alles? Nur um mir nachzuspionieren.

GATTE: Aber . . .

GATTIN: Schweig! Du ekelst mich an.

(Telefon läutet)

GATTE: *(hebt ab)* Hallo . . . Jemand will mit Mischa sprechen.

FRISEUR *(läßt die Gattin von seinem Schoß herunterrutschen, steht auf nimmt dem Gatten den Hörer aus der Hand)*: Hallo, hier Mischa . . . Du bist's? Na fein . . . *fröhliches Geplauder)*

GATTE: Laß mich erklären. Ich war ganz sicher, daß ich zu Hause alles in bester Ordnung vorfinden würde und . . .

GATTIN: Darf ich fragen, was hier nicht in bester Ordnung ist?

GATTE: Hör endlich auf, mich wie einen Idioten zu behandeln. Ich bin nicht ganz so dumm, wie du glaubst.

GATTIN: Große Worte. Das kannst du, Worte machen. Aber was steckt dahinter? Nichts. Ich ahne nicht einmal, wovon du sprichst.

GATTE: Debora, was bedeuten die zwei Gläser hier auf dem Tisch?

GATTIN: Zwei Gläser sind zwei Gläser. Warum fragst du? *(räumt die Gläser in Panik weg)* Wie soll ich dir erklären, was zwei Gläser bedeuten?

GATTE: Nur so weiter! Vielleicht hast du gleichzeitig aus zwei Gläsern getrunken?

GATTIN: Ich, ich weiß wirklich nicht, was ich darauf sagen soll.

GATTE: Ach, das weißt du nicht? Du sollst mir antworten. Du sollst mir sagen, warum hier zwei Gläser stehen. Ich habe ein Recht, es zu erfahren. Du schweigst? Das sagt alles.

GATTIN: Das sagt gar nichts. Ich schweige aus Verachtung. Ich schweige, weil deine unglaublichen Unterstellungen mich anwidern. Weil dein niederträchtiger Verstand mich jeder moralischen Verpflichtung enthebt, noch ein Wort an dich zu verlieren.

FRISEUR *(hat das Telefongeplauder beendet und legt den Hörer auf)*: Entschuldigen Sie die Störung *(nimmt wieder im Fauteuil Platz)*.

GATTIN *(setzt sich wieder auf seinen Schoß, zum Gatten)*: Du offenbarst mir deinen Charakter in seiner ganzen Niedrigkeit und sprichst über zwei läppische Gläser. Aber das hilft dir nichts. Damit kannst du mich nicht einschüchtern. In keinem andern Land der Welt würde ein so erbärmlicher Spion wie du mit dem Leben davonkommen. Man würde ihn an die Wand stellen. Ganz einfach an die Wand, und Schluß.

GATTE: So einfach ist das nicht.

GATTIN: Nicht? *(zum Friseur)* Jetzt sag mir, Mischa, was soll ich mit ihm anfangen? Hat es überhaupt einen Sinn, mit ihm zu diskutieren? Ist es überhaupt der Mühe wert, einem solchen Mann treu zu sein?

FRISEUR: Mich darfst du nicht fragen. Ich möchte mich nicht in Familienangelegenheiten einmischen.

GATTIN: Da fällt mir ein, kennt ihr euch eigentlich? Das ist Mischa, mein Friseur.

GATTE: Darüber bin ich informiert.

GATTIN: Und das ist mein Mann.

FRISEUR: Angenehm.

GATTE *(kühl)*: Sehr erfreut.

GATTIN: Jonas, was ist los mit dir?

GATTE: Was soll los sein?

GATTIN: Das frage ich dich.

GATTE: Es muß dir doch klar sein, daß ich Verschiedenes weiß.

FRISEUR *(zur Gattin)*: Ich hab' dir ja prophezeit, daß es Streitigkeiten geben wird.

GATTIN *(zum Gatten)*: Hörst du? Hast du denn gar keine Manieren? Reiß dich zusammen, Jonas. Sag etwas zu deiner Verteidigung, irgend etwas. Gestehe. Entlaste dein Gewissen. Sag mir, aber bitte ganz ruhig, ohne Hysterie, in chronologischer Reihenfolge, sag mir, wie das alles gekommen ist und was dich dazu getrieben hat.

GATTE: Ich habe einen anonymen Brief bekommen.

GATTIN: Das dachte ich mir. Bei Gott, das dachte ich mir.

FRISEUR: Natürlich. Lag auf der Hand.

GATTE: Zuerst nahm ich das Ganze nicht ernst, wollte es von mir schieben, aber es blieb etwas hängen, ein kleiner ... nicht direkt ein Verdacht ... ein ... ein ...

FRISEUR: Zweifel.

GATTE: Ja. Ein Zweifel. Und der nagte an mir.

GATTIN: Jonas, Jonas, wann wirst du endlich erwachsen werden.

GATTE: Es ist ja nur, weil ich dich liebe. Das ist es. Deshalb entschied ... entschul ... entschloß ...

GATTIN: Stotter nicht.

GATTE: Deshalb entschloß ich mich, dich in flagranti zu ertappen. Deshalb erfand ich die Geschichte mit der Waffenübung.

GATTIN: Du hinterhältiger Schuft. Mit welcher Kaltblütigkeit mußt du deinen abscheulichen Plan ausgeheckt haben!

GATTE: Aber Debora . . .

GATTIN: Rühr mich nicht an mit deinen klebrigen Verbrecherhänden! Fort von mir! Laß mich allein!

GATTE: Debora! Ich gebe zu, daß ich einen Fehler gemacht habe. Ich war eifersüchtig. Ich war verrückt vor Eifersucht. Aber du mußt mich verstehen. Ihr beide müßt mich verstehen. Was hätte ich tun sollen, als ich diesen Brief bekam? *(zieht einen Brief aus der Tasche, liest)* »Sehr geehrter Herr, während Sie sich mühen und plagen, um Ihrer Frau das Leben nur ja recht schön zu machen, vergnügt sich die saubere Dame mit dem Schlagzeuger vom Nebenhaus . . .«

FRISEUR: Einen Augenblick, bitte! *(nimmt den Brief an sich, liest weiter)* ». . . mit dem Schlagzeuger vom Nebenhaus, der jeden Donnerstag von 20 Uhr 30 bis ungefähr 22 Uhr auf seine Weise mit ihr musiziert.« *(zur Gattin)* Darf ich fragen, was das heißen soll?

GATTIN: Sei nicht albern, Mischa.

FRISEUR: Jeden Donnerstag?

GATTE: Ich darf doch bitten, was soll das alles?

GATTIN: Mischa, ich schwöre . . .

FRISEUR: Ein Schlagzeuger, was? *(zum Gatten)* Hören Sie, das geht zu weit.

GATTE: Beruhigen Sie sich.

FRISEUR: Diese Frau hat alles, was sie braucht, buchstäblich alles, und treibt sich mit Schlagzeugern herum.

GATTE: In dem Brief ist nur von *einem* Schlagzeuger die Rede.

FRISEUR: Na wenn schon. Heutzutage kann man niemandem mehr glauben.

GATTE: Aber man darf auch nicht alles ernst nehmen. Schließlich ist es ja nur ein anonymer Brief.

FRISEUR: Lassen Sie mich in Ruhe.

GATTE: Die Erfindung eines anonymen Verleumders.

Kennen Sie den Typ nicht? Der braucht keine Beweise. Eine attraktive junge Frau, die ihren Gatten liebt, das genügt den bösen Zungen, um die absurdesten Gerüchte in Umlauf zu setzen.

GATTIN: Stimmt.

FRISEUR: Jonas, Sie sind naiv.

GATTE: Sagen Sie das nicht. Im Gegenteil, meine Augen sind sehr weit geöffnet und sehen sehr scharf. Aber warum stehen Sie? Setzen Sie sich, Mischa.

FRISEUR: Danke. Ich muß jetzt gehen.

GATTE: Schade. Kommen Sie bald wieder.

FRISEUR: Auf Wiedersehen, Jonas. *(ab)*

GATTE: Auf Wiedersehen.

GATTIN: Mischa! *(bricht schluchzend zusammen)*

GATTE: Na, na, na. Nicht weinen, Liebling *(nimmt sie auf den Schoß)*. Es wird alles wieder gut. Die Zeit heilt Wunden. Kannst du mir verzeihen?

GATTIN: Du liebst mich nicht.

GATTE: Doch, ich liebe dich.

GATTIN: Sag's noch einmal!

GATTE: Doch, ich liebe dich.

GATTIN: Du irrer Typ! Was willst du von mir?

Ohne Zweifel ist Eifersucht eine Leidenschaft, die schwere Qualen verursacht. Schon die Bibel sagt: »Besser 100 Tode als ein Fall von Eifersucht.«

Was aber ist zu tun, wenn man mit drei Eifersüchtigen auf einmal konfrontiert wird?

Der Friseursalon, in dem ich Stammkunde bin, zählt vielleicht nicht zu den luxuriösesten im Küstengebiet des Mittelmeeres, aber er hat alles, was man für einen erfolgreichen Haarschnitt braucht: drei Sessel, drei Waschbecken und ein kleines Glöckchen, das klingelt, wenn man die Türe öffnet. Als ich dieses Glöckchen das erste Mal zum Klingeln brachte, empfing mich ein ältlicher Haarkünstler mit 98prozentiger Glatze, deutete auf einen der drei leeren Sessel und sagte:

»Bitte sehr.«

Ich begab mich in seine Hände, nicht ohne ihm mitzuteilen, daß ich keinen richtigen Haarschnitt wünschte, sondern lediglich stutzen, da ich mein Haar lang und seidig zu tragen liebe. Das nahm er mit verständnisvollem Nicken zur Kenntnis.

Fünfzehn Minuten später sah ich aus wie ein Soldat zu Beginn der Ausbildung. Die Füße des kahlen Figaro versanken bis zu den Knöcheln in meinen massakrierten Locken, und sein Gesicht strahlte vor Befriedigung über die geleistete Arbeit. Er bekannte, daß er nicht der Chef sei, strich das Trinkgeld ein und öffnete mir die Türe. Ich war nicht wirklich böse auf ihn. Es war mir klar, daß er unter einem unwiderstehlichen psychologischen Zwang gehandelt hatte. Er hieß, auch das war klar, Grienspan.

*

Ungefähr zwei Monate später, als ich wieder wie ein Mensch aussah, kam ich wieder. Grienspan war mit einem anderen Kunden beschäftigt, aber sein Kollege, ein dürrer Mann mit dicken Brillengläsern, deutete auf einen leeren Sessel und sagte:

»Bitte sehr.«

Ich war entschlossen, mich auf keine Experimente einzulassen und dem kahlköpfigen Grienspan treu zu bleiben. Da ich mit seinen Komplexen bereits vertraut war, konnte ich sie diesmal vielleicht neutralisieren.

»Vielen Dank«, sagte ich zu dem Dürren, während ich mich setzte. »Ich warte auf Ihren Freund.«

Daraufhin stopfte mir der Dürre einen Frisierumhang in den Kragen und griff zur Schere. Ich wiederholte, daß ich auf seinen Freund warten wollte.

»Jawohl«, nickte er und grinste sein freundlichstes Grinsen. »Jawohl, okay.«

»Er ist erst vorige Woche eingewandert«, erläuterte Grienspan. »Er spricht noch nicht hebräisch.«

Mein Widerstand brach sofort zusammen. Hier ging es darum, einem neuen Bürger des Landes beizustehen, hier ging es um Schmelztiegel und Heimatgefühl, und ich bin der letzte, der einen ehrgeizigen Handwerker darunter leiden ließe, daß er noch mit Sprachschwierigkeiten kämpft. Ich überließ mich also dem Einwanderer und versuchte ihm unter Einsatz meiner gesamtrussischen Sprachkenntnisse klarzumachen, daß ich mein Haar, weil es sehr schön ist, lieber lang trage als kurz. Hier, erklärte ich ihm mit deutlichen Gesten, sollte er nur eine Kleinigkeit wegschnipseln, hier eine noch kleinere und hier überhaupt nichts. Dabei sprach ich so langsam, wie jemand, der nicht russisch kann, russisch spricht.

Der Immigrant hörte mir aufmerksam zu, denn er kam aus Polen. Durch diesen geographischen Irrtum verwandelte er mich in einen stoppelhaarigen Matrosen, verpaßte mir eine völlig überflüssige Shampoo-Massage und leerte eine halbe Flasche Kölnischwasser über mich. Von einem Normalfriseur hätte ich mir so etwas nie gefallen lassen. Aber Taddeusz, wie gesagt, war erst seit einer Woche im Lande und hätte jede Kritik zu Recht als Fremdenfeindlichkeit empfunden.

*

Die dritte Runde, wieder einige Wochen später, begann vielversprechend. Als ich den Salon betrat, war der Neueinwanderer damit beschäftigt, die Barthaare eines anonymen Gnom zu stutzen, während Grienspan, der verläßliche Glatzkopf, arbeitslos danebenstand. Kaum hatte ich mich hingesetzt. als Grienspan seinen weißen Kittel ablegte und »Schluß für heute« sagte. Er wurde, wie ich im Spiegel sah, durch einen mir bisher unbekannten Dritten ersetzt, einen jungen Orientalen, der auf den Namen Schabbataj hörte.

»Was darf's sein?« fragte er in gutturalem Hebräisch. »Einen Haarschnitt, der Herr?«

Ich war ratlos. Eigentlich hätte ich gerne den Einwanderer Taddeusz geholt, andererseits hätte das wie ein Vorurteil gegen unsere orientalischen Landsleute unseres Landes wirken können, und nichts wollte ich weniger. Grienspan hatte sich in die Lektüre der Abendzeitung vertieft. Ich mußte selber handeln. »Ich trage mein Haar eher lang«, informierte ich Schabbataj.

»In Ordnung, Boß, ich verstehe, Ihr Wunsch ist mir Befehl«, sprudelte Schabbataj, und sein Redefluß versiegte während der ganzen Zeit nicht. Aber als ich alles über seinen Lebenslauf und über die wichtigsten Phasen der Geschichte Marokkos wußte, hatte er mehr Haare auf meinem Kopf gelassen als irgendeiner seiner Vorgänger in den letzten Jahren. Es war, alles in allem, eine angenehme Überraschung.

*

Anfang April kam ich wieder und erkannte sofort die Gefährlichkeit der Situation. Grienspan war intensiv mit der Lockenpracht eines jungen Avantgardisten beschäftigt, und ebenso intensiv warteten Taddeusz und Schabbataj auf ein neues Opfer. Tatsächlich deuteten sie beide gleichzeitig auf ihre leeren Sessel und ließen im Duett ihr »Bitte sehr« hören.

Es war der gordische Knoten meines Lebens. Vom humanistischen Standpunkt aus gab es überhaupt keine Lösung. Für wen immer ich mich entschied, dem andern bliebe nichts als der Selbstmord.

Einer von beiden mußte es schließlich sein.

Es wurde Schabbataj.

Kaum saß ich in seinem Sessel, als ich meine Wahl auch schon bereute. Taddeusz krümmte sich wie unter elektrischem Schock, obwohl er vermutlich gar nicht wußte, was das war. Mit kleinen tapsenden Schritten zog er sich in den Hintergrund zurück, von wo leises Schluchzen zu hören war. Ich tat, als hörte ich nichts. Aber vor meinen geschlossenen Augen sah ich die Heimkehr des Taddeusz, und es umringten ihn seine Kinder und fragten:

»Papo, dlazsego placzesz?«

Und Taddeusz antwortete ihnen:

»Er hat den andern gewählt . . .«

Im übrigen litt offenbar auch Schabbataj unter meiner herzlosen Entscheidung. Er schnitt mein Haar, wie Taddeusz es geschnitten hätte, stoppelkurz.

Ich wollte meinen Fehler möglichst bald wieder gutmachen. Möglichst bald war allerdings sehr lange, weil ich warten mußte, bis mein Haar nachgewachsen war, damit Taddeusz auch wirklich etwas davon hatte.

*

Endlich war es so weit. Mein Plan war perfekt. Ich ging so lange vor dem Salon auf und ab, bis ich sicher war, daß Taddeusz als einziger frei war. In diesem Augenblick stürzte ich hinein und direkt auf den Sessel des Einwanderers zu, aber ein bärtiger Gnom, den ich von außen unmöglich hatte sehen können, kam mir zuvor und schnappte mir den Polen weg.

Schabbataj schärfte sein Rasiermesser an einem Lederriemen mit grausamer Langsamkeit und betrachtete mich dabei scharf. Taddeusz hingegen wich meinen Blicken aus, als fürchtete er eine neue Erniedrigung. Grienspan tat, als ginge ihn das alles nichts an.

Also saß ich da, mit angehaltenem Atem und angespannten Nerven. Wer würde als erster fertig sein, Schabbataj oder Taddeusz? Sollte Schabbataj mich gewinnen, so wäre es das Ende meines polnischen Einwanderers, daran zweifelte ich nicht. Angeblich lebte im Katharinen-Kloster auf dem Berge Sinai ein Mönch, der früher einmal ein erfolgreicher Friseur gewesen war . . .

Um Haaresbreite, niemals war das wörtlicher zu verstehen, kam Marokko zuerst ans Ziel. Dem Gnom in Taddeusz' Sessel fehlte noch die Beseitigung einiger Nakkenhaare, als Schabbataj seine Kundschaft abbürstete. Danach drehte er sich zu mir und zeigte auf den leeren Sessel:

»Bitte sehr.«

Ich nahm all meine Kraft zusammen:

»Danke«, sagte ich. »Ich warte auf Ihren Kollegen.«

Auf dem Gesicht des ehemaligen Polen erschien ein glückseliges Lächeln. Schabbataj taumelte und hielt sich an seinem Sessel fest.

»Aber warum . . .«, flüsterte er mit ersterbender Stimme. »Ich bin doch fertig . . . warum . . .«

In diesem Augenblick entließ Taddeusz seinen Gnom, staubte ihn ab und führte ihn hinaus.

Wir waren allein.

*

Noch nie zuvor war mir so klar gewesen, daß der Mensch ein Spielball des Schicksals ist. Ich konnte mir durchaus vorstellen, daß es mit Mord und Totschlag enden könnte, ohne irgend jemandes Schuld, ganz wie in der griechischen Tragödie. Unerträgliche Spannung lag im Raum. Die Lippen des Neueinwanderers bewegten sich lautlos. Auch seine Nase bebte. Täte ich jetzt nur den kleinsten Schritt zu Schabbataj hin, kein Zweifel, Taddeusz würde zusammenbrechen.

Schabbataj richtete seine brennenden orientalischen Augen regungslos auf mich. Die Schere zitterte in seiner Hand.

Grienspan hatte uns den Rücken zugedreht und zählte den Inhalt der Kasse, aber seine Gleichgültigkeit war nur gespielt. Plötzlich drehte er sich um und streifte mich mit einem waidwunden Blick, ehe er scheinbar wieder Geld zählte. Er fühlte tödlichen Neid gegen seinen siegreichen polnischen Gegner und wollte es nur nicht so deutlich zeigen.

»Bitte«, sagte ich mit heiserer Stimme, »entscheiden Sie selbst.«

Niemand rührte sich. Drei Augenpaare starrten mich an, und jedes von ihnen schien zu sagen:

»Nimm mich . . . mich mußt du nehmen . . .«

Vielleicht ließ sich ein Kompromiß finden, vielleicht könnten die drei mir abwechselnd die Haare schneiden, oder wir spielen Russisches Roulette, einer gewinnt, und die beiden anderen erschießen sich, wenn nur diese gräßliche, grauenhafte Stille nicht länger anhält . . .

Rund 20 Minuten waren vergangen oder auch eine halbe Stunde. Taddeusz weinte.

»Also«, flüsterte ich. »Könnt ihr euch nicht entscheiden?«

»Uns ist es gleichgültig, Herr«, stieß Grienspan hervor. »Sie haben zu wählen . . .«

Und die drei Augenpaare starrten mich weiter an.

Ich stellte mich vor den Spiegel und fuhr mit der Hand durch mein schlohweißes Haar. In dieser halben Stunde war ich um Jahre gealtert. Und eine Lösung war noch immer nicht in Sicht.

Wortlos verließ ich den Laden. Ich habe ihn seither nicht wieder betreten. Ich lasse mein Haar wachsen, lang, länger, im Künstler-Look. Wäre es möglich, daß dieser Stil in einem Friseurladen mit drei neiderfüllten Friseuren geboren wurde?

Viele Menschen behaupten, Erfolg sei nur eine Glückssache. So betrachtet, kann man auch auf des Nächsten Glück neidisch sein.

PECHVOGEL STUCKS
ODER
EIN SUBVENTIONIERTES POKERSPIEL

Hallo. Kann ich Herrn Horowitz sprechen?«
»Am Apparat.«

»Ist das Herr Horowitz, der Gouverneur der National-Bank?«

»Ja.«

»Hier ist Stucks.«

»Wer?«

»Der Installateur Stucks. Herr Horowitz, ich bin in Schwierigkeiten.«

»Wie bitte?«

»Die Wirtschaftskrise bringt mich um, Herr Horowitz. Ich war immer ein ehrlicher Mann, fragen Sie die Leute, für die ich arbeite. Stucks ist ein Symbol der Zuverlässigkeit. Stucks ist ein Fels. Aber seit die Rezession begonnen hat, bin ich so nervös wegen der allgemeinen Lage, daß ich den Einsatz erhöht habe.«

»Welchen Einsatz?«

»Den von Wechsler. Wir spielen beinahe jeden Abend Poker, müssen Sie wissen. Gestern waren 400 Schekel in der Bank, ich hatte drei Könige und dachte mir: ›Im Land herrschen Arbeitslosigkeit und Inflation, also warum sollte ich nicht den vierten König kaufen?‹ Im selben Augenblick sagt Wechsler: ›Deine 400 und noch 600!‹ Was bleibt mir übrig, als die Anzahlung von Steiner & Co. zu nehmen, 2000 Schekel für die Leitungsrohre, schließlich habe ich drei Könige in der Hand . . .«

»Warum erzählen Sie mir das alles, Herr Stucks?«

»Es ist eine Sache des öffentlichen Interesses, Herr Horowitz. Sie werden gleich sehen. Ich setze also die 2000 Schekel, kaufe zwei Karten, der vierte König kommt nicht, und Wechsler hat drei Asse. Das ganze Geld ist weg. Ich sage Ihnen, Herr Horowitz, die Regierung schafft eine Atmosphäre von solcher Unsicherheit, daß man nicht mehr klar denken kann.«

»2000 Schekel sind kein horrender Betrag.«

»Ja, wenn es nur die 2000 Schekel wären. Aber ich ziehe auch in anderen Partien die Gelder meiner Geschäftspartner heran. Bis jetzt sind es im ganzen 12 000 Schekel.«

»Und was sagen die Geschäftspartner dazu?«

»Sie wissen noch nichts davon. Deshalb rufe ich Sie ja an, Herr Horowitz. Es ist noch nicht zu spät. Sie haben in Ihrer Bank eine Menge Geld. Diesmal will auch ich, Stucks, etwas davon haben.«

»Was stellen Sie sich vor?«

»Ich suche soziale Gerechtigkeit, Herr Horowitz, dann wird es keinen Skandal geben. Alles hängt von einer ruhigen Entwicklung ab. Man kennt mich weit und breit als einen ehrlichen Menschen. Sollte es sich herumsprechen, daß ich Geld veruntreut habe, werden alle Leute sagen, um Himmels willen, wenn sogar Stucks so etwas tut, dann sind wir am Ende. Die öffentliche Moral steht auf dem Spiel, Herr Horowitz. Sie müssen sich Ihrer Verantwortung stellen.«

»Bin ich für Ihr Hasardieren verantwortlich?«

»Aber ich hatte drei Könige.«

»Tut mir leid, lieber Freund. Sie müssen sich selbst aus diesem Schlamassel heraushelfen.«

»Daran habe ich schon gedacht, Herr Horowitz. Es geht nicht. Mein Laden ist auf nur 6000 Schekel gegen Feuer versichert. Das ist zu wenig. Aber wenn Sie meinem Geschäftspartner sagen, daß Sie persönlich für alles haften, wäre das Problem gelöst. Sonst käme es zu einem fürchterlichen Skandal mit gerichtlichen Klagen und Zeitungsartikeln. Haben Sie Steiner schon einmal wütend gesehen? Sein Gesicht wird knallrot, die Adern auf seiner Stirn treten hervor, es ist ein furchtbarer Anblick.«

»Daran hätten Sie vorher denken sollen.«

»Ich habe Sie nicht um Rat gebeten, Horowitz, sondern um Hilfe. Wenn Sie wollen, lasse ich meinen Laden auf Sie oder Ihre Frau überschreiben. Aber geben Sie mir 15 000 Schekel als Überbrückungshilfe.«

»Vorhin sprachen Sie doch von 12 000?«

»Am Sonntag spielen wir wieder.«

»Sie sind unverschämt.«

»Was bin ich? In einer Klemme bin ich, das ist alles. So etwas kann ja schließlich passieren. Man darf niemanden bestrafen, nur weil er kein Glück hat. Ich beneide Leute, die besser Poker spielen als ich oder mehr Glück haben, aber das ändert jetzt nichts. Überlegen Sie sich doch, was geschehen wird, wenn zehn oder zwölf erbitterte Auftraggeber über mich herfallen und ihr Geld zurückverlangen. Geschrei, Lärm, ein Auflauf, ein Überfallkommando, Polizei, Journalisten, Rundfunk und Fernsehen, das hat uns in unserer angespannten politischen Lage noch gefehlt. Und das wollen Sie, Horowitz, provozieren.«

»Aber . . .«

»Soll ich vielleicht zum Islam übertreten?«

»Nein, natürlich nicht.«

»Dann schicken Sie mir morgen das Geld. Gleich in der Früh. Womöglich in Fünfzigschekelnoten.«

»Und wie wollen Sie es zurückzahlen?«

»Zurückzahlen? Ich hab' geglaubt, es ist eine Subvention.«

»Es ist ein Darlehen, das Sie zurückzahlen müssen.«

»Dann werde ich es in Gottes Namen am Montag zurückzahlen. Dann werde ich eben am Sonntag den Einsatz nicht erhöhen. Oder nur, wenn ich vier Könige habe.«

»Das ist keine Lösung, Herr Stucks.«

»Also gut. Vier Asse.«

Ich frage mich manchmal, wie war es möglich, daß Adam samt seiner Rippe dem Erzengel keinerlei Widerstand leistete und mit eingezogenem Schwanz aus dem Paradies schlich.

Die Antwort ist ganz einfach. Die beiden waren eben nicht in der Gewerkschaft. Heute würde die Vertreibung nicht so glatt vor sich gehen.

DIE UNTERHOSENSTORY
ODER
ENGEL SIND NICHT ORGANISIERT

Wir werden niemals erfahren, was im Kopf des Engels mit dem Flammenschwert vorging, ehe er sich entschloß, ausgerechnet bei dem Betriebsratsvorsitzenden Ginzburg zu erscheinen.

»Ginzburg, erhebe dich.«

»Was ist los?«

Ginzburg hatte prinzipiell nichts gegen Engel. Im Gegenteil, manchmal sehnte er einen herbei, zum Beispiel vorgestern, bei der stundenlangen Debatte im Finanzministerium. Es ging wieder einmal um Änderungen im Tarifvertrag, und im Mittelpunkt standen natürlich die Gummiprobleme, bei denen Ginzburg hart bleiben mußte. Diese branchenspezifische Sonderzulage galt als die bedeutendste Errungenschaft der Arbeiter in der Autobus-Kooperative und war eigentlich Ginzburgs Lebenswerk. Es hatte einen jahrelangen Arbeitskampf mit ständigen Streikdrohungen gekostet, ehe Ginzburg das Finanzministerium davon überzeugen konnte, daß das Gummiband in den Unterhosen der von ihm betreuten Arbeitnehmer mit der Zeit an Spannung verliere. In Katastrophenfällen, so schrieb er in zahllosen Eingaben, wäre es unbedingt notwendig, ein ausgedehntes Gummiband gegen ein neues auszutauschen. Daher sei es unerläßlich, den Arbeitern eine Gummiabnutzungssonderzulage zu gewähren.

»Genossen«, schrie Ginzburg vorgestern bei der Urabstimmung des außerordentlichen Gewerkschaftstages, »kann man von uns verlangen, mit heruntergerutschten Unterhosen zu schuften?«

Und nun stand ein echter Engel mit einem flammenden Schwert vor ihm:

»Ginzburg«, sprach er mit sanfter Stimme, »du mußt dich zwischen der Gummizulage und der Existenz des Staates entscheiden.«

»Nimm Platz«, antwortete Ginzburg, »warum stehst du, Genosse Engel?«

»Bedenke doch, Ginzburg, der Teufelskreis aus Gehaltserhöhungen einerseits und steigenden Preisen andererseits droht den Staat in den Bankrott zu führen. Eine einzige weitere Gehaltserhöhung, und die galoppierende Inflation wird euch alle in den Abgrund stürzen.«

»Wem sagst du das«, seufzte Ginzburg, »glaubst du, ich weiß das nicht?«

Er knöpfte seine Hose auf, um dem Engel zu zeigen, wie schlaff das Gummiband um seine Hüften bereits geworden war.

Der Engel sah verlegen weg:

»Du mußt dich entscheiden, Ginzburg, entweder Staat oder Gummiband.«

Der Betriebsratsvorsitzende wand sich hin und her:

»Ich muß das Problem von einer höheren Perspektive aus betrachten. Weintraub hat für seine Leute eine Sauerstoffgratifikation erkämpft.«

Der glühend beneidete Rivale von Ginzburg, Weintraub, war nämlich Zentralbetriebsrat der Spitäler. Es war ihm seinerzeit gelungen, dem Finanzministerium eine Sonderentschädigung zu entreißen, nachdem er die Sauerstoffzufuhr für Asthmatiker in drei großen Krankenhäusern eingestellt hatte.

»Ich frage dich, Ginzburg, was dir wichtiger ist«, der Engel reckte sich und hob sein flammendes Schwert, »die Gummibänder oder Israel?«

Ginzburg versank in Nachdenklichkeit. »Mir ist beides wichtig«, faßte er zusammen. »Einerseits darf es in diesem Land keine rutschenden Unterhosen geben, andererseits gehen meine Forderungen nach gespanntem Gummi nicht über die Landesgrenzen hinaus. Für mich bildet die Problematik eine Einheit. Ich möchte sowohl den jüdischen Staat als auch die Gummisonderzulage.«

»Und wenn es darum geht, zwischen beiden zu wählen?«

»Hast du auch Weintraub gefragt, was *er* wählen würde?«

Der Engel beugte sich über ihn:

»Nur radikales Umdenken der öffentlich Bediensteten bezüglich Leistung und Ertrag kann das Land in dieser schweren Stunde retten. Wie wollt ihr dem Urteil der Geschichte standhalten, wie wollt ihr unsere gespannte Lage erleichtern, wenn ihr nicht bereit seid, hin und wieder ein Opfer zu bringen?«

Die gespannte Lage zu erwähnen war ein Fehler. Ginzburg steckte sofort wieder seinen Finger unter das Gummiband.

»Ich lasse mir von niemandem erzählen, was Aufopferung bedeutet«, protestierte er. »Ich habe an drei Kriegen teilgenommen, bin zweimal verwundet und einmal fast gefangen genommen worden. Wer mich kennt, weiß, daß ich bereit bin, für die Heimat mein Leben herzugeben.«

»Und der Gummi?«

»Das ist etwas ganz anderes.«

Der Engel wurde sichtlich müde. Er steckte sein flammendes Schwert ein, setzte sich neben Ginzburg und begann auf einem Taschencomputer zu rechnen.

»Hör zu, Ginzburg, deine verdammte Gummibandabnutzungsanlage beträg 0,21 Prozent des dreijährigen Kohlendioxidüberschusses, mit anderen Worten, netto fast nichts. Was willst du mit diesen wenigen Groschen tun?«

»Ich werde mir eine Sonnenbrille kaufen.«

»Was kostet die?«

»72 Schekel.«

»Ich frage dich, Ginzburg, bist du bereit, für ein Zehntel Sonnenbrille dein Land zu verkaufen?«

»Weintraub hat eine neue italienische Sonnenbrille.«

Der Engel begann schwer zu atmen.

»Wenn du auf diese Zulage nicht verzichtest«, warnte er, »kann das ganze Land lahmgelegt werden. Die Wirtschaft wird zusammenbrechen, das Geld keinen Wert mehr haben. Was wirst du dann tun?«

»Ich werde vermutlich zwei ältere Familienangehörige entlassen, Opa und noch jemanden.«

Der Engel brach in Tränen aus:

»Du willst also dein Heim, deine Familie, kurz alles, was du ein Leben lang aufgebaut hast, zerstören? Warum, Ginzburg, warum?«

Auch Ginzburg begann zu weinen.

»Was weiß ich?« heulte er. »Verstehst du denn nicht, daß ich unter Erfolgszwang stehe?«

Der Engel kniete vor Ginzburg nieder:

»Ich bitte dich, um Gottes willen zu überlegen, was man dereinst in den Geschichtsbüchern schreiben wird. Unser erster Tempel wurde 587 v. Chr. von den Babyloniern zerstört, der zweite Tempel im Jahre 70 n. Chr. von den Römern, und den dritten Tempel zerstörte Genosse Ginzburg heute nachmittag um 4 Uhr.«

Ginzburg schwieg. Von Zeit zu Zeit steckte er einen

nachdenklichen Finger in die Hose und prüfte die Spannung des Gummibandes.

Der Engel wälzte sich vor Ginzburgs Füßen im Staub:

»Rette doch den Staat, Ginzburg. Zerstöre ihn nicht mutwillig. Verzichte endlich auf die Gummizulage.«

Ginzburg schwieg weiter. An seiner Stirn schwollen die Adern an, und seine Kinnbacken mahlten. Nicht zu beschreiben, was der Mann in diesen Minuten durchmachte. Dann entschied er:

»Ich muß den Betriebsrat anrufen.«

Nach 20 Minuten war er wieder da und fragte kleinlaut:

»Wäre nicht ein Pauschalabkommen möglich? Ich meine, das Bestehen des Staates mit dem gestrafften Gummiband zu verbinden?«

»Nein!«

Ginzburg zog sich betreten zurück und kam erst zweieinhalb Stunden später taumelnd wieder. Seine Augen waren verweint, seine Mundwinkel zitterten:

»Es tut mir wirklich leid, aber es bleibt beim Gummi.«

Der Engel stürzte sich in sein flammendes Schwert. Der Erdboden öffnete sich und verschlang den ganzen Staat. Alles, was zurückblieb, war ein riesiger Krater, über dem sonore arabische Musik zu hören war.

Mit einem verzweifelten Schrei, mit der verkrampften Hand Weintraubs Hals umklammernd, stürzte sich Ginzburg in den Abgrund. Das neue Gummiband in seiner Unterhose hielt.

Ich kann dieses Buch nicht beenden, ohne dem Leser in Erinnerung zu rufen, daß ein Satiriker nicht Moral predigen, sondern den selbsternannten Sittenaposteln einen Spiegel vorhalten sollte.

In diesem Sinne möchte ich einen aufrechten Mann vorstellen, der alle Gebote von Moses, inklusive des Zweiten, das einst unter den Teppich gekehrt wurde, voll und ganz einhielt.

EIN TAG IM LEBEN
EINES WAHRHAFT GERECHTEN

Ich bin der Herr dein Gott, du sollst keine anderen Götter haben neben Mir

Düstere Neuigkeiten erwarteten Vizedirektor Schultheiß vor seinem Büro. Der Pförtner teilte ihm süffisant lächelnd mit, Herr Steiner erwarte ihn bereits. Schultheiß war nur mit Mühe imstande, die Treppen zu bewältigen. Seit langem fürchtete er sich vor dem Augenblick, da die hinterhältigen Gerüchte, die über seine diversen Geschäfte kursierten, dem Aufsichtsrat zu Ohren kämen. Es war sonnenklar, daß Steiner ihm nun Ermittlungen ankündigen würde.

»Das ist also der Dank, für die Firma geschuftet zu haben«, knurrte Schultheiß. »Alles habe ich ihr geopfert, meine Jugend, mein Privatleben, meine Gesundheit. Und jetzt, bei der ersten miesen Verleumdung, wird man den Hunden vorgeworfen.«

Steiner wartete mit leicht hochgezogener linker Augenbraue.

»Da haben wir's«, stellte Schultheiß am ganzen Leibe zitternd fest, »der Generaldirektor ist verstimmt. Das ist das Ende.«

Im gleichen Moment senkte Steiner jedoch die linke Augenbraue und hob seinen rechten Mundwinkel, während er gleichzeitig den Arm ausstreckte.

»Halleluja, der Aufsichtsrat hat mich nicht verlassen«, flüsterte Schultheiß erschüttert und wurde von so großer Freude erfüllt, daß er Steiner, dem Engel der rettenden, erlösenden, barmherzigen Firma, am liebsten zu Füßen gefallen wäre.

Du sollst dir kein Bildnis machen, bete sie nicht an und diene ihnen nicht

Beruhigt betrat Schultheiß sein Büro. In bester Stimmung schloß er die Türe und holte den dicken Umschlag hervor, den er in der Schublade versteckt hatte.

»Ich werde mit meiner Sekretärin ein wenig ins Ausland fahren«, beschloß er großmütig. »Kein Problem, das Geld ist da.«

Er strich gerührt über das Porträt Abraham Lincolns, verteilte die Dollars auf seinem Schreibtisch und legte eine kleine Patience aus den grünen Scheinchen. Da klingelte das Telefon.

Du sollst den Namen des Herrn nicht unnützig aussprechen

Es war sein bester Freund, der wieder einmal wegen der Bankbürgschaft anrief.

»Mein Lieber, als Angestellter darf ich wirklich nicht unterschreiben, so wahr mir Gott helfe«, erläuterte Schultheiß und fegte die Scheine geschwind zurück in den Umschlag.

Sein Freund stammelte beschämt eine Entschuldigung, und Schultheiß wurde es ganz weh ums Herz. Er liebte diesen Mann wie seinen eigenen Bruder. Es klopfte an der Tür.

Sechs Tage sollst du arbeiten, am siebenten Tage ist der Sabbat des Herrn

»Herr Direktor«, flüsterte der Buchhalter. »Wir haben die ganze Nacht durchgearbeitet, leider sind aber noch nicht alle Kassenbücher umgeschrieben.«

Schultheiß brauste auf:

»Am Montag früh muß ich die gefälschten Bücher beim Finanzamt vorlegen, verdammt noch mal. Bis dahin muß gefälligst alles fertig sein, damit wir die alten Bücher verbrennen können.«

Der Buchhalter wandte mit schwacher Stimme ein, daß es schon Samstag sei. Schultheiß blickte den erschöpften, abgemagerten Buchhalter mitleidig an:

»Na gut«, sagte er herzlich, »nehmt die Bücher mit nach Hause und macht sie dort fertig. Ich bin ja nicht so.«

Seine Sekretärin trat ein.

Du sollst Vater und Mutter ehren, auf daß du lange lebest

»Herr Schultheiß, Ihr Vater ist hier«, meldete Schosch.

Schultheiß trommelte nervös auf den Schreibtisch.

»Tausendmal habe ich ihm schon gesagt, er soll nicht ins Büro kommen«, schnauzte er das Mädchen an. »Sag ihm, ich habe keine Zeit.«

Bevor sie bei der Tür war, packte ihn jedoch das schlechte Gewissen. Schultheiß zog eine Banknote aus der Tasche.

»Gib ihm das und frisier dich.«

Du sollst nicht töten

Schosch kam zurück und betrat ungewöhnlich still das Zimmer. Sie war noch immer zerrauft, ihre Augen waren gerötet. Schultheiß blickte das Mädchen voll Mitgefühl an. So jung und schon so vom Schicksal geschlagen.

»Sei nicht traurig, Kleine«, sagte er väterlich. »In ein paar Tagen werden wir alles geregelt haben.«

Schosch schluchzte.

»Wir sollten die Angelegenheit nicht unnötig dramatisieren. Schau mich an, ich bin völlig ruhig«, tröstete er sie. »Heutzutage ist das doch keine große Sache mehr. Immerhin«, fügte er hinzu –

Du sollst nicht ehebrechen

»können wir so lange in aller Ruhe ins Ausland fahren, du kleines Dummerchen.«

Du sollst nicht stehlen

Endlich kam Brauner. Er sprach mit gedämpfter Stimme. Er habe gerade das Geschäft mit dem Bauherrn unterschrieben. Fifty-fifty. Maximale Diskretion. Schultheiß wischte sich den Schweiß von der Stirn.

»Im Grunde genommen kann von Unterschlagung ja gar keine Rede sein«, überlegte er. »Das Büro verliert keinen Pfennig.«

Brauner händigte ihm den Vorschuß aus.

»Trotzdem. Wie kann der Bauherr derartige Summen einsparen?« interessierte sich Schultheiß, doch Brauner beruhigte ihn. Man werde einfach ein paar Stützpfeiler einsparen. Dieser Bau bräuchte nicht so viele Pfeiler. In Schultheiß regte sich das Verantwortungsbewußtsein:

»Kann er auch wirklich nicht einstürzen?« fragte er.

»Der Bauherr?« entgegnete Brauner. »Sie können sich auf mich verlassen, er ist sehr finanzstark. Es geht alles in Ordnung. Es sei denn«, räumte er ein, »der miese Ingenieur Wagner erhält an seiner Stelle den Auftrag.«

Du sollst kein falsches Zeugnis über deinen Nächsten ablegen

»Wagners Akte liegt mir zur Bearbeitung vor«, stellte Schultheiß fest. »Wer ist denn eigentlich dieser Wagner?«

Brauner verzog das Gesicht.

»Vor dem muß man sich in acht nehmen«, flüsterte er, »er hat einen sehr schlechten Ruf.«

Schultheiß bedankte sich für die Information und versah die Akte mit einem großen roten Fragezeichen.

Du sollst nicht begehren deines Nächsten Haus

Auf dem Nachhauseweg fuhr der Chauffeur wieder an jener kleinen Villa vorbei. Die Äste der adrett gestutzten Bäumchen wiegten sich fröhlich vor dem plätschernden Springbrunnen.

»Mistkerl«, brummte Schultheiß wütend, »ich kann mir schon denken, wo das Geld für solche Villen herkommt. Ein anständiger Mensch kann vor Hunger krepieren, und diese Kerle bauen Springbrunnen! Mindestens fünf große Zimmer. Und eine Eßecke in der Küche.«

Zu Hause küßte Schultheiß seine Frau zärtlich auf die Stirn, und seine Hand strich spielerisch über die blonden Locken seines Sohnes. Vor dem Einschlafen betete er wie üblich kurz aber inbrünstig. Im Nu war er eingeschlafen, und auf seinen Lippen stand das unschuldige Lächeln eines Mannes, der nicht abweicht von dem

Pfade der Tugend und die Lehre des Herrn befolget bei Tag und bei Nacht.

J eder hat seine geheimen Sehnsüchte. Ich zum Beispiel neide niemandem den Feiertag der Arbeit am 1. Mai, aber ich bin voll des Neides wegen Weihnachten.

DAS ELFTE GEBOT
ODER EIN WEIHNACHTSBAUM FÜR ALLE

F ür ein Land, das sich unglücklicherweise nur nach dem Slogan »Make War, not Love« richten kann, weil es seit dem Tag seiner Gründung gezwungen ist, Kriege zu führen, für ein solches Land hat das Weihnachtsfest als Symbol des Friedens auf Erden ganz besondere Bedeutung. Wir Israeli beneiden alle, die dieses wunderschöne Fest feiern können. Leider gehören wir nicht zu ihnen, obwohl Jesus der Nazarener eigentlich zu uns gehört. Christus war ein Jude, bevor er »zum Christentum übertrat«, wie mir mein enttäuschter Religionslehrer erklärte.

Meine erste Begegnung mit einem Weihnachtsbaum fand vor langer Zeit in einem Land des Exils statt, in dem ich auf die Welt gekommen und aufgewachsen bin, in Ungarn. Ich war der einzige jüdische Schüler in meiner Klasse und versuchte verzweifelt, mich Weihnachten nützlich zu erweisen. Zum Beispiel bot ich meinen

christlichen Mitschülern an, mit ihnen die Weihnachts-
bäume nach Hause zu tragen. Die Ablehnung war typisch für jene Zeit:

»Bemüh dich nicht. Ihr Juden habt ja unseren Hei-
land gekreuzigt.«

»Nein«, widersprach ich. »Ich nicht. Wirklich nicht.«

Auch mein Vater wies die Anschuldigungen, die ich
zu Hause wiederholte, entschieden zurück, und da ich
ziemlich genau wußte, was er tat, hatte ich keinen Grund
an seinen Worten zu zweifeln. Wenn er in eine Kreuzigung verwickelt gewesen wäre, hätte ich es bestimmt
gewußt. Ebenso konnten meine sämtlichen Onkel mit
einem einwandfreien Alibi dienen. Keiner von ihnen
hatte jemals mit Pontius Pilatus gesprochen, aber auch
als Komplizen kamen sie wegen der nicht unwesentli-
chen Zeitdifferenz nicht in Frage. Aber was half's. Ich
mußte mich damit abfinden, daß das Weihnachtsfest
nichts für mich war, und das kränkte mich.

*

Wie jede jüdische Neurose überwand ich auch diese, als
ich mein Vaterland und meine Muttersprache vor 45
Jahren gewechselt habe. In Israel endete die Zusammenarbeit zwischen uns und den übrigen Völkern der Erde,
eine Zusammenarbeit von fast 2000 Jahren Dauer, in
deren Verlauf wir Juden an die Welt im allgemeinen
und an die Päpste im besonderen zahllose Appelle gerichtet hatten, uns die Schuld an der Kreuzigung Chri-
sti nicht zuzuschreiben oder zumindest zu begründen,
warum an einem so lange zurückliegenden Ereignis die
heutigen Juden schuld sein sollten. Die Bürger Israels
wollen jedenfalls nichts mehr davon wissen und der ge-
segnete Papst Johannes Paul II glücklicherweise auch
nicht.

Unsere neue, von historischen Emotionen unbelastete Einstellung zeigte sich unter anderem darin, daß das erfolgreiche religiöse Musical »Jesus Christ Superstar« in unserem Land verfilmt werden konnte, mit offizieller Unterstützung durch die israelischen Behörden und unter Mitwirkung einer Reihe israelischer Schauspieler. Das ist um so bemerkenswerter, als dieses musikalische Passionsspiel, eine Mischung aus dem Reich Gottes mit den Rolling Stones, auf jüdische Hühneraugen tritt. Sonst wäre es ja auch unmöglich, den Auszug aus Ägypten zu inszenieren, ohne die heutigen Nachkommen Pharaos zu verletzen.

Aber das ist eben der große Segen für einen Bürger des jüdischen Staates, daß er sich, anders als sein Vater und seine Onkel, mit Vergnügen zu seiner jüdischen Vergangenheit bekennen kann.

Schon möglich, daß unsere alten Priester nicht damit einverstanden waren, was dieser großartige junge Rabbi aus Nazareth damals gepredigt hat. Es ist auch möglich, daß sie ihn für einen gefährlichen Revoluzzer hielten und den römischen Gouverneur gegen ihn aufhetzten. Aber das blieb letzten Endes doch alles in unserer Familie.

*

Ich nehme jedoch gern die Schuld auf mich, wenn man die anderen Juden dann endlich in Ruhe läßt.

Es wäre an der Zeit, daß auch die übrige Welt diesen Standpunkt einnimmt. Und das schöne Weihnachtsfest wäre vielleicht eine gute Gelegenheit für die Menschheit, sich darüber klarzuwerden, daß Jesus und alle seine Schüler und Propheten Juden waren wie ich.

Ich bin stolz darauf, jenem kleinen, hartnäckigen Volk anzugehören, das der Menschheit immerhin Christus geschenkt hat. Vielleicht haben wir also doch einen kleinen Anteil am Weihnachtsfest. Zumindest dürfen wir darauf hinweisen, daß Jesus in eine redliche Handwerkerfamilie auf dem Boden des damaligen jüdischen Staates hineingeboren wurde, mag es manchen Leuten auch unangenehm sein, dieses folgenschwere Ereignis auf eine so simple Formel zu bringen.

Im Gedanken an seine trüben Kindheitserlebnisse bittet der Schreiber dieser Zeilen die Welt, ihr helfen zu dürfen, wenn sie den nächsten Weihnachtsbaum nach Hause trägt, den Baum des Friedens, der Liebe und des guten Willens auf Erden. Im Sinne von Jesu Worten beim letzten Abendmahl:

»Ein neu Gebot gebe ich euch, daß ihr euch liebet.«
Und das könnte das Elfte Gebot sein.

EPHRAIM
KISHON
Nichts
zu lachen

DIE ERINNERUNGEN

BASTEI
LÜBBE

Band 12452

Ephraim Kishon
Nichts zu lachen

Fesselnde Autobiographie und zugleich
ein Kapitel Zeitgeschichte

Ephraim Kishon, von einem Millionen-Lesepublikum als brillanter Satiriker geschätzt, blickt zurück und gewährt Einblick in sein Privatleben. Überraschendes und Dramatisches kommt dabei zutage, so zum Beispiel sein lebensgefährliches Versteckspiel vor der Gestapo, seine Flucht vor dem KGB und seine "zweite Geburt" in Israel. Auch wenn in diesem fesselnden Buch die ernsteren Töne vorherrschen, kann der berühmte Autor seine zweite Natur, den Humor, nicht ganz verleugnen.

BASTEI
LÜBBE

Band 12016

**Kishon
für alle Fälle**

Ein satirischer Erste-Hilfe-Kurs für die ganze Familie

In diesem höchst amüsanten Buch hat der weltbekannte Autor und »Philosoph« seine gesammelten Erfahrungen und Erkenntnisse auf den berühmten Punkt gebracht. Herausgekommen ist ein pfiffiges Nachschlagewerk für die Tücken des Alltags. Unter Stichwörtern – wie beispielsweise Fernsehen, Ehe, Politiker – finden Sie genau die »unbrauchbaren Lebensweisheiten«, nach denen Sie immer gesucht haben.

Ein
provokantes
Lesevergnügen
ersten Ranges

Ephraim
Kishon
Picassos süße
Neue Streifzüge durch die moderne Kunst
Rache

Langen Müller

Langen Müller

Nicht nur für Insider ein neuer Kishon, der allen von der modernen »Kunstmafia« gefoppten Mitmenschen humorvolle Genugtuung verspricht. Süße Rache übt auf seine unverwechselbare Weise auch der weltbekannte Satiriker, wenn er die unglaubliche Scharlatanerie der Moderne an Hand köstlicher Beispiele auch der deutschen Kunstszene entlarvt.